МИХАЕЛ ЛАЙТМАН

ПОСТИГАНЕ НА ВИСШИТЕ СВЕТОВЕ

МИХАЕЛ ЛАЙТМАН
ПОСТИГАНЕ НА ВИСШИТЕ СВЕТОВЕ

© Всички права на български език са запазени. Никаква част от това издание не може да бъде възпроизвеждана под каквато и да е форма и по какъвто и да е начин

MICHAEL LAITMAN
ATTAINING THE WORLDS BEYOND

Copyright © 2025 by MICHAEL LAITMAN

Laitman Kabbalah Publishers

ISBN: 978-1-77228-198-9

СЪДЪРЖАНИЕ

От автора 7
Как да четем текста
Предговор 8

1. **Възприемане на Твореца** 11
   Прозорец в сърцето 14
   Вяра над разума 19

2. **Духовен път** 24
   Управлението на Твореца 27
   Осъзнаване на управлението на Твореца 30

3. **Гост и домакин** 32

4. **Анулиране на нашите лични интереси** 38
   Оставете кабала да ви води 42

5. **Цел на изучаването на кабала** 45

6. **Духовен напредък** 48
   Вяра в единството на Твореца 50

7. **Нашите възприятия** 54

8. **Структура на духовността** 57
   Фалшиви наслади 59

9. **Молба за помощ** 63

10. **Противодействие на желанието да насладиш себе си** 67

11. **Вътрешно движение и развитие** 74
    Напредък към алтруистично наслаждение 80

12. **Премахване на егоизма** 93
    Търсенето на Твореца 104

13. **Пътят на кабала** 110
    Желанието за получаване на наслаждение .. 116

14. **Разкриване и скриване** 123
    Превръщане на егоизма в алтруизъм 136

15. **Постепенно духовно поправяне** 143

16. **Вътрешни свойства и външни аспекти** 152
    Духовни степени 156
    Четири основни възгледа 159

17. Сливане с Твореца 164
    Етапи на разкриване 175
18. Всемогъщият вълшебник, който не искаше да бъде сам 179
    Разказ за големи 179
19. Духовни нива 188
20. Връщането към Твореца 199
    Пътят на кабала 211
21. Поправяне на егоизма 222
    Стремеж към духовни свойства 231
22. Духовно развитие 247
23. Духовна работа 265
24. Вяра 275
25. Процесът на съгласяване с Твореца 279
26. Опознаване на духовния свят 286
    Разбиране на по-висшите духовни нива 289
27. Етапи на поправяне 293
    Светлина, която носи поправяне 299
28. Не заради себе си 307
    Постигане на „лишма" 310
29. Преобразуване на нашата природа 315
30. Трепет пред Твореца 320
31. Зрънце алтруизъм 324
32. Борба за възприемане на единството на Твореца 328
33. Получаване заради отдаване 335
34. Страдания, изпратени като пълна доброта 340
35. Зло начало 345
36. Работа в трите линии 350
37. Разбиране на нашата истинска природа 357
38. Рав Лайтман търси кабала 363

Знай, до началото на творението
била само висшата, запълваща всичко със себе си светлина.

И нямало свободно незапълнено пространство -

Само безкрайна, равномерна светлина
заливала всичко със себе си.

И когато Тя решила да сътвори световете
и населяващите ги създания,

Разкривайки с това Своето съвършенство,

Което се явило причина за създаването на световете,

Съкратила Тя себе си в своята централна точка -

И свила се светлината и се оттеглила,

Оставяйки свободно, с нищо незапълнено пространство.

И равномерно било свиването на светлината
около централната точка

Така че пустото място форма на окръжност придобило,

Тъй като такова било съкращаването на светлината.

И ето след това свиване в центъра на запълненото
със светлина пространство

Се образувала кръгла пустота, едва тогава

Се появило място, където да могат създанията
и творенията да съществуват.

И ето протегнал се от безкрайната светлина пряк лъч,

Отгоре надолу се спуснал вътре в това пусто пространство.

Протегнала се, спускайки се по лъча,
светлината безкрайна надолу,

И в това пространството пусто
сътворила абсолютно всички светове.

Преди тези светове била Безкрайната,

Толкова прекрасна в своето съвършенство,

Че в създадения няма сили да постигне
Нейното съвършенство -

Наистина не може създаденият разум да Я постигне.

Нали за Нея няма място, граници и време.

И с лъч спуснала се светлината

Към световете, в черното пространство пусто,
в което се намира всичко.

И всеки кръг от всеки свят
и близките до светлината - са важни,

Докато не намерим нашия свят на материята
в точката централна,

Вътре във всички окръжности в центъра
на зеещата пустота.

И тъй отдалечен от Безкрайното -
най-далеч от всички светове,

И затова материално тъй окончателно низш -

Та нали вътре във всички окръжности намира се той

В самия център на зеещата пустота...

Книгата „Сефер Йецира" - „Дървото на живота"
Ари - велик кабалист от XVI век

От автора

Сред всички книги и записки, които ползваше моят учител Адмор Барух Шалом Алеви Ашлаг (РАБАШ), имаше една тетрадка, която той винаги носеше със себе си. В нея бе записал беседите на баща си Йехуда Лейб Алеви Ашлаг - Баал Сулам – кабалист, равин от Йерусалим, автор на 21-томния коментар към книгата Зоар, 6-томния коментар към книгите на великия Ари и на много други книги по кабала.

Късно вечерта на празника Рош а-Шана (септември 1991) моят учител усети слабост и намирайки се вече в леглото, ме повика и ми предаде тази тетрадка с думите: „Вземи я и се учи по нея". Рано на следващата сутрин той умря в ръцете ми, оставяйки мен и многото ученици без Учител на този свят.

Той казваше: „Мечтая да ви науча да се обръщате не към мен, а към Твореца – единствената сила, единственият източник на всичко съществуващо, към Онзи, който наистина може да ви помогне и чака да Го помолите за това. Помощ в търсенето на път за освобождение от затвора на този свят, помощ в духовното издигане над нашия свят, помощ в търсенето на себе си, на предназначението си – само Твореца, който ви праща всичките тези стремежи, за да се обърнете към Него, може да ви даде отговор и да ви помогне".

В тази книга се опитах да предам някои от записките в тази тетрадка така, както аз съм ги разбрал. Невъзможно е да се предаде написаното, а само прочетеното. Всеки ще разбере тези записки според свойствата на своята душа, защото те отразяват усещанията на всяка душа от взаимодействието с Висшата светлина. Тези, които знаят иврит, съветвам да се обърнат към издадения от мен оригинал „Китвей РАБАШ, Шамати, Игрот".

Нека се излеят върху света мислите на Баал Сулам, чрез устата на по-големия му син, моя рав, и да помогнат на всички нас още в този живот, в този свят да се слеем с Твореца!

Михаел Лайтман

Как да четем текста

Предговор

Необходимостта от тази книга се появи в резултат на въпросите на учениците, задавани на лекции, в радиобеседи, в писма от целия свят.

Трудността при изложението и изучаването на кабала се състои в това, че духовният свят няма подобие в нашия, и дори изучаваният обект да стане ясен, това е временно, защото се възприема от духовната част на съзнанието ни, която постоянно се обновява свише. По тази причина усвоеният вече материал отново изглежда напълно неясен.

В зависимост от настроението и духовното състояние, текстът може да се струва на читателя ту изпълнен с дълбок смисъл, ту абсолютно безсмислен.

Човек не бива да се отчайва, че онова, което вчера му е било ясно, днес не е. Не бива да се отчайва, че текстът не му е ясен изобщо и му се струва странен, нелогичен и т.н. Кабала се изучава не с цел да се знае теоретично, а за да започне човек да вижда и чувства. Личното съзерцание и постижение на духовните сили, на светлината, на стълбата ще даде абсолютното знание!

Докато човек не получи висшата светлина и усещане за духовните обекти, той не може да разбере как е устроено и как действа мирозданието, защото изучаваното няма аналог в нашия свят.

Тази книга ще ви помогне да направите първите си стъпки по пътя към усещането на духовните сили. След това, разбира се, ще ви бъде необходима непосредствената помощ на учител.

Препоръчително е книгата да не се чете в обичайния смисъл на думата, а след преглеждането на определен абзац той да се осмисля – да се подбират различни примери от живота и да се включват собствени преживявания.

Настойчиво и многократно трябва да се премисля всяко изречение, за да се разберат усещанията на автора. Необходимо е да се чете бавно, да се опитва вкусът на казаното; след това отново може да се върнете към началото на фразата. Така ще бъде възможно да се навлезе в описваното чрез собствените чувства, или да се усети отсъствието на такива, което също е необходим предварителен етап в духовното развитие.

Книгата е написана не за да бъде бегло прочетена, а за да бъде усетена собствената реакция. Затова, макар в нея да се говори само за едно – за отношението към Твореца, това е направено в различни форми, за да може всеки да открие подходяща фраза, дума, чрез която да навлезе в дълбочината на текста. Въпреки че в книгата желанията и действията на егоизма са описани в трето лице, докато човек не е в състояние да отдели осезаемо съзнание то си от желанията си, той възприема подбудите и желанията на егоизма като „свои".

Четенето е добре да се извършва многократно, когато човек е в различни състояния и настроения, за да може той по-добре да разбере себе си, реакциите си и възгледите си върху един и същ текст. Несъгласието с това, което четете, също е положително нещо, както и съгласието – важното е да се преживява текстът, а несъгласието означава предварителна степен (*ахораим – обратната страна*) на познанието (*паним*).

Именно в резултат на бавното възприемане на описваните състояния се развиват необходимите за чувстването на духовните сили усещания – келим (*вместилища, съсъди*), в които по-късно ще може да влезе Висшата светлина, намираща се около нас и обкръжаваща душите ни, но засега ние не я усещаме.

Книгата не е написана за придобиване на знания, не е и за запомняне. Читателят не е нужно да проверява какво е останало в паметта му от прочетеното. Добре е, ако всичко се забрави и повторно прочетеният текст изглежда абсолютно непознат. Това означава, че той изцяло е удовлетворен, препълнен от предишните си чувства, и те са се оттеглили, предоставяйки място за работа и за напълване с нови, непознати чувства. Процесът на развитие на нови органи на чувствата се обновява постоянно и се акумулира в духовната, неосезаема сфера на душата. Затова е важно как читателят чувства текста по време на четене, а не след него – чувствата се отпечатват и се проявяват в сърцето и мозъка при необходимост, за по-нататъшното развитие на дадената душа.

Не бързайте да свършвате книгата; отбелязвайте местата, в които тя говори за вас – само тогава ще може да ви помогне и да стане духовен проводник в търсенето на вашето лично духовно издигане.

Целта на книгата е да заинтересува читателя за причината на неговото раждане, за възможността за реално докосване до духовните светове, за възможността да се разбере целта на творението, да се почувства Твореца, вечността, безсмъртието, и да помогне за преминаване на няколко предварителни етапа по този път.

Сигурен съм, че всичките ви съмнения за необходимостта от изучаването на кабала ще изчезнат от хоризонта, ако само обърнем внимание на известен на всички ни въпрос. Горчивият, справедлив въпрос, задаван от всеки, който се ражда на земята: „Какъв е смисълът на живота ми?"...

*(Рав Йехуда Ашлаг,
„Предисловие към Учение за Десетте Сфирот",
параграфи 2, 12–17, 44–57)*

1. Възприемане на Твореца

Поколенията на планетата продължават да се сменят и всяко от тях се пита за смисъла на живота, особено по време на войни, глобални страдания или поредица от неуспехи, които ни връхлитат. За какво живеем този живот, който ни струва толкова скъпо с незначителните си радости, че липсата на страдания приемаме за щастие?

„Не по своя воля си се родил, не по своя воля живееш, не по своя воля умираш" – се казва в Тора. Всяко поколение има предназначена за него собствена горчива чаша, а за последното тя не е само една.

Виждам моето поколение, изпълнено с грижи и страдания, с неуредици, ненамерило себе си. И затова, докато все още не сме се устроили и сме затънали във всекидневието, въпросът за смисъла на живота ни се усеща особено остро. Наистина, животът ни е по-тежък от смъртта, и не случайно е казано: „Не по собствена воля живееш".

Създадени сме и сме принудени да съществуваме с качествата, които имаме, като полуразумни същества. Разумни сме, като осъзнаваме, че действаме чрез онези черти и свойства на характера, с които сме създадени, но не можем да вървим срещу тях. И ако сме подвластни на природата си, не ни е ясно накъде може да ни завлече тя – необуздана, неразумна, постоянно сблъскваща едни хора с други и цели народи в злобна борба, подобно на диви зверове, в името на победата на инстинктите. Но, донякъде подсъзнателно, нашата представа за себе си като разумни същества не е съгласна с този възглед. Ако има Висша сила, която ни е създала, защо не я усещаме, защо тя се крие от нас? Та нали, ако знаехме какво желае от нас, не бихме правили грешки в живота си и не бихме получавали за наказание страдания!

Колко по-лесно щеше да бъде, ако Твореца не се криеше от нас, а можеше да бъде явно усетен и видян от всеки. Ако нямаше никакви съмнения в съществуването му, щяхме да виждаме и чувстваме върху себе си и заобикалящия ни свят Неговото управление, да осъзнаваме причината и целта на сътворението си, да виждаме последствията от постъпките си, Неговата реакция.

Предварително, чрез диалог с Него, бихме могли да изясняваме всичките си проблеми, да молим за помощ, да търсим защита и съвет, да се оплакваме и да искаме обяснение защо постъпва така с нас, да се съветваме за бъдещето. Ако се намираме постоянно във връзка с Твореца и се съветваме с Него, можем да променяме себе си, което би било угодно за Него и добро за нас.

Както децата, които от момента на раждането си усещат своята майка (а Твореца би се усещал не по-малко близо, защото човек би Го чувствал като източник на раждането си, като свой родител, като причина за съществуването си и за бъдещите си състояния), така и ние още „от пелените" бихме могли постоянно да общуваме с Него и да се учим правилно да живеем, виждайки Неговата реакция на нашите постъпки и дори на намеренията ни.

Щеше да отпадне необходимостта от правителства, училища, възпитатели. Би се стигнало до прекрасно, леко съществуване на народите в името на явна за всички цел – духовно сближение, реално усещане и виждане на Създателя.

Всички биха се ръководили в действията си от ясно разбираеми духовни закони – от законите за действие на духовните светове, наричани заповеди, които естествено биха изпълнявали, тъй като щяха да видят, че в противен случай ще нанесат вреда на себе си. Така, както например човек не би се хвърлил в огъня или от високо, като знае, че ще си навреди.

Ако всички явно виждаха Твореца и това как ни управлява, как управлява света, мирозданието, не би ни било трудно да изпълняваме и най-тежката работа, виждайки какви големи изгоди ни носи тя. Например, безкористно да даваме всичко, което имаме, на непознати и далечни за нас хора, без изобщо да мислим за себе си в настоящето, нито за бъдещето. Защото щяхме да виждаме управлението свише, щяхме да виждаме полезните следствия от нашите алтруистични постъпки – до каква степен всички сме подвластни на добрия и вечен Творец.

Колко естествено би било (и колко противоестествено, и невъзможно в нашето сегашно състояние, при скрито управление) с цялата си душа да се отдадем на Твореца, да отдадем във властта му мислите и желанията си, без да се оглеждаме и проверяваме, да бъдем такива, каквито Той поиска, изобщо да не се грижим за себе си нито за миг, напълно да се откъснем мислено от себе си, да престанем изобщо да се усещаме, да пренесем всичките си чувства извън себе си – в Него, да се опитаме да се слеем с Него, да живеем с Неговите чувства, мисли и желания.

От всичко, казано по-горе, става ясно, че в нашия свят ни липсва само едно – усещането за Твореца!

И само в това човек трябва да вижда целта си в нашия свят, и само в името на това трябва да положи всичките си усилия, защото само в усещането на Твореца е нашето спасение – както от всички нещастия на този живот, така и от духовната смърт – в името на духовното безсмъртие, без завръщане повече в този свят. Методиката за търсене на усещането на Твореца се нарича кабала.

Усещането на Твореца се нарича Вяра. Характерно е масовото заблуждение в разбирането на тази дума, защото практически всички смятат, че вярата означава път в тъмнината, без да виждаме и усещаме Твореца, т.е. разбират тази дума в напълно противоположния смисъл.

Според кабала светлината на Твореца, изпълваща човека, светлината, свързана с Твореца, усещането за сливане (*ор Хасадим*) се нарича светлина на вярата или просто вяра.

Вярата, светлината на Твореца, дава на човека усещане за връзка с вечното, разбиране на Създателя, чувство за напълно ясно общуване с Него, чувство за абсолютна безопасност, безсмъртие, величие и сила.

От казаното по-горе е ясно, че само в постигането на усещане на вяра, т.е. усещането на Твореца, е нашето спасение от изпълненото ни със страдания временно съществуване и от изморителното преследване на преходни наслаждения.

При всички положения, причината за нашите нещастия, за преходността на живота ни, е само в липсата на усещане на присъствието на Твореца. Самата *Тора* ни призовава: „Опитайте и ще се убедите колко прекрасен е Твореца!" (*"тааму ве реу ки тов ашем"*).

Целта на тази книга е да помогне на читателя да преодолее няколко предварителни етапа по пътя към усещането на Твореца. Този, който истински осъзнае жизнената необходимост от усещането на Твореца, ще стигне до решението да изучава кабала от първоизточниците: книгата Зоар с коментарите „Сулам", съчиненията на Ари, „Талмуд на Десетте Сфирот".

Прозорец в сърцето

Ние виждаме колко страдания и болка, по-страшни от смъртта, е понесло човечеството от сътворението на света до днес. И кой, ако не Твореца, е източник на тези страдания, по-големи от смъртта; кой, ако не Той, ни изпраща всичко това!

А колко личности през цялата история на човечеството са били готови на всякакви страдания, за да постигнат висша мъдрост и духовно извисяване, доброволно поемайки върху себе си непоносимо бреме и болка, за да намерят поне частица духовно усещане и да познаят Висшата сила, да се слеят с Твореца и да имат възможност да станат Негови роби!

Но всички те са изживели живота си, без да получат отговор и без да постигнат нищо, напуснали са този свят така, както са дошли в него – с нищо...

Но защо Твореца не е отговорил на молитвите им, обърнал им е гръб, пренебрегнал е страданията им?...

И те са чувствали, че Той ги пренебрегва!

Те смътно са усещали, че има висша цел във Вселената и във всичко случващо се, и тя се нарича капка на сливането на човека с Твореца в едно. И те, все още потопени в дълбочините на егоизма си, в моменти на изпитвани от тях непоносими страдания, чувствайки как Твореца им обръща гръб, внезапно са усещали как се отваря в сърцето им – затворено от деня на сътворението за истината и усещащо само своите болки и желания – отвор, благодарение на който започват да усещат тази въжделена капка на сливането, проникваща в сърцето през разбитите му стени...

И всичките им качества се променят в противоположни, подобни на Твореца, и те започват да виждат какво има в дълбочината на тези страдания – и само в тях, само там може да се постигне единството с Твореца, там се намира Той и капката на сливането с Него...

И в момента на постигане на това разкриващо им се и изцеляващо раните чувство, и благодарение на раните от усещаното и осъзнаваното, именно благодарение на ужасните, разкъсващи душата противоречия – точно тях, всички тях, Самият Творец изпълва с безкрайно, прекрасно блаженство. Дотолкова, че е невъзможно да се осъзнае нещо по-съвършено. Дотолкова, че на тях им се струва, че има нещо ценно в понесените заради усещането на това съвършенство страдания...

И всяка клетка на тялото ги убеждава, че всеки в нашия свят е готов сам да отсича крайниците си по няколко пъти на ден, за да постигне поне веднъж в живота си подобно на усещаното блаженство, когато ставаш част от Твореца...

Причината за мълчанието на Твореца в отговор на призивите е в това, че човек се грижи само за своето движение напред, а не за възвеличаването на Създателя в себе си. Затова прилича на човек, който плаче с крокодилски сълзи... и той си отива от живота, както е дошъл, защото краят на всяко животно е заколването му, а непостигналите Твореца приличат на животни. Докато, ако човек се грижи за възвеличаването на Твореца, Той се разкрива пред него.

Защото капката на единението – цел на творението – се влива в сърцето на този, който се грижи за величието и любовта на Твореца, който потвърждава от дълбочината на сърцето си, че всичко, създадено от Твореца, е за него, и обратно – тя не се влива в сърцето на егоистично оплакващия се от несправедливостта на Висшето управление.

Духовното не се дели на части, а човек постига от цялото някаква част, докато не постигне цялото... Затова всичко зависи от чистотата на стремежите, и точно в очистената от егоизма част на сърцето се влива духовната светлина.

Ако човек се опита да погледне заобикалящите го ситуации и състоянието на човечеството отстрани, ще може по-правилно да оцени творението.

И ако действително съществува Творец – както твърдят кабалистите, които изглежда непосредствено общуват с Него – и Той управлява всичко и създава всички наши жизнени ситуации, в кои то постоянно сме, в такъв случай няма нищо по-хубаво от това постоянно да сме свързани с Него, и то колкото се може по-тясно.

Обаче, ако се постараем вътрешно да се напрегнем и да усетим такова състояние, тогава, имайки предвид скриването на Твореца от нашите усещания, ще се почувстваме като че ли висящи във въздуха без опорна точка. Защото, не виждайки, не усещайки, не чувайки, не получавайки никакъв сигнал в нашите осезателни органи, ние като че ли работим без посока, крещим в пустотата.

Защо Твореца ни е създал такива – да не можем да Го усещаме? Нещо повече, защо Му е да се крие от нас? Защо, дори когато човек се обръща към Него, Той не отговаря, а предпочита да действа върху ни тайно от нас, зад паравана на природата и заобикалящото ни?

Нали, ако искаше да ни поправи, т.е. да поправи Своята „грешка" в творението, би могъл да го направи отдавна, скрито или явно. Ако Той ни се открие, ние всички бихме Го видели и оценили така, както умеем да оценяваме – с чувствата и разума, с които Той ни е сътворил, и вероятно щяхме да знаем какво и как да правим в този свят, който Той е сътворил за нас.

Нещо повече, щом човек се устреми към Твореца, желаейки да Го усети, да се приближи към Него, той усеща, че стремежите му към Него като че ли изчезват, изпаряват се. Но ако Твореца ни дава всички наши усещания, защо отнема на желаещия да Го постигне това желание, и обратното – добавя още всевъзможни препятствия в стремежа му да открие своя Създател?

Такива опити от страна на човека да се приближи към Твореца и като отговор да получи отказите Му, причиняват страдание на търсещия Го и могат да продължат години! Човек понякога започва да си мисли, че гордостта и високомерието, от които му казват, че трябва да се избави, се проявяват у Твореца в безкрайно по-голяма степен!

А на сълзите и молитвите си не получава отговор, въпреки твърдението, че Той е милосърден, особено към търсещите Го. Ако можем сами да променим нещо в живота си, значи Той ни е дал свободна воля, но не ни е дал достатъчно знания как да избегнем страданията в нашето съществуване и развитие.

А ако няма свободна воля, има ли тогава по-жестоко отношение от това, да ни кара десетки години безсмислено да страдаме в създадения от Него жесток свят? Подобни оплаквания, разбира се, може да продължат до безкрайност, защото ако Твореца е причина за състоянието ни, тогава ние имаме за какво да го критикуваме и обвиняваме – което сърцето ни и прави, ако усеща такива чувства.

Ако човек е недоволен от нещо, с това си чувство той, дори без да се обръща към Твореца, Го обвинява. Дори да не вярва в съществуването на Твореца, Той вижда всичко в сърцето на човека.

Всеки от нас е прав в това, което твърди, каквото и да е то. Защото твърди онова, което чувства в даден момент с чувствата си и анализира с разума си. Онези, които имат голям жизнен опит, знаят колко се променят възгледите им с течение на годините.

И не може да се каже, че човек преди не е бил прав, а днес е. Той трябва да разбере, че днешното му мнение е също невярно, в което ще се убеди утре. Затова във всяко свое състояние човекът си прави изводи, и те са правилни за конкретното състояние. И може да са съвършено противоположни на изводите му, направени в други състояния. Така и ние – не можем да разсъждаваме за други светове, за законите им, да съдим за качествата им, от гледна точка на своите днешни критерии, които са критерии на нашия свят. Ние не притежаваме неземен разум, неземни усещания, неземни понятия и затова не можем да съдим за нещо неизвестно и да предлагаме решения. Виждаме, че дори в рамките на нашия свят постоянно грешим.

Да съди за неземното може този, който притежава неземни свойства. Ако едновременно с това познава и нашите свойства, той може, поне приблизително, по някакъв начин, да ни разкаже за неземното. Такъв може да бъде само кабалистът – човек от нашия свят, сътворен със същите свойства, както всеки от нас, и в същото време получил свише други свойства, позволяващи му да разкаже какво става в другия свят.

Ето защо, Твореца е позволил на някои кабалисти да се разкрият пред широките слоеве на обществото, за да помогнат и на другите да се приобщят към Него. Кабалистите ни обясняват на език, разбираем за нашия разум, че в духовния, неземен свят разумът е построен и действа по други закони и те са противоположни на законите в нашия свят.

Вяра над разума

Няма никаква стена между нашия и неземния, духовен свят. Но именно това, че духовният свят е антисвят по своите свойства, го прави неосезаем за нас – дотолкова, че раждайки се в нашия свят, т.е. получавайки неговата природа, ние изцяло забравяме за своето предишно антисъстояние. Естествено, да се усети този антисвят е възможно, ако човек постигне неговата природа, разум, свойства. Как и в какво трябва да променим природата си на противоположна?

Основният закон на духовния свят е абсолютният алтруизъм, безкористност. Как може човек да придобие това свойство? Кабалистите предлагат този вътрешен преврат да се извърши чрез действието, наречено *"емуна ле мала ми даат"* – което означава „Вяра над разума". Тъй като нашият „здрав разум" е основен инструмент на постъпките ни, струва ни се, че човек не е в състояние напълно да анулира неговите доводи и да се опита вместо това, когато краката му са без опора, висящи във въздуха, да се хване с две ръце за Твореца. Защото в това състояние не вижда с разума си как може да се спаси от приближаващите обстоятелства, които му „подхвърля" Твореца, а в безнадеждния си опит да реши въпросите виси във въздуха без опора и разумен отговор на въпроса какво става с него.

Но ако човек е в състояние мислено, въпреки критичния подход на разума, и радвайки се на предоставящата му се възможност, да се хване с две ръце за Твореца, поне за миг да издържи подобно състояние – той ще види колко е прекрасно то. И че именно в такова състояние той се намира в реалната Вечна истина, която няма да се промени утре, както всичките му възгледи в миналото, защото е свързан с вечния Творец и само чрез тази истина вижда всички събития.

Както вече бе споменато в предишните книги, напредването е възможно само по три паралелни линии едновременно; дясната линия се нарича вяра, лявата – осъзнаване, постижение. И тези две линии се намират в противоречие, тъй като взаимно се изключват. По тази причина възможността да се уравновесят е в средната линия, състояща се от дясната и лявата едновременно. Това е линия на такова духовно поведение, при което разумът се използва само в съответствие със степента на вярата.

Всички духовни обекти са последователно създадени от Твореца и като че ли се наслояват, като че ли са облечени в Него. Всичко, което се е наслоило в мирозданието на Твореца, съществува само спрямо създанията и всичко това представлява първоначално породеното създание, наречено малхут. Тоест всички светове и всички творения, всичко, освен Твореца, е единственото творение – малхут, което се нарича корен или източник на всички творения, и което се разделя на множество малки части.

Всички те заедно се наричат *Шхина*. А светлината на Твореца, Неговото присъствие, Той самият, запълващ *Шхина*, се нарича *Шохен*.

Времето, което е нужно за цялостното изпълване на всички части на *Шхина*, се нарича Време на Поправяне – *зман тикун*.

През това време създанията извършват поправянето на своите части в малхут – всеки на своята част, от която е създаден. А до момента, в който Твореца не се слее напълно с творението (т.е. не се прояви с пълна сила), докато *Шохен* (Твореца) не запълни *Шхина*, състоянието на *Шхина* или съставящите я създания се нарича Изгнание на *Шхина* (от Твореца) – *галут Шхина*, тъй като при това състояние във висшите светове няма съвършенство. В нашия свят, най-нисшия от световете, в който всяко от творенията трябва напълно да почувства Твореца, засега всеки е зает с постоянно утоляване на дребните си желания, присъщи на самия него, и слепешком се подчинява на изискванията на своето тяло. Това състояние на душата се нарича *Шхина* в пепелта – *Шхина* бе афар, а когато човек си представя духовно чистите наслади като измислица и безсмислица, такова състояние се нарича Страдание на *Шхина* – цаар *Шхина*.

Всички страдания на човека се дължат на факта, че го принуждават свише напълно да отхвърли здравия смисъл и да следва всичко това слепешком, поставяйки вярата над разума.

И колкото повече разум и знания има човекът, колкото е по-силен и по-умен, толкова по-трудно е за него да върви по пътя на вярата – и съответно той повече страда, отхвърляйки здравия смисъл.

Защото човек в никакъв случай не може да се съгласи с Твореца, който му е избрал именно такъв път на духовно развитие. Той отхвърля в сърцето си необходимостта от такъв път и по никакъв начин не може да убеди себе си да оправдае Твореца. И не може да издържи такова състояние без каквато и да е опора, докато не му помогне самият Творец и не му разкрие цялата картина на света.

Ако човек се почувства в състояние на духовно извисяване, когато всичките му желания са насочени към Твореца, това е най-подходящият момент да се задълбочи в съответните книги по кабала, за да се опита да разбере техния вътрешен смисъл. И макар да вижда, че въпреки усилията си не разбира нищо, необходимо е стотици пъти да се задълбочава в изучаването и да не се поддава на отчаянието, че нищо не разбира.

Смисълът на тези усилия се състои в това, че стремежът на човека да постигне тайните на *Тора* всъщност е неговата молитва да му се открие присъствието на Твореца, Който да удовлетвори неговите стремежи. При това, силата на молитвата се определя от величината на стремежите му.

Има правило: положените усилия увеличават желанието да получаваш това, към което се стремиш, и величината на желанието се определя от страданието, породено от липса на желаното. Самите страдания, без думи, само усетени в сърцето, са тази молитва.

От всичко това става ясно, че само след огромни усилия да се постигне желаното човек е в състояние толкова искрено да се помоли, че да получи очакваното.

Ако по време на опитите да се задълбочи в книгата сърцето не желае да се освободи от страничните мисли, то и мозъкът не е в състояние да се задълбочи в изучаването, защото мозъкът работи само по желанието на сърцето.

Но за да възприеме Твореца молитвата, тя трябва да бъде от дълбочината на сърцето, т.е. само върху това трябва да са съсредоточени всички желания на човека. И по тази причина той трябва стотици пъти да се задълбочава в текста, дори да не разбира нищо, за да може да стигне до истинското желание да бъде чут от Твореца.

А истинското желание е онова, при което няма място за никакво друго желание.

Едновременно с това, по време на изучаването на кабала човек изучава действията на Твореца, и затова се сближава с Него и постепенно става достоен да усети изучаваното.

Вярата, т.е. усещането на Твореца, трябва да бъде такава, че човек да чувства, че се намира пред Царя на Вселената. И тогава несъмнено ще усети необходимото чувство на любов и страх.

А докато не достигне такава вяра, не трябва да се успокоява, защото само такова чувство му дава вход към духовния живот – не му позволява да слезе до нивото на своя егоизъм и отново да стане само потребител на наслади. При това потребността за такова усещане на Твореца трябва да бъде постоянна, докато не стане навик – подобно на постоянното влечение на влюбения към обекта на любовта, което не му позволява да живее спокойно.

Но заобикалящата среда преднамерено гаси в нас тази потребност, тъй като получаването на наслада от друго нещо веднага намалява болката от усещането на духовната пустота.

Затова, когато човек получава наслади в нашия свят, трябва постоянно да контролира дали те не гасят в него потребността от усещането на Твореца и не крадат ли по този начин от него висшите усещания.

Изобщо, вътрешната необходимост да се усеща Твореца е присъща само на човека, на всеки, който има човешки облик.

И тази необходимост произтича от потребността да разбереш кой всъщност си, да осмислиш себе си и своето предназначение в този свят, източника на своя произход. Именно търсенето на отговорите на въпросите за себе си ни води до необходимостта да търсим източника на живота.

2. Духовен път

Тази необходимост ни принуждава по всякакъв начин да разкриваме всички тайни на природата, не оставяйки нито една – нито в нас самите, нито в околния свят.

Но само стремежът да постигнем Твореца е истински, защото Той е източник на всичко, и главното – Той е нашият Създател. Затова, дори човек да беше съвсем сам в нашия свят или в други светове, рано или късно търсенето на себе си щеше да го доведе до търсене на Твореца.

Има две линии във възприемането на влиянието на Твореца върху Неговите създания. Дясна линия се нарича личното управление на Твореца над всеки от нас, независимо от нашите постъпки. Лява линия се нарича управлението на Твореца над всеки от нас в зависимост от нашите постъпки, или с други думи – наказание за лошите постъпки и възнаграждение за добрите.

Когато човек избира за себе си да се намира в дясната линия, той трябва да си каже, че всичко, което се случва, е по желание само на Твореца, по Негов план, и нищо не зависи от самия човек. В такъв случай той няма грешки, но няма и заслуги за постъпките си – всичките му постъпки са принудителни и са под въздействието на стремежи, които получава отвън.

И затова той трябва да благодари на Твореца за всичко, което е получил от Него. А осъзнавайки, че Твореца го води към вечността, може да почувства любов към Него.

Човекът може да върви напред, когато правилно се съчетават дясната и лявата линия – точно по средата.

Дори ако е започнал от правилно избрана изходна точка, правилно се движи, но не знае точно по какъв начин постоянно да проверява и коригира своята посока, тя непременно ще се отклони от правилната – вдясно или вляво. Нещо повече, отклонявайки се само на милиметър настрани в една от точките по своя път, макар и човек да продължи след това през целия път в правилна посока, с всяка крачка неговата грешка ще расте и все повече ще го отклонява от целта.

До слизането надолу по духовните стъпала, нашата душа е част от душата на Твореца, Негова малка точка. Тази точка се нарича корен на душата. Твореца поства душата в тяло, за да може, намирайки се в него, тя да се издигне заедно с желанията на тялото и отново да се слее с Твореца. С други думи, душата ни се настанява в тялото, което се нарича раждане на човека в нашия свят, с цел да преодолее желанията на тялото. Въпреки тези желания, докато все още живее в този свят, тя ще се издигне до нивото, на което е била до слизането ѝ в нашия свят.

Преодолявайки желанията на тялото, душата достига същото духовно ниво, от което се е спуснала, и постига многократно по-големи наслади, отколкото при своето първоначално състояние, когато е била част от Твореца, и от точка се превръща в обемно духовно тяло, 620 пъти по-голямо от първоначалната точка до своето спускане в нашия свят.

По такъв начин, в своето завършено състояние, духовното тяло на душата се състои от 620 части или органи. Всяка част или орган се нарича „заповед". Светлината на Твореца или самият Творец (което е едно и също), изпълващ всяка част на душата, се нарича Тора.

При изкачването на поредното духовно стъпало, наричано изпълняване на заповед, в създадените при това изкачване нови алтруистични стремежи, душата получава Тора, т.е. наслада от светлината на Твореца, от самия Творец.

Истинският път към тази цел лежи по средната линия, смисълът на която се състои в съчетанието на три съставни в едно понятие: самият човек, пътят, по който той трябва да върви, и Твореца.

Действително, налице са трите обекта на мирозданието – човекът, стремящ се да се върне към Твореца, Твореца – целта, към която се стреми човекът, и пътят, по който човекът върви и може да постигне Твореца.

Както вече много пъти бе подчертавано, освен Твореца не съществува никой друг, а ние сме създадени от Него с усещане за собственото си съществуване. Според степента на своя духовен подем, човек ясно усеща и осъзнава това.

А всички наши, т.е. възприеманите като наши, лични усещания – това са създадените от Него в нас реакции на Неговите въздействия, т.е. в крайна сметка нашите усещания – това са чувствата, които Той иска ние да усещаме.

Но докато човекът не е достигнал абсолютно разбиране на тази истина, трите обекта на мирозданието: той, неговият път към Твореца и самият Творец, се възприемат не като едно цяло, а като три отделни обекта.

Достигайки последната степен на своето духовно развитие, т.е. издигайки се до стъпалото, от което се е спуснала душата му, но вече натоварен с желанията на тялото, човекът напълно постига целия Творец в своето духовно тяло, приемащо цялата Тора, цялата светлина на Твореца, самия Творец и по този начин трите, по-рано разединени в усещанията на човека обекта – човекът, неговият път и Твореца, се сливат в един обект: духовното тяло, изпълнено със светлина.

Затова, за правилното напредване, вървящият трябва постоянно да се проверява – стреми ли се той с еднакво желание към трите, засега все още разделени в неговото възприемане обекти, съединявайки ги в един още в началото на пътя, такива, каквито трябва да ги почувства в края на пътя, и каквито са те и сега, но той не ги усеща по този начин поради своето несъвършенство.

И ако човек се стреми към един от тях повече, отколкото към другите, веднага ще се отклони от истинския път.

Най-леката проверка за правилността на пътя е стреми ли се той да разбере свойствата на Твореца, за да се слее с Него.

Ако не аз – на себе си, то кой ще ми помогне, а ако съм само аз – то колко съм нищожен. Тези взаимно изключващи се твърдения съдържат в себе си отношението на човека към неговите усилия да постигне целта, към която се стреми. Ясно е, че ако не той, то кой ще му помогне, и че трябва да действа, имайки предвид принципа „награда за добрите постъпки и наказание за лошите", с увереност, че има преки следствия от неговите постъпки и той сам гради своето бъдеще, но в същото време си казва – кой съм аз, за да си помогна и сам да се измъкна от своята природа, и никой от околните да не е в състояние да ми помогне.

Управлението на Твореца

Но ако всичко се случва по плана за управление на Твореца, то каква е ползата от човешките усилия? Като резултат от личната работа на принципа „награда и наказание" човекът получава свише осъзнаване за управлението на Твореца и постига степен на познание, при което му става ясно, че Твореца управлява всичко и че всичко е предвидено по-рано.

Но той трябва първо да постигне тази степен и не е възможно преди това да твърди, че всичко е в ръцете на Твореца. А до постигането на това състояние не може да живее в него и да действа по неговите закони. Защото той не чувства управлението на света по този начин, т.е. човекът може да действа само по законите, които усеща.

И само в резултат на усилията в работата на принципа „награда и наказание" той може да заслужи пълното доверие на Твореца, а също и да види истинската картина на света и неговото управление. Само тогава, макар да вижда, че всичко зависи от Твореца, сам се стреми към Създателя.

Не бива да се отстраняват егоистичните мисли и желания и да се опустошава сърцето. Само ако то се изпълва, вместо с егоистични желания, с духовни, алтруистични стремежи, може да се заменят миналите желания с противоположни и да се анулира егоизмът.

Обичащият Твореца непременно изпитва отвращение към егоизма, тъй като ясно усеща върху себе си вредата от всяка негова проява и не знае по какъв начин може да се избави от него; ясно осъзнава, че това не е по силите му, тъй като самият Творец е дал това свойство на творенията си.

Човекът не е в състояние да се избави сам от егоизма, но тъй като осъзнава, че егоизмът е негов враг и духовен убиец, той го възненавижда, и тогава Твореца може да му помогне да се избави от врага – до степен, в която той може да се възползва от своя егоизъм за духовно извисяване.

В *Тора* е казано: „Аз създадох света само за абсолютни праведници, или за абсолютни грешници." Това, че светът е създаден за праведници, ни е ясно, но не разбираме защо той не е създаден за незавършени праведници и за незавършени грешници, а за абсолютни грешници – за тях ли Твореца е създал цялото мироздание?

Човек по неволя приема управлението на Твореца, в зависимост от това какво му се струва то – хубаво и добро, ако го усеща приятно, или лошо, ако страда. Т.е., какъвто му изглежда на човека нашият свят, за такъв той смята и Твореца – добър или лош.

И в това усещане за управлението на света от Твореца са възможни само две състояния: той чувства Твореца, и тогава всичко му изглежда прекрасно, или му се струва, че няма управление на света от Твореца, а светът се управлява от природните сили. И макар с разума си да разбира, че това не е така, чувствата решават отношението към света, а не разумът, и по тази причина той се смята за грешник, виждайки разликата между чувствата и разума.

Разбирайки, че желанието на Твореца е да създаде за нас съществуване, пълно с удовлетворение, което е възможно само при доближаването ни до Него, ако чувстваме отдалечаване от Твореца, възприемаме това като нещо лошо и се смятаме за грешници.

Но ако човек се чувства грешник и е принуден да моли Твореца за спасение, то той моли Твореца да се открие пред него и с това да му даде сили да излезе от клетката на егоизма в духовния свят, тогава Твореца незабавно му помага.

Ето за такива състояния на човека са създадени нашият и висшите светове – за да може, достигайки състоянието на абсолютен грешник, той да се обърне с гореща молба към Твореца и да стигне до състоянието на абсолютен праведник. Само човекът, освободил се от самомнение и почувствал собственото си безсилие и низостта на своите стремежи, може да се удостои с усещане за величието на Твореца.

И колкото по-важна му се струва близостта до Него, толкова повече той го усеща, тъй като може да открие нюанси в проявяването Му пред него, тогава възхищението поражда чувства в сърцето му и в него възниква радост.

Той вижда, че с нищо не е по-добър от околните, които не са заслужили такова особено отношение от страна на Твореца, каквото чувства той, и те дори не се досещат за взаимовръзката с Твореца, не се и замислят да Го усетят и да осъзнаят смисъла на живота и духовното извисяване. А той е заслужил, неизвестно как, особеното отношение към себе си с това, че Твореца му дава възможност поне понякога да си спомни за целите на живота и връзката на живота му с неговия Създател, и ако е в състояние да оцени уникалността и единствеността на отношението на Създателя към него, той постига чувството на безкрайна благодарност и радост.

И колкото повече оценява особеността на успеха, толкова по-силно благодари на Твореца, толкова по-силно усеща всевъзможните нюанси на чувствата си, във всяка точка и всеки миг на контакт с Всевишния, толкова повече може да оцени величието на духовния свят, който му се открива – величието и мощта на Всесилния Творец, и с толкова по-голяма увереност той предвкусва бъдещото сливане с Него.

Виждайки несъвместимата разлика между свойствата на Твореца и творението, не е трудно да се направи извод, че съвпадането им е възможно, при условие че човекът изкорени своята природа на абсолютен егоист.

В този случай егоизмът му като че ли не съществува и няма нищо, което да го отделя от Твореца.

Едва когато усети в себе си, че без духовност умира, както умира нашето тяло, лишено от храна, и че страстно желае да живее, човекът получава възможност да влезе в духовния живот и да поеме духовен въздух.

Осъзнаване на управлението на Твореца

Но какъв е пътят, по който може да се стигне до това състояние, в което пълното избавяне от собствените интереси и грижи за себе си и стремежът с всички сили да се раздава стане цел на живота му, до такава степен, че без постигането ѝ в него възниква усещане за смърт?

Постигането на подобно състояние идва постепенно, на принципа на обратното въздействие – колкото повече човек полага усилия в търсенето на духовен път, в изучаването, в опитите да подражава на духовните обекти, толкова повече се убеждава, че не е в състояние със собствени сили да ги постигне.

Колкото повече източници за духовно развитие човек изучава, толкова повече се обърква при възприемане на изучаваното. Колкото повече усилия той прилага в опитите си да се отнася към своите ръководители и другари в учението по-добре, ако действително се извисява духовно, толкова повече усеща, че всичките му постъпки са продиктувани от абсолютен егоизъм.

Такива резултати пораждат принципа „да го биеш, докато сам не поиска" – човекът може да се избави от егоизма, само ако вижда, че егоизмът му го умъртвява и не му позволява да започне да живее истински вечен и пълен с наслади живот. Ненавистта към егоизма отхвърля егоизма от човека.

Главното е да пожелаеш да се отдадеш изцяло на Твореца, осъзнавайки Неговото величие. (Да се отдадеш на Твореца означава човек да се откаже от собственото си „аз"). И тук трябва да се помисли в името на какво си струва да се работи в този свят – в името на преходните ценности или в името на вечните. Защото нищо вечно не остава от направеното от нас, всичко си отива. Вечни са само духовните структури, само алтруистичните мисли, действия, чувства.

Т.е., стремейки се със своите мисли, желания и усилия да заприлича на Твореца, човекът в действителност твори собственото си здание за вечността. Да вървиш по този път, отдавайки се на Твореца, е възможно само ако осъзнаваш величието Му. И то е подобно на едно явление от нашия свят – когато някой ни изглежда велик, ние с удоволствие ще му направим услуга и ще смятаме, че не ние сме му направили услуга, а той се е съгласил да приеме нещо от нас, оказал ни е знак на внимание, и изглежда така, сякаш той ни е дал, макар че всъщност е приел от нас.

От този пример става ясно, че вътрешната цел може да промени смисъла на външното механично действие – да вземаш или да даваш – в противоположното. Затова в тази степен, в която човек възвеличава в своите очи Твореца, в същата степен той Му предава своите мисли, желания и усилия. И при това чувства, че не той дава, а получава от Твореца – получава възможност да направи услуга, възможност, с която са удостоявани единици във всяко поколение. Това става по-ясно с примера, приведен в следващата кратка пиеса.

3. Гост и домакин

Стая с американска кухня. Домакинът шета в кухнята, приготвя ядене за госта, когото очаква. Домакинът си говори: „Ето, той обича това, и това..." Масата се напълва с ястия. До масата има два стола.

На вратата се чука, гостът влиза. Домакинът показва, че много се радва на госта и го кани да седне на масата. Гостът сяда. Домакинът радостно и влюбено го гледа. Гостът оглежда блюдата и вдъхва аромата им. Вижда се, че много му харесват. Той само изразява своето възхищение и желание, без да показва, че знае, че това е за него.

Домакин: Много те моля да си хапнеш, защото съм приготвил всичко това специално за теб. Тъй като знам, че именно това обичаш. Аз точно знам вкусовете и навиците ти, знам, че си гладен, и колко можеш да хапнеш. Затова приготвих всичко точно по твоя вкус и точно толкова, колкото можеш да изядеш, така че нищо да не остане.

Разказвач: Ако остане ядене, след като гостът се е наситил напълно, то и домакинът, и гостът ще бъдат недоволни. Домакинът – защото очевидно желае да даде на госта повече, отколкото той може да вземе, а гостът – че дори и да получи от домакина всичко, което може, все едно, няма изцяло да го удовлетвори. Ще съжалява, че е останало ядене, но той повече не може да се наслади. Няма като древните гърци да взема лекарство за повръщане, за да предизвика изкуствено желание отново да се наслади от ястията.

Тъй като това говори за някаква липса в общото наслаждение.

Гост: Наистина, ти си ми приготвил точно това, което обичам и желая – и по вид, и по качество, и по количество. Само това желая в този живот – да се насладя, и ако приема всичко това, очевидно ще усетя съвършено наслаждение.

Домакин: Тогава вземи всичко това от мен, наслади се и с това ще насладиш и мен.

Гостът започва да се гощава.

Гост: Но защо, щом започнах да хапвам, преставам да се наслаждавам? Приемането на всяка хапка от менюто уталожва глада ми и усещам все по-малко наслаждение. Колкото съм по-заситен, толкова по-малко се наслаждавам! Ето, нагостих се с всичко и не остана нищо в мен освен спомена, а самото наслаждение изчезна. То съществуваше само в момента, когато бях гладен. А ако гладът изчезва, изчезва и наслаждението. Сега получих всичко, което толкова желаех, и ето, че останах без наслаждение. Нищо повече не ми се иска и няма с какво да се наслаждавам!

Домакин: Аз направих всичко, което мога, за да се насладиш. Не съм виновен, че самото получаване на наслаждение унищожава усещането за наслаждение, защото изчезва желанието за него. Каквото и да е, сега ти си напълнен с това, което приготвих за теб.

Гост: Но след като получих всичко, приготвено от теб за мен, аз дори не мога да ти благодаря, защото престанах да усещам наслаждение от полученото от теб! И най-важното: аз чувствам, че ти си ми дал, а аз не съм ти дал нищо в замяна. Излиза, че ти предизвика в мен чувството за срам, поставяйки ме в положение на получаващ и показвайки, че ти си даващ.

Домакин: Не съм ти показал, че аз съм даващ, а ти – получаващ, но самият факт на получаване отвън предизвиква в тебе усещането на получаващ от мен. Макар че съм гостоприемен и ти се радвам от все сърце и за това, което ти прие от мене. Не мога с нищо да променя това. Например, аз имам рибки. Те не разбират, че ги храня, все едно им е кой ще ги нахрани. Имам и котка. И на нея също ѝ е почти безразлично, кой ще ѝ даде храна. Но на кучето ми това вече не е безразлично, и то не от всеки ще приеме храна.

Разказвач: А хората са устроени така, че някои могат да приемат и да не усещат това, че някой им дава и те получават, а просто вземат; а други крадат, и т.н. Но ако в човек е развито усещането за своето „Аз", той чувства даващия, и това предизвиква в него усещането за себе си като получаващ. И това чувство предизвиква срам у него, страдание за себе си и за своето състояние на получаващ.

Гост: Какво мога да направя, за да получавам наслаждение и да не се чувствам получаващ? Как мога да неутрализирам в себе си чувството, че ти ми даваш, а аз получавам? Ако има такова действие, давам-получавам, и то предизвиква такива чувства в мен, какво да правя с това? Как мога да поправя получаването, за да не се чувствам получаващ? Или, може би, ти направи така, че да не предизвикваш у мен усещането на получаващ? Ала това е възможно, само ако не те чувствам, както рибките, или ще те чувствам, но няма да разбирам, че ти ми даваш, както котката или примитивния човек.

Домакин: Очевидно, че все пак има някакъв изход. Може би ти ще предприемеш нещо, за да не се чувстваш получаващ?

Гост: Измислих! Ти нали винаги искаш да ме гощаваш. Утре ще дойда и така ще изиграя получаването от теб, че да те накарам да се почувстваш не даващ, а получаващ! Аз ще се чувствам даващ на теб, макар и да приема всичко приготвено от теб, както днес!

КРАЙ

От това следва, че основната задача на човека е да издигне в своите очи Твореца, т.е. да придобие вяра в Неговото величие и могъщество – това е единствената възможност да излезе от клетката на егоизма си и да влезе във Висшите светове.

Както бе подчертано по-горе, причина за това, че човек изпитва толкова непосилна тежест в момента, в който иска да тръгне по пътя на вярата и да не се грижи за себе си, е усещането, че се отделя от целия свят и като че ли увисва в празното, без опора под формата на здравия смисъл, разум и предишен жизнен опит, и като че ли оставя своето обкръжение, семейството и приятелите си, в името на сливането с Твореца.

Причината за такова чувство се корени в липсата на вяра в Твореца, т.е. в липсата на усещане на Твореца, на Неговото присъствие и управление на всички творения, т.е. в отсъствието на самия обект на вярата.

Но щом започне да чувства Твореца, човекът веднага е готов да се отдаде на Неговата власт и да върви със затворени очи след своя Създател – тогава е готов напълно да се разтвори в Него, пренебрегвайки своя разум по най-естествен начин.

И затова най-главната задача, стояща пред него, се състои в това – да почувства присъствието на Твореца. Затова си струва да отдаде цялата си енергия и мисли в името на усещането на Твореца, тъй като веднага след проявяването на такова чувство той вече сам и с цялата си душа се стреми да се слее с Него.

И става възможно, когато всички мисли, занимания, желания и време се устремят само към това. И това усещане за Твореца се нарича вяра!

Ако човекът придаде важност на тази цел, процесът може да бъде ускорен. И колкото по-важна е за него тя, толкова по-бързо ще може да постигне вярата, т.е. усещането за Твореца. И колкото по-важно е усещането за Твореца, толкова по-голямо е и самото усещане – до момента, в който то стане в човека постоянно.

Успехът е особен вид управление свише, на което човек по никакъв начин не е в състояние да повлияе. Но на него му е поставена задача отгоре, да се опита сам да промени собствената си природа, след което Твореца, отчитайки неговите усилия, го променя и извисява над нашия свят.

Преди човек да направи някакво усилие, в никакъв случай не трябва да се надява на висшите сили, на късмет и на особено отношение към себе си свише, а трябва да пристъпи към работата със съзнанието, че ако той не направи това, няма да постигне онова, което иска да постигне.

Но при приключване на работата, учението или което и да е друго усилие, човек трябва да приеме извода, че онова, което е постигнал в резултат на своите усилия, дори нищо да не е правил – все едно, то пак би се получило, защото така е замислено от Твореца предварително.

Затова желаещият да осъзнае истинското управление е длъжен още в началото на своя път да се опитва във всичко, което се случва в живота му, да обедини в себе си тези две противоположности.

Например, сутрин човек започва своя ден, както обикновено – с работа и учение, и напълно освобождава своето съзнание от всякакви мисли за висшето управление на Твореца над целия свят и на всеки от нас, и се труди така, сякаш от него зависи крайният резултат.

Но след завършване на работата в никакъв случай не трябва да си въобразява, че онова, което е постигнал, е в резултат на неговите усилия. Напротив, трябва да осъзнае, че дори да е лежал през целия ден, все едно – той е щял да постигне същото, защото този резултат е бил предварително замислен от Твореца.

Затова, от една страна кабалистът трябва, като всички други, да следва във всичко законите на обществото и природата, и едновременно с това – да вярва в абсолютното управление на Твореца над света.

Всички наши постъпки могат да бъдат разделени на добри, неутрални и лоши. Извършвайки неутрални постъпки, задачата на човека е да ги извиси до нивото на добрите, като обединява мислено тяхното изпълнение с осъзнаването за абсолютното управление на Твореца.

Например, болният, който прекрасно разбира, че неговото оздравяване е изцяло в ръцете на Твореца, трябва да получи от известен със своите способности лекар проверено и известно лекарство и да вярва, че изкуството на лекаря ще му помогне да превъзмогне недъга.

Но, приемайки точно по предписанието на лекаря лекарството и оздравявайки, той трябва да вярва, че и без какъвто и да е лекар би оздравял, само с помощта на Твореца. И вместо да благодари на лекаря, трябва да благодари на Твореца. И с това човекът превръща неутралното действие в духовно. Постъпвайки така с всички неутрални действия, той постепенно одухотворява всички свои мисли.

Посочените примери и разяснения са необходими, тъй като подобни въпроси се превръщат в препъни-камък по пътя на духовното извисяване. Защото, макар че тези, които познават принципите на управление, се стремят да увеличават силата на своята вяра във вездесъщността на висшето управление, и вместо работа над себе си, за да избегнат усилието да демонстрират своята вяра в Твореца, или заради това, че са лениви – още преди да са започнали да работят, решават, че всичко е в Неговата власт и затова усилията им са напразни! Нещо повече – влизат със затворени очи в някаква сляпа вяра и по този начин избягват въпросите за нея, а без да са си отговорили на тези въпроси, лишават себе си от възможността да напредват духовно.

За нашия свят е казано: „С пот на лицето ще заработваш своя хляб", но след като нещо е изработено с труд, на човек му е трудно да признае, че резултатът не е зависел от неговия труд и способности, а всичко е направил Твореца. И трябва „с пот на лицето" той да укрепва в себе си вярата, че Твореца го ръководи във всичко.

Но именно стремежът и опитите му да обедини противоречията, които му се струва, че има във Висшето управление и които произтичат от нашата слепота, именно заради сблъкновенията между тези противоположности за нас са неразбираеми подходите към изискващите се от нас действия. Но благодарение на тези състояния расте постигащият ги и благодарение на тях получава нови духовни усещания.

4. Анулиране на нашите лични интереси

Състоянието до началото на творението се свежда до съществуването на Единствения Творец.

Началото на творението се състои в това, че Твореца отделя в себе си някаква точка, за да й придаде в бъдеще различни от своите свойства.

В това се състои същността на творението, защото, придавайки егоистични свойства на тази точка, Твореца като че ли я е изхвърлил от себе си. Тази точка е нашият „аз". Но тъй като не съществува място и разстояние, то отдалечаването по свойства се възприема от точката като скриване на Твореца, т.е. тя не Го чувства, между тях има тъмнина, създадена от нейните егоистични свойства.

Тази тъмна пропаст се възприема в чувствата на точката като страшна безизходица, ако Твореца не пожелае да я приближи към себе си. Ако пък Твореца все още не желае приближаването на точката, тя не усеща никаква пропаст и разстоянието от Твореца, и изобщо Твореца, тя само може да си представя тези състояния.

Тъмната пропаст, която усеща точката, са обичайните страдания, които ни причиняват материалните трудности или недостатъци, децата и роднините – най-общо казано – всичко, което е изградил Твореца като обкръжение на точката, за да може да й влияе именно чрез него. Как и защо?

За да покаже на човека, че за да се спаси от страданията, е необходимо да се избави от егоизма, Твореца създава чрез обкръжаващите обекти – деца, работа, дългове, болести, семейни неприятности – такова състояние на усещащо се страдание в точката, че животът ѝ се струва непоносим товар, заради собствената ѝ заинтересованост да постигне нещо. Тогава възниква единственото желание – да не иска нищо, т.е. да няма никакви лични интереси, да избяга от всяко егоистично желание, защото то поражда страдания.

И затова не остава никакъв друг изход, освен да помоли Твореца да го избави от егоизма, който го принуждава да бъде заинтересован от преодоляването на всички неприятности, носещи му страдания.

И затова в предговора на „Талмуд есер сфирот" (п. 2) Баал Сулам пише: „Но ако се вслушаме със сърцето си в един знаменит въпрос, аз съм убеден, че всички ваши съмнения дали трябва да се изучава кабала ще изчезнат, сякаш никога не ги е имало".

И така е, защото човек си задава този въпрос в дълбочината на своето сърце, а не в ума или в учеността, т.е. това е крещящият в сърцето му въпрос за неговия живот, за смисъла на живота му, за смисъла на неговите страдания, толкова много превишаващи наслажденията, че смъртта му се струва леко избавление и спасение. За живота, в който не се вижда краят на водовъртежа от болка, докато, напълно обезсилени и опустошени, не го напуснем. И кой в крайна сметка се наслаждава на това и на кого доставям удоволствие с това, или какво очаквам от такъв живот?

Въпреки че този въпрос подсъзнателно терзае всеки, понякога той ни удря до помътняване на разсъдъка и безсилието, че не можем нещо да предприемем, разбива нашия мозък и ни хвърля в тъмната бездна на безизходицата и осъзнаването на собствената ни нищожност. Докато не ни се усмихне щастието да намерим известно за всички решение и да продължим да съществуваме, както сме го правили вчера, да плуваме по течението на живота, без особено да се замисляме за него.

Но, както вече беше казано, Твореца дава на човека такива осъзнати усещания, за да разбере той постепенно, че цялото негово нещастие, причината за всички страдания, се състои в това, че той е лично заинтересован от резултата на своите постъпки. Неговият егоизъм, т.е. неговото същество, неговата природа го принуждават да действа в името на своето „благо", и затова той постоянно страда от неизпълнението на своите желания.

Но ако се избави от своята лична заинтересованост от каквото и да било, веднага ще се освободи от всички окови на своето същество и ще възприема онова, което го обкръжава, без никаква болка и страдание.

Методиката за освобождаване от робството на егоизма се нарича кабала. А Твореца специално е създал между Себе си и нас, между Себе си и точката в нашето сърце, нашия свят с всички негови страдания, за да доведе всеки от нас до усещането за необходимостта да се избавим от егоизма като причина за всички наши страдания.

Да се отстранят тези страдания и да се усети Твореца – източникът на наслаждението – може само при истинско желание от страна на човека да се избави от своя егоизъм, като причина за всички страдания. Желанията в духовния свят всъщност са действия, тъй като истинските, целенасочени желания незабавно водят до действие.

Твореца довежда човека до твърдото и окончателно решение – да се избави от каквато и да е лична заинтересованост във всички жизнени ситуации, заставяйки го да страда в тях толкова, че му остава едно-единствено желание – да престане да чувства страдание, което е възможно само при липсата на какъвто и да е личен, егоистичен интерес при разрешаването на всички жизнени ситуации, пред които се изправя.

Но къде тогава е нашата свободна воля, нашето право на свободен избор, по какъв път да вървим и какво да избираме в живота? Да, самият Творец подтиква човека да избере определено решение. Той го поставя в изпълнена със страдания ситуация, дотолкова, че смъртта е по-желана от живота, а човекът няма сили да приключи с него и да избяга от него, защото Твореца не му позволява, а в изпълнената с непоносимо страдание ситуация – Той, внезапно, като слънчев лъч, проникващ през огромен облак, осветява човека с единственото решение – не смърт, не бягство – а освобождаване от личната изгода, при изхода от каквото и да е. Това е решението на въпроса, и само то ще доведе до покой и отдих от непоносимите страдания.

И, разбира се, тук няма никаква свобода на волята – човек избира това по неволя, за да избегне страданията. Изборът и свободата да взема решения е да излезе от състоянието на упадък, като осъществи решението си, и да бъде уверен в него, търсейки сам изход от обзелото го преди ужасно състояние. За да може цел на всяка мисъл да бъде „заради Твореца", тъй като животът „заради себе си" ще му донесе страдание. И тази непрекъсната работа и контрол над собствените мисли се нарича „Работа по пречистването".

Чувството на страдание заради личната заинтересованост при решаването на жизнени ситуации трябва да е толкова остро, че човек да бъде готов да „живее с късче хляб и глътка вода, да спи на голата земя", само и само да отблъсне от себе си егоизма, личния интерес в живота.

И ако той вътрешно вече е стигнал до такова състояние, при което се чувства щастлив, тогава влиза в духовната област, наречена „бъдещ свят" – „олам аба".

Ако страданията са заставили човека да вземе окончателно решение – да се откаже от егоизма за свое благо, вследствие на собствените си усилия, като постоянно си спомня преживените страдания и поддържа, и укрепва в себе си това решение, и е стигнал до такова състояние, при което целта на всички негови постъпки е да извлече полза за Твореца, а що се касае до самия него, се страхува дори да помисли за собствената си изгода и благо, които са извън най-необходимото, заради страха, че отново ще усети онези непоносими страдания, които ще се проявят веднага при появата на личната заинтересованост.

Ако човек може да изтръгне напълно от себе си личните мотиви, дори за най-необходимото, дотолкова, че е стигнал до крайната точка на абстрахиране от собствените си потребности – ето тогава вече е привикнал към такъв начин на мислене във всекидневния живот, в общуването, в семейството, в работата, във всички занимания в нашия свят, без външно по нищо да се отличава от околните, тъй като в неговото тяло, според принципа „навикът е втора природа", не са останали лични интереси. Ето тогава той може да премине към втората част на своя духовен живот, тогава започва да се наслаждава, че със своите действия носи наслада на Твореца.

И това наслаждение вече не е за него, а за Твореца, защото е „убил" абсолютно всички свои потребности за лично наслаждение. Това наслаждение е безкрайно по време и необятно по величина, тъй като не е ограничено от личните потребности на човека. И тогава той вижда колко добър и прекрасен е Твореца, защото е създал възможност за него да постигне такова нечовешко щастие – на сливане във вечна любов със своя Създател!

Оставете кабала да ви води

И за да бъде постигната тази цел на творението, по пътя на човека има два последователни етапа: първият са страданията и тежките изпитания, докато не се избави от егоизма; вторият – след като човекът е завършил първата част на пътя и е изтръгнал от тялото си всички лични желания, той може да насочи всички свои мисли към Твореца, и тогава започва нов живот, изпълнен с духовни наслаждения и вечен покой, което и е било замислено от Твореца в началото на Творението.

Не е задължително да се върви по пътя на абсолютния отказ от всичко, дотолкова, че да се задоволяваш само с парче хляб, глътка вода и да спиш на голата земя, и по този начин да приучиш своето тяло към отказ от егоизма.

Вместо насилственото потискане на телесните желания ни е дадена Тора, по-точно светлината на Тора, способна да помогне на човек да се избави от източника на своите нещастия – егоизма. Тоест, има определена сила, наречена светлина на Тора, която може да даде на човека сили да излезе от рамките на интересите на своето тяло.

Но духовната сила, заключена в Тора, действа на човека само ако той вярва, че това ще му помогне, че му е необходимо, за да преживее, а не да умре, изпитвайки непоносими страдания, т.е. вярва, че ученето ще го доведе до целта и той ще получи очакваната награда за изучаването на *Тора* – освобождаване от егоистичните желания.

И тъй като изпитва истинска жизнена необходимост, той в мислите си постоянно търси път за освобождение, и по времето, когато изучава Тора, търси инструкции – по какъв начин може да излезе от клетката на собствените си интереси.

Според степента на усещане за необходимостта от занимания и от търсенето може да се определи доколко голяма е в човека вярата в Тора. И ако всички негови мисли са постоянно ангажирани само с търсене на освобождение от егоизма, тогава може да се смята, че той има пълна вяра и че може би има случаи, когато действително чувства, че е мъртъв, защото не намира изход от своето състояние, тъй като страданията от личния интерес са в резултат от неговата наистина безкрайна дейност за себе си.

И само ако той действително устремено търси своето спасение, тогава му помага светлината на Тора, дава му се допълнителна духовна сила, способна да го „измъкне" от собствения „аз". И той се чувства истински свободен.

За онези, които не изпитват такава необходимост, или изобщо необходимост, светлината на *Тора* се превръща в тъмнина, и колкото повече учат, толкова повече изпадат в собствения си егоизъм, тъй като не използват *Тора* по нейното единствено предназначение.

Затова, пристъпвайки към изучаването на Тора, отваряйки страницата с написаното от РАШБИ, АРИ, Рав Ашлаг или РАБАШ, онзи, който отваря книгата, трябва да получи от Твореца силата на вярата за очакваната от него награда – че ще намери в края на изучаването път, по който да се промени, да стане достоен да го промени Твореца, че ще се увеличи неговата вяра в очакваната награда; че ще придобие увереност във възможността в неговото егоистично състояние да получи свише такъв подарък, като преминаване в противоположно духовно състояние.

И дори ако още не е преживял всички страдания, които го принуждават напълно да се откаже от собствените си интереси в живота, все едно – светлината на *Тора* ще му помогне и вместо очакваните от егоизма страдания, той ще получи друга възможност да извърви своя път.

5. Цел на изучаването на кабала

В борбата с нашето първородно упорство, проявяващо се в нежеланието да се откажем от егоизма, и с нашата склонност да забравяме страданията, които той ни носи, ще ни помогне също светлината, струяща от написаното от великите синове на Твореца!

Цялото поправяне се привежда в действие от молитвата – от онова, което чувства Твореца в сърцето на човека. А истинската молитва и отговорът-спасение идват само при условие, че човекът е положил всички усилия, направил е всичко, което е било по силите му – и като количество, и особено като качество.

Тоест, стремежът към спасение трябва да бъде такъв, че нито за миг, по време на обучението, да не се откъсва от мисълта и стремежа да намери в *Тора* необходимото за своето спасение лекарство, сред нейните букви и в нейния вътрешен смисъл, където човек търси себе си и за себе си, търси какво е казано за това как да изтръгне своя „аз".

Затова, ако страданията още не са притиснали човека като изплашен звяр в ъгъла на клетката, ако все още някъде дълбоко в сърцето има желание за удоволствия, т.е. не всичко е докрай осъзнато и изстрадано, че именно егоизмът е неговият единствен враг, тогава човекът няма да може да приложи всички усилия да намери в *Тора* сили и път, по който да се измъкне от оковите на своя егоизъм, и затова няма да постигне освобождение.

Макар в началото на обучението човек да е изпълнен с решимост и само с тази цел да изучава *Тора*, по време на заниманията тя неволно му убягва, тъй като желанията, както неведнъж беше казано, определят нашите мисли, а мозъкът – нашия разум, който е спомагателен инструмент, само търси път за изпълняване на нашите желания.

Разликата между изучаването на откритата част на *Тора* от скритата – кабала – се състои в това, че при изучаването на кабала е по-лесно да се намери онази сила, която помага на човека да се измъкне от пътя на егоизма, тъй като, учейки кабала, той непосредствено изучава описанието на действията на Твореца, свойствата на Твореца, своите свойства и по какво те се отличават от духовните цели на Твореца в творението, и пътя за поправяне на своя „аз".

Затова несравнимо по-лесно е мисълта да бъде задържана в нужната посока, към необходимата цел. И второ, светлината на Тора, онази духовна сила, която помага на човека да се пребори с егоизма, при изучаването на кабала е несравнимо по-голяма от получаването на светлина при изучаване на откритата Тора, с нейното предаване на духовните действия чрез езика на нашия свят, когато по неволя човек започва да вниква във веществените действия или съдебно-правните дискусии, и тогава духовните действия, стоящи зад тези думи, му убягват.

Този, който учи *Тора* заради знанията, може да я изучава в по-просто изложение, докато онзи, който учи *Тора* заради своето поправяне, е препоръчително да я изучава непосредствено по кабала.

Кабала е наука за системата на нашите духовни корени, изхождащи свише по строги закони, които се обединяват и показват единствената висша цел – „постигане на Твореца от творения та, намиращи се в този свят".

Кабала, т.е. постигането на Твореца, се състои от две части: изложение в написаните от кабалистите трудове, т.е. от онези, които вече са постигнали Твореца, и това, което се постига само от онзи, в когото са се появили духовните *съсъди* – алтруистичните стремежи, в които той може да получи, като в съд, духовни усещания, усещане за Твореца.

Затова, макар че всеки може да си намери книги по кабала, само онзи, който е изработил духовните алтруистични стремежи, е в състояние да разбере и почувства какво е написано в тях и не може да предаде своите усещания на този, който не е придобил алтруистични свойства.

Ако човек всеки път след своето духовно възвисяване се спуска до нечистите желания, то добрите желания, които са били в него по време на духовното извисяване, се присъединяват към нечистите.

Натрупването на нечисти желания постепенно се увеличава. И така продължава до момента, в който той може за постоянно да остане във възвишеното състояние, само в чистите желания.

Когато човекът вече е завършил своята работа и е игнорирал в себе си всички свои желания, той получава свише такава сила на светлината, която завинаги го изважда от черупката на нашия свят и той става постоянен обитател на духовните светове, за което околните дори не подозират...

Дясната страна или линия е състояние, при което Твореца винаги е прав в очите на човека, когато човекът оправдава във всичко управлението на Твореца. И това състояние се нарича вяра.

С първите свои опити в духовното развитие и извисяване човекът трябва да се опитва да действа така, като че ли напълно е постигнал вярата в Твореца, във въображението да си представя, че сякаш вече чувства с цялото си тяло как Твореца управлява света с абсолютно добро управление и целият свят получава от Него само добро.

И макар, наблюдавайки своето състояние, човекът да вижда, че е лишен от всичко, което желае, а оглеждайки се наоколо, да вижда как целият свят страда, всеки по своему, въпреки това той трябва да си каже, че онова, което наблюдава, е изкривена картина на света, тъй като я вижда през призмата на собствения си егоизъм, а истинската картина ще види, когато постигне състояние на пълен алтруизъм. Тогава ще види, че Твореца управлява света с една цел – да доведе създанията до абсолютно наслаждение.

Такова състояние, при което вярата на човека в абсолютната доброта на Твореца е по-голяма от онова, което той вижда и чувства, се нарича вяра над разума.

6. Духовен напредък

Човек не е способен да оцени своето истинско състояние и да определи дали се намира в състояние на духовен подем, или напротив – в духовно падение. Защото той може да се чувства в духовно падение, но в крайна сметка с това Твореца да иска да му покаже неговото истинско състояние, че ако не изпитва наслаждение, той не е в състояние нищо да направи и изпада в отчаяние, или дори в депресия и гняв, защото неговото тяло не получава достатъчно наслаждение от такъв живот.

А всъщност това е духовен подем, тъй като в това време човекът е по-близо до истината, отколкото е бил преди, когато просто му е било добре, както на детето в този свят.

И затова е казано: увеличаващият знания увеличава тъгата. И обратно, когато той смята, че изпитва духовен възход, може би това е лъжливо състояние на обичайно наслаждаване и самодоволство.

И само онзи, който вече чувства Твореца, и само Неговата власт над всички създания може да оцени в какво състояние се намира.

Изхождайки от казаното, не е трудно да се разбере, че колкото повече човек напредва, работейки върху себе си, и се опитва да поправи собствения си егоизъм, колкото повече усилия полага, толкова повече, с всеки опит, с всеки изминал ден, с всяка прочетена страница се разочарова, че едва ли има възможност да постигне каквото и да е.

И колкото повече се отчайва в своите опити, толкова по-големи са претенциите му към Твореца да го измъкне от тази черна бездна (тъмница на желанията на собственото му тяло), в която той усеща себе си.

И това продължава дотогава, докато, изпробвайки всички свои възможности, извършвайки всичко, което е по силите му, човекът не се убеди, че не е в състояние да си помогне, че само Твореца е единственият, който създава всички тези препятствия, за да принуди човека да се обърне за помощ към Него и да пожелае да намери връзка с Него.

Затова молбата трябва да излиза от дълбочините на сърцето, което е невъзможно, докато човек не използва всички свои възможности и не се убеди, че е безсилен. Само тогава той е способен да отправи излизащата от цялото му същество молба, която става негово единствено желание, тъй като се убеждава, че само чудо свише може да го спаси от най-големия враг – собствения му „аз". Твореца отговаря само на такава молитва и заменя егоистичното сърце с духовно, „каменното сърце – с живо сърце".

И докато Той не го поправи, колкото повече човекът напредва, толкова по-лош става в собствените си очи. Но всъщност той винаги е бил такъв! Просто, вече разбирайки в някаква степен свойствата на духовните светове, все повече усеща доколко е противоположен на тях в своите желания.

Но ако човек, въпреки умората и безнадеждността, които усеща при опитите да се справи със силите на собственото си тяло, а също и след направените изводи се е убедил, че не вижда изход от състоянието, в което се намира, ако въпреки това успее, с усилието на разума, с осъзнаване за истинската причина за тези чувства да създаде в себе си оптимистично и радостно настроение, показващо, че той вярва в справедливостта на именно такова устройство и управление на света и в добротата на Твореца, тогава той ще стане подходящ духовно да възприеме светлината на Твореца, тъй като гради цялото свое отношение към случващото се върху вярата, извисявайки я над разбирането на разума.

В живота на духовно напредващия няма по-ценен миг от онзи, когато чувства, че е изчерпал всички свои сили, направил е всичко, което може да си представи, и не е постигнал това, което така желае. Защото само в този миг той е в състояние искрено, от дълбините на своето сърце да отправи молба към Твореца, тъй като окончателно се е убедил, че всички негови усилия вече не му помагат.

Но преди да е изчерпал всичките си сили в търсенето на изход от своето състояние, той все още е уверен, че сам ще постигне желаното, че не може да се заблуди и искрено да помоли за спасение. Тъй като егоизмът изпреварва неговите мисли и го убеждава, че трябва да увеличи своите безплодни усилия.

И само онзи, който се е убедил, че е най-слабият от всички живеещи в борбата със своя егоизъм и стига до осъзнаването на своето безсилие и нищожност, тогава е готов да преклони глава, молейки Твореца.

Но преди да стигне до подобно унизително състояние, тялото няма да разбере, че само молбата към Твореца може да измъкне човека от дълбините на неговата природа.

Вяра в единството на Твореца

Вярата в единствеността на Твореца означава, че човек възприема с цялото си същество целия свят, в това число и себе си, като оръдие в ръцете на Твореца.

Затова, унищожавайки собствения си „аз", той просто привежда себе си в съответствие с истинското състояние на света, в който, освен волята на единствения Творец, нищо друго не съществува. Но ако все още в своите усещания не е стигнал до такова състояние, той няма право да действа така, сякаш в света съществува само Твореца, и да седи, скръстил ръце.

Затова само вследствие на упорита работа и лично развитие, съответстващи на стремежите, може да се стигне до усещането, че в света няма никого, освен Твореца. И само когато човекът във всички свои усещания е постигнал ясно сливане с Твореца, т.е. издигнал се е на нивото на света *Ацилут*, той постига единствеността на Твореца, и тогава, разбира се, действа в съответствие с тази истинска действителност.

До стигането на това състояние той е длъжен да действа в съответствие с онова ниво, на което се намира, а не с това, което може само да си въобразява в своите фантазии и мечти.

В такова състояние истинската работа върху себе си трябва да се съчетае с вярата в своите сили в началото на пътя и в това, че постигнатото в резултат на неговите усилия би било постигнато и без тях, тъй като изначално цялото мироздание се развива по плана на Твореца, на Неговия замисъл за творението. Но човекът трябва да мисли по този начин само след като е направил всичко, което зависи от него.

Не е по силите на човека да разбере такова духовно свойство като абсолютен алтруизъм и любов, тъй като разумът не е в състояние да осъзнае как може изобщо да съществува такова чувство в света, защото във всичко, което е в състояние да прави или желае човекът, трябва да има лична изгода за него, иначе няма да направи и най-малкото усилие. И затова такова свойство му се дава само свише, и само онзи, който го е почувствал, може да го осъзнае.

Но ако това свойство се дава на човека свише, защо трябва да прави усилия, за да го постигне? Нали самите усилия няма да доведат до нищо, докато Твореца не му помогне и не му даде свише нови качества, нова природа?

Работата е в това, че човек трябва „отдолу" да изпрати молитва – молба, желание Твореца да промени неговите свойства. И само ако има наистина силно желание, Твореца му отговаря.

Човекът трябва да приложи много усилия, именно за да развие в себе си такова силно желание, та Твореца да му отговори. А опитвайки се сам да постигне целта, той постепенно осъзнава, че у него няма нито желание, нито възможност сам да го направи. И тогава се появява в него истинското искане към Твореца за освобождаване от първородните свойства и за получаване на нови – на душа.

Но това е невъзможно, без човек да е вложил всичките си сили в своите опити и сам да се е убедил, че те са безплодни. И само на вик за помощ от дълбочините на сърцето ще му отговори Твореца.

Такава молба за помощ – за промяна на своите чувства, човекът може да отправи само след като се е убедил, че нито едно от неговите желания, нито една клетка от неговото тяло не е съгласна да промени своята природа, за да се отдаде на Твореца без как вито и да е условия, т.е. доколко той в настоящия момент е роб на своята природа, и доколко желае да стане роб на алтруизма.

И само когато почувства, че няма никаква надежда неговото тяло някога да се съгласи с такава промяна, той може да помоли Твореца за помощ от дълбочината на своето сърце, и тогава вече Твореца ще приеме неговата молба и ще му отговори, като замени всички негови егоистични свойства с противоположните, алтруистични, и по този начин човекът се приближава до Твореца.

Но ако човекът се замисли какво му дават всички негови усилия в този свят, ще стигне до извода, че не е чак толкова тежко да се работи над опитите да промени себе си – нали по неволя трябва да се работи в този свят, и какъв е резултатът от усилията му в края на неговите дни?

Само който постигне промяна на свойствата, започва да изпитва огромно наслаждение от самите душевни усилия, защото вижда в името на какво работи и затова възприема усилията не като тягостни, а като радостни и колкото са повече, с толкова по-голяма радост ги посреща, усещайки веднага огромната и вечна „отплата" за всяко от тях.

Дори от примерите в нашия свят може да се види как въодушевлението намалява тежестта на големите усилия: ако много уважавате някого и той във вашите очи е най-великият човек на света, за него вие с радост бихте направили всичко, което сте в състояние да направите, само защото ви се е предоставила такава възможност, и всяко усилие ще ви се струва като наслаждение, както е при обичащия да танцува – прилагането на физически усилия и напрежението не са работа за него, а удоволствие.

Затова в онзи, който осъзнава и чувства величието на Твореца, не възникват никакви други чувства, освен радост при най-малката възможност да направи нещо, което е угодно на Твореца, и това, което е усещал преди като робство, се превръща накрая в изпълнена с наслаждения свобода.

Ако човек чувства препятствия в своя духовен стремеж и трябва да прилага свръхестествени усилия в опитите си да се устреми към духовното, това свидетелства за факта, че в неговите очи Твореца, т.е. усещанията му още не са големи, а малко по малко е започнал да се отклонява и да преследва други цели. А преследвайки ги, той няма да получи от Твореца никаква подкрепа, тъй като още повече ще се отдалечи от целта.

Но и при стремеж към Твореца човекът не получава веднага духовна подкрепа от Него. Защото, ако веднага бе усетил вдъхновение и наслаждение от своите усилия, то егоизмът му, разбира се, веднага би се зарадвал на това състояние и човекът щеше да продължи своите усилия – с цел да се наслаждава. И не би имал никаква възможност да излезе от рамките на своята егоистична природа и да постигне чистия алтруизъм, тъй като би видял в духовната работа по-големи наслаждения, отколкото във всяка друга.

7. Нашите възприятия

Ако човек се занимава с някакъв вид дейност, той започва постепенно да придобива особена острота в усещанията за обектите, с които работи. Затова няма нещо такова в света, което той да не може да започне да усеща по силата на навика, дори ако в началото не е чувствал нищо за даден обект.

Разликата между нас и Твореца е в усещането или в разбирането на каквото и да е: ние усещаме себе си и обекта на усещането отделно – има усещащ и онова, което той усеща (обектът на усещането), разбиращ и онова, което той разбира.

За усещането на каквото и да е е необходим определен контакт между усещащия и обекта на усещането, нещо свързващо ги, което да е общо по време на усещането. Човекът постига всичко, което го заобикаля, само посредством усещането и онова, което чувства, се приема от него за достоверна, истинска информация.

Тъй като нямаме възможност да видим обективно това, което ни заобикаля, ние приемаме за истинска картината, която създават в нас нашите органи на чувствата. Как изглежда мирозданието извън нашите чувства, как би изглеждало то на същества с различни от нашите органи на чувствата – ние не знаем. Цялата обкръжаваща ни картина на действителността ние възприемаме само според това как я усещаме, и онова, което чувстваме, приемаме за достоверна картина.

Изхождайки от условието, че в мирозданието няма никой освен Твореца и Неговото творение, можем да кажем, че тази картина и усещанията, които се възприемат от всеки от нас, всъщност са явяване на Твореца в нашето съзнание. И при всяка степен на духовен възход, тази картина все повече се приближава до истинската, докато при последната степен човек не постигне самия Творец, и само Него. Затова всички светове, всичко, което възприемаме извън нас, съществува само спрямо нас, т.е. усеща се по този начин от човека.

Ако човек не чувства в настоящия момент Твореца и Неговото управление над себе си, той все едно, че седи в тъмнина. При това по никакъв начин не може да потвърди, макар и намирайки се на тъмно, че слънцето изобщо не съществува в природата, защото неговите усещания са субективни, единствено по този начин той възприема спрямо себе си онова, което го заобикаля.

Ако той осъзнае, че отричането на Твореца и Висшето управление е изключително субективно и променливо, то с усилие на волята, с помощта на книги и учители, дори от това състояние той може да започне да се извисява, при което ще започне да осъзнава, че такива състояния на тъмнина Твореца създава специално за него, за да почувства нужда от помощта на Твореца и да бъде принуден да се приближи към Него.

Действително, такива условия Той създава специално за онзи, с когото иска да се сближи. И е необходимо да се осъзнае, че именно с извисяването от състоянието на тъмнина човекът доставя радост на своя Създател, защото колкото по-голяма е тъмнината, от която се издига той, толкова по-ярко ще може да осъзнае величието на Твореца, и по подобаващ начин ще оцени своето ново духовно състояние.

Но по времето на усещане на тъмнина, на скриване на управлението на Твореца и на липсата на вяра в Него, на човека не му остава нищо друго, освен да опита с усилие на волята, с помощта на книгите и учителя да потърси всякакъв възможен път за изход от подобно състояние, докато не усети макар и слаб лъч светлина – слабо усещане за Твореца, което може постоянно да усилва с мисли за Него, измъквайки се от сянката към светлината.

И ако човек осъзнае, че такива състояния на тъмнина са необходими за напредването му, желателни са за него и са изпратени от Твореца, то именно на тези състояния ще се радва, защото Твореца е създал в него усещане за сянка, т.е. непълна тъмнина, от която той все още има възможност да търси източника на светлина.

Но ако той не използва тази възможност и не се опита да излезе към светлината, то Твореца напълно се скрива от него, настъпва пълна тъмнина, усещане за отсъствие на Твореца и Неговото управление, и човек дори не е в състояние да си представи как е могъл да живее преди с някакви духовни цели, пренебрегвайки действителността и своя разум. Състоянието на пълна тъмнина продължава, докато Твореца отново не го озари, с макар и малък лъч светлина.

8. Структура на духовността

Желанията на човека се наричат *съсъди*, в които той може да получи духовна светлина или наслаждение. Но тези желания по своята природа трябва да бъдат подобни на свойствата на духовната светлина, в противен случай светлината не може да влезе в тях, според закона за съответствие на духовните обекти: приближаването или отдалечаването, взаимното проникване и съединяване се случват само според принципа за подобие на свойствата. Затова, в онази степен, в която човек може да изчисти от егоизма своето сърце, в същата степен неговото сърце ще се изпълни с усещането за Твореца, според закона за съответствие на свойствата на светлината и *съсъда*.

От всяко състояние, в което се намира, човек може да започне да се извисява, ако си представи, че от всички възможни състояния, които би могъл да създаде Твореца за него, от най-високите до най-ниските, Той е избрал именно сегашното състояние, като най-добро за неговото по-нататъшно напредване.

Тоест, не може да има за човека по-добро и по-полезно състояние от това състояние на духа, от настроението и външните обстоятелства, при които се намира сега, дори ако то му се струва най-упадъчното и безизходно.

От осъзнаването на това, човекът се радва и получава възможност да се помоли за помощ на Твореца и да му благодари, намирайки се в най-нисшите и безнадеждни състояния.

Духовно се нарича онова, което е вечно и не изчезва от мирозданието, дори след постигането на крайната цел. А егоизмът, т.е. всички първородни желания на човека, цялата негова същност, се наричат материални, тъй като изчезват при поправянето.

Съществуването на духовното „място" не е свързано с каквото и да е пространство, а зависи от свойствата на духовния обект. Затова всички, постигащи това състояние, с подобряването на своите духовни свойства виждат (чувстват, постигат) едно и също.

Тора се състои от 70 степени (лица). На всяка от тях тя се възприема по различен начин, съгласно свойствата на всяка степен. Оттук човекът, придобил свойствата на някоя от тях, вижда за себе си нова *Тора* и нов Творец.

Всички, които постигнат която и да е от 70-те степени на всеки духовен свят, виждат онова, което виждат всички, намиращи се на тази степен *(шивим паним ле Тора)*.

Оттук може да се разбере, че когато мъдреците описват: „Така каза Авраам на Ицхак", те просто се намират на същото ниво, на което се е намирал Авраам, и разбират какво той е трябвало да каже на Ицхак, тъй като в това състояние те са като самия Авраам.

И всички коментари към *Тора* са написани по този начин, всеки от нивото на своето постижение. И всяко от 70-те нива е обективно съществуващо, и всички постигащи виждат едно и също – както всички, които живеят в този свят и се намират на определено място, виждат една и съща картина, която ги заобикаля.

Когато в човека се появи макар и най-малкото алтруистично желание, той стъпва на пътя на духовните подеми и падения: ту е готов напълно да се разтвори в Твореца, ту изобщо не мисли за това и всяка мисъл за духовното извисяване бива отблъсната и му се струва чужда.

Подобно на това как майката учи детето да ходи: тя го държи за ръка, то чувства нейната опора, и изведнъж тя се отдръпва и го пуска. И в това време, макар то да се чувства оставено без абсолютно никаква опора, по неволя трябва да направи крачка напред, към нея, и само по този начин може да се научи да напредва самò.

Затова, макар на човека да му се струва, че Твореца го е изоставил, всъщност Той сега очаква неговите крачки.

Казва се, че Висшата светлина се намира в абсолютен покой. В духовния свят под покой се разбира липсата на промяна в желанията.

Всички действия и движения в духовния (алтруистичен) свят и в нашия (егоистичен) душевен вътрешен свят във всеки от нас се свеждат до променяне на предишно желание в ново, а ако то не се е променило, то нищо ново не се е случило, няма движение. И това е така, въпреки че самото постоянно желание може да бъде преживявано много ярко и да не дава покой на човека. Но ако то е постоянно, не се променя, значи няма движение.

Затова, когато се говори, че Висшата светлина се намира в покой, се подразбира постоянното и неизменно желание на Твореца да ни наслади. Тази светлина ни пронизва, но тъй като онази точка в нас, която наричаме „аз", е заключена в черупката на егоизма, ние не усещаме наслаждение от светлината, в която „плуваме".

Фалшиви наслади

Наслажденията в нашия свят могат да бъдат разделени на няколко вида: приемани от обществото като престижни (богатство, известност, естествени (семейни), криминални (наслаждения, които са за сметка на живота на другите), углавни (за сметка на имуществото на другите), любовни и др. Всички те са разбираеми за обществото, макар част от тях да се осъждат и наказват. Но има един вид наслаждения, които не се приемат от никое общество и предизвикват протест, за борбата с които не се жалят огромни средства, въпреки че нанасят на обществото незначителна вреда.

Като правило, наркоманите са непретенциозни хора, които никому не пречат, вглъбени в своите вътрешни наслаждения. Защо не позволяваме на хора, които са като нас, да получават безопасни за обществото наслаждения? Наркоманите по принцип са безработни. Ние не сме в състояние да им предоставим работа, както го правим с мнозинството от членовете на нашето общество. Защо едновременно с паричните помощи за безработни и безплатните обеди обществото не раздава също и безплатни наркотици, за да не бъдат принудени тези хора да продават всичко, което имат, оставяйки без хляб децата, да грабят и убиват, защото са роби на наркотичния глад? Защо не позволим на тези хора да се насладят на своите непретенциозни и спокойни удоволствия? Нали това наслаждение не се постига за сметка на нашите страдания, както е при криминалните, углавните и другите постъпки. Цената на наркотика също не е съществена, в сравнение с огромните средства, които обществото харчи за борба с наркоманите.

Не са ли всички привличащи ни обекти същите лъжливи носители на наслаждения? Нали и те ни отклоняват от истинската цел, и преследвайки ги, ние се забравяме и целият ни живот преминава в забрава. Вместо да търсим истинското наслаждение и не намирайки го, да се обърнем към духовното, ние търсим удовлетворение в постоянно променящата се мода, в стандартите, произвеждайки нови предмети за бита, за да не се изчерпат около нас притегателните носители на нови удоволствия, иначе ще чувстваме живот, който не ни дава наслаждения. Защото човекът, едва достигнал онова, към което се стреми, веднага трябва да види пред себе си следващата цел, тъй като вече постигнатото губи ценността си, а без надежда за ново наслаждение, без търсенето и преследването му, той губи желание да съществува. Така че, не се ли явяват нашите моди, стандарти, всичко, което постоянно преследваме, също наркотици? По какво се различават наркотичните наслаждения от наслажденията, които получаваме от предметите в нашия свят?

Защо Твореца, Висшето управление, е против наркотичното удоволствие, и затова ние долу приемаме такива закони, а не е против материалните наслаждения, приели облика на предмети от нашия свят?

Наркотиците в нашия свят са забранени именно затова, защото отклоняват човека от живота, водят го до състояние на неспособност да възприема всички удари на нашия живот, които са следствие от липсата на наслаждения на егоизма. Тези удари са средство за нашето поправяне – малко хора от общата маса се обръщат към религията, към кабала. Колкото и да ни се струва странно, ако се замислим, когато е в беда, нещастен, човек се обръща към Твореца, мъката разтърсва човека. Макар че би трябвало да е обратно – да обърне гръб на Твореца, който му изпраща страдания.

Наркотиците са лъжлив носител на удоволствие и затова са забранени. Човек се намира в състояние на измамно наслаждение, на илюзия за наслаждение, отстраняваща възможността за неговото напредване към истинските духовни наслаждения, и затова наркотиците се възприемат от обществото като най-опасното увлечение, въпреки че са напълно безопасни за околните и биха могли да станат не лош метод за социална работа с голяма част от непродуктивното население.

Грешката на мнозинството, обръщащо се към религиозния начин на живот, е в това, че смята, че трябва да се изучават законите на *Тора* за знание, за да се изпълни целта на даряването на *Тора* и целта на човека в този свят, че са условие за изпълняване на волята на Твореца и на своята задача в този живот. Тъй като получават неправилно тълкуване на *Тора* „Тора лишма", те смятат, че ученето и изпълняването на заповедите е напълно достатъчно за съблюдаването на това условие в Тора. И макар да искат да бъдат бней *Тора (,,синове на Тора"*), поради полученото невярно определение за изискванията на *Тора* те, както и техните учители, остават на нивото баал байт.

Дори се срещат такива, които изучават *Тора* заради знанията, което е абсолютно забранено, тъй като има ясно указание: „барати ецер ра, барати *Тора* тавлин" (*„създадох дърво на злото, създадох Тора за поправянето му"*), „ло натну мицвот, еле лецареф ба хем Израел" и на всички е известно, че да се изучава *Тора* ло лишма е голямо престъпление, тъй като изучаващият взема подаръка на Твореца за човечеството, даден само за изкореняване на егоизма, и с негова помощ още повече увеличава своя егоизъм, подобно на изучаващите *Тора* и още повече на кабала в университетите и кръжоците.

Както откритата, така и скритата *Тора* – това е една *Тора* – представлява разкриването на Твореца на творенията. И всичко зависи от намерението на човека при изучаването на Тора, от онова, което той желае да получи от нея. Ако неговата цел е да знае всички закони и техните следствия, всички коментари, спорове и начини на излагане на изводите на нашите мъдреци, то такъв бен *Тора* няма да постигне и най-малкото духовно ниво.

Но ако неговото намерение е да се приближи към Твореца, да бъде проводник на Неговите действия в своя егоизъм, то *Тора* се превръща за него в източник на сила и действие, за което е и създадена, без разделяне на скрита или открита част. Но с помощта на кабала по-бързо и безболезнено ще стигне до лишма.

Проблемът е в това, че изучаващият *Тора* не може да определи своите намерения. Макар да изучава ло лишма, егоизмът и обществото поддържат в него лъжливото усещане за собствената му праведност. *Тора* лишма означава, че всички желания на човека съвпадат с желанията на Твореца, че целият човек е проводник на действията на Твореца – и нашият егоизъм е в състояние да докаже на всеки от нас, че той е именно такъв човек!

Стремящият се към „лишма" се старае да види във всичко действията на Твореца, постоянно контролира своя възглед за света – опитва се във всичко да вижда само Твореца, Неговата сила и действие, или отново усеща себе си и другите като самостоятелно действащи създания. Всички изисквания към намеренията на човека са описани в Талмуд, но като правило се пропускат или се прочитат повърхностно при изучаването.

9. Молба за помощ

Единственото, което е създадено от Твореца – това е нашият егоизъм - ако човекът анулира неговото действие, то отново ще чувства само Твореца, а творението-егоизъм ще изчезне, както е било до началото на творението, в което и се заключава извисяването *(връщането, тшува)* по стълбата на Яков. В този случай има съединяване на животинското тяло и божествената душа.

Работата над себе си трябва да се извършва както в усещанията за собствената нищожност спрямо Твореца, така и в гордостта, че човекът е център на Творението (ако изпълнява неговата цел, иначе е животно). От усещането на тези противоположни състояния изхождат съответно двете обръщения към Твореца – молбата за помощ и благодарност за възможността за духовно извисяване (посредством изпълняване на заповедите с намерение „заради сближаване с Твореца", наречени в този случай алаха, от думата алиха – движение).

Но главното средство за духовно напредване на човека е молбата за помощ към Твореца – да подсили желанието за духовно развитие, да даде сили да победи страха от бъдещето, ако не постъпва по егоистичните канони, да се укрепи вярата във величиет о и силата на Твореца в неговата единственост, а също така да даде сили за потискане на постоянните пориви да действа според собственото си разбиране.

Има начинаещи, които се задълбочават в различни „*каванот*" – намерения – по време на молитвите или на изпълняването на някои действия. Твореца не чува онова, което е произнесено от устата ни, а чете нашите чувства в сърцето на всеки. Не си струва да се стараеш красиво да произнесеш празни за сърцето фрази и неразбираеми думи, да четеш по кабалистични молитвеници непонятни знаци или „*каванот*".

Единственото, което се изисква от човека, е да устреми своето сърце към Твореца, да почувства своите желания и да Го помоли да ги промени! И да не прекъсва никога диалога с Твореца!

Читателите, които знаят иврит, имат възможност да се обърнат към посочените по-долу източници и сами да се убедят по какъв начин *Тора* ни показва свойствата на нашата природа и пътя за нейното поправяне.

Най-важното в работата над себе си е личното принизяване спрямо Твореца. Но това не трябва да бъде изкуствено, а като цел. Ако в резултат на работата над себе си човек постепенно започва да усеща появата на това качество, значи се движи в правилната посока. (Талмуд, Авода Зара 20; 2)

Човекът е роден абсолютен егоист и това качество е дотолкова изострено, че същият този егоизъм убеждава човека, че той е вече праведник и се е избавил от егоизма. (Талмуд, Хагига 13; 2)

Тора, това е светлината на Твореца, и само онзи, който я получава, се нарича изучаващ *Тора*. (Зоар, Мецора 53; 2)

Светлината на *Тора* е скрита и се разкрива само на този, който е достигнал нивото праведник. (Талмуд, Хагига 12; 1)

Постигането, чрез своите занимания, на състояние, когато, освен духовното извисяване, човек не желае нищо, а необходимото приема за поддържане живота на тялото, а не заради наслаждението, е степен, от която започва влизането в духовния свят. (Талмуд, Псахим 25; 2)

Колкото по-ниско усеща себе си човек, толкова е по близо до истинското свое състояние и до Твореца. (Талмуд, Сота 5; 1)

Забранено е да се учи *Тора* за всяка друга цел, освен за духовно извисяване. (Талмуд, Санедрин 60; 2)

Най-голямата степен за човека е постигането на *„маасе меркава" (действие управление)*, дотолкова да поправи себе си, че през него да минава управлението на света. (Талмуд, Сука 28; 1) Задължително условие за издигането е постоянният стремеж за връзка с Твореца. (Орех Хаим 1; 1), (Тора, Ваикра 4; 39), (РАМБАМ, Илхот Есодей *Тора* перек 1), (Талмуд, Сука 39; 1)

Не се отчайвай по пътя, тъй като Твореца ни уверява в успеха, при подходяща посока на стремежите. (Талмуд, Псахим 50; 2), (Талмуд, Брахот 35; 2), (Талмуд, Сука 52; 2)

Главното в човека е неговият стремеж, а не постигането, тъй като това вече е искане на егоизма. (Талмуд, Явамот 104; 2), (Талмуд, Сота 25; 1).

Колкото човек трябва да се стреми да чувства първородната нищожност, толкова трябва да се гордее със своята духовна работа и предназначение. (Талмуд, Таанит 25; 1), (Талмуд, Брахот 6; 2)

Онзи, който се стреми към Твореца, се нарича негов син (Талмуд, Шаббат 66; 2), за разлика от желаещите награда (почит, знания, пари) за своето учене.

Познай Твореца. (Диврей аямим 1; 28; 9), (Талмуд, Недарим 32; 1)

Кабала се нарича тайно *(нистар)* учение, защото се постига само в степента, в която човекът е променил своите свойства. Затова, каквото е постигнал, той не може да предаде на другите, а само може, и е длъжен, да им помогне да преодолеят същия път. (Талмуд, Хагига 14; 2), (РАМБАМ, Илхот Есодот Тора, перек 4)

Кой си представя света, незапълнен от Твореца... (Талмуд, Ема 86; 1), (Талмуд, Шаббат 77; 2), (Талмуд, Минхот 39; 2)

Човек трябва да си представя, че е сам в света, насаме с Твореца. Множеството персонажи и сюжети в *Тора* означават свойствата на един, на всеки човек, етапите на неговия духовен път, обозначени с имената на хора, техните постъпки и географски наименования. (Талмуд, Санедрин 37; 1), (Талмуд, Кидушин 40; 2)

И не трябва човек да се отчайва, когато, според степента на изучаването и прилагането на усилия в работата, той вижда себе си по-лош, отколкото до започване на заниманията с кабала. Който е по-високо от другите, на него повече му се разкрива истинската природа на егоизма и затова той мисли, че е по-лош, макар да е станал по-добър. (Талмуд, Сука 52; 2), (Талмуд, Мегила 29; 1)

Не си струва да се обръща внимание на това, че целият свят се намира в непрекъснато преследване на наслаждения, а извисяващите се към Твореца са единици. (Талмуд, Рош а-Шана 30; 1), (Талмуд, Брахот 61; 2)

Най-важна в духовното издигане е молбата за помощ към Твореца. (Талмуд, Брахот 6; 2), (Талмуд, Таанит 11; 2), (Талмуд, Йома 38; 2)

Главното отрицателно свойство при проявяването на егоизма е високомерието, самоувереността. (Талмуд, Сота 49; 2)

Човек трябва да получи сили от осъзнаването на целта на творението, предварително да се радва на задължителното поправяне на целия свят и настъпването на състояние на успокоение на човечеството. (Талмуд, Шаббат 118; 2), (Талмуд, Трума 135; 1 136; 2)

Само вярата е единственото средство за спасение, защото във всички останали свойства егоизмът е в състояние да обърка човека, но вярата е единствената основа за изход в духовното пространство. (Талмуд, Макот 24; 1), (Талмуд, Шаббат 105; 2)

Вярата не може да се прояви в човека без чувство за страх, защото егоизмът се спира само пред страха. (Талмуд, Шаббат 31; 2)

Дори ако човек нищо не прави, неговият егоизъм го тласка към различни глупави дела, и затова непрегрешилият все едно е направил добро. (Талмуд, Кидушим 39; 2), (Талмуд, Бава меция (32; 2)

Сближаването с Твореца се случва само според признака на подобие на свойствата. (Талмуд, Сота 5; 1)

10. Противодействие на желанието да насладиш себе си

Слухът се нарича „вяра", защото, ако човек желае да приеме онова, което чува, за истина, той трябва да вярва. Докато зрението се нарича „знание", защото човекът не трябва да вярва какво му говорят, а вижда със своите очи. Докато човек не е получил свише, вместо егоизма, свойството алтруизъм, той не може да види, защото възприема видяното в егоистичните свойства и още му е трудно да излезе от егоизма. Затова в началото е необходимо да върви на сляпо, над онова, което ни говори нашият егоизъм, а след това вътре във вярата започва да постига, да вижда по-високо от знанието.

За да бъде променен егоизмът в алтруизъм, разумът с вяра, е необходимо да се оцени величието, грандиозността на духовното в сравнение с нашето материално, временно, мизерно съществуване, да се осъзнае колко е безсмислено да се грижиш и прислужваш през целия си живот на човека, т.е. на себе си, вместо да служиш на Твореца, колко по-изгодно и приятно е да направиш нещо хубаво за Твореца, отколкото за такова егоистично нищожество като нашето тяло, а неговата благодарност е само в това, че ни дава за миг да почувстваме приятно усещане.

Поставяйки едно до друго своето тяло и Твореца, човекът трябва да прецени за кого си струва да работи, чий роб си струва да бъде.

Трети няма. Колкото по-ясно човек осъзнае своята нищожност, толкова по-леко ще му бъде да предпочете работата за Твореца.

Сама по себе си неживата природа е съвършена. И това се вижда от факта, че тя не се нуждае от нищо. Така и духовно мъртвият получава сили да пази *Тора* и изпълнява заповедите, тъй като е получил съответното възпитание. И затова неговите желания не се различават от желанията на подобните на него, т.е. не желае и не може да направи лични духовни движения.

Притежаващата такива свойства духовна природа се нарича нежива, тъй като има общо движение с всички. Това, между другото, е най-добрият залог за неизменно запазване на традицията. А усещането за съвършенство, изпитвано от вярващите маси, произлиза от светещата отдалече обкръжаваща светлина – *ор макиф*, и тази далечна светлина ги осветява, макар че те по свойства са противоположни на Твореца. Но няма друг път за човека, освен да започне да изпълнява заповедите на неживото ниво; пътят е само в действието. И за тези, които го правят по този начин, е казано: „Дори онези от евреите, които са празни, са пълни със заповедите, като нар". Но, казва Твореца: „Аз сътворих егоизма и затова направих допълнително Тора, за да ви обърне нейната светлина към мен".

Подобно на това как растителната природа израства върху почвата на неживата, духовното растително ниво също се нуждае от предшестващото го неживо.

Така че онзи, който не иска да остане на нивото на развитие на духовно неживото, не трябва да приема причините, подхранващи духовно неживата природа, т.е. възпитанието, което значи да изпълнява онова, което изпълнява – не защото го задължава обществото, обкръжението, наречено вярващи маси – *„клал Израел"*, даващи му такова възпитание.

(Дано читателят да не ме разбере неправилно. Всичко, което е в Юдаизма, в това число и кабала, и всички велики кабалисти са произлезли, израснали от тези вярващи маси; това е желанието на Твореца, такава е създадената от Него природа на света. Кабала призовава онези, които усещат необходимост да израстват, да я следват, а не да търсят чужди теории и да грешат в търсенията си).

Човекът, желаещ да израства, да стане духовно растителен, ще има лични духовни движения, които са независими от мненията, навиците и възпитанието на обществото; желаейки да приключи с тази зависимост, той се отказва мислено сляпо да следва възпитанието *(да прави соф, наречен малхут де елион).*

От решението да приключи с автоматичните движения се появява зародишът на новото, растително духовно състояние *(малхут де елион нааса кетер ле тахтон).*

Но, както зърното трябва да се разложи в почвата, за да израсне, така и човекът трябва напълно да престане да чувства какъвто и да е духовен живот в неживото съществуване на масите, дотолкова, че подобна смърт да усеща като „нежив живот". И това усещане става неговата молитва.

Но за да стане „растителен", с лични духовни движения, е необходимо да поработи по различни начини над себе си, започвайки с „разораване" на неживата почва.

Духовни движения могат да бъдат извършени само с помощта на противодействие на желанието за самонаслаждение. Затова човекът, желаещ да расте към Твореца, постоянно контролира своите желания и решава какви наслаждения ще приеме. Заради това, че желанието на Твореца е да го наслади, той трябва да приема наслаждения, но само онези, които може да приеме заради Твореца.

С езика на кабала това се описва така – силата на волята *(екранът, който се намира в ума – пе де рош)* преценява какво количество наслаждения може да приеме заради Твореца, за да Му достави радост, точно според степента на неговата любов към Твореца *(ор хозер)* и това количество човекът получава *(ор пними).* Но количеството наслаждения, което би приел не от чувство за любов към Твореца, той не приема *(ор макиф),* защото се страхува да не огорчи Твореца.

В такъв случай, всички постъпки на човека се определят от неговия стремеж да достави удоволствие на Твореца, не с цел да се приближи или от страх да се отдалечи, тъй като това са егоистични стремежи, а с безкористна любов, с желание да направи нещо приятно за Него, или боейки се да не го огорчи.

Истинските чувства – радост, тъга, наслаждение, страх и т.н., ние усещаме с цялото наше тяло, а не само с някоя определена негова част. Затова човекът, който иска да контролира своите желания, трябва да усети дали цялото му тяло е съгласно с онова, което мисли.

Например, когато чете молитва, дали всички негови мисли, желания, органи са съгласни с това, което устните произнасят. Или всичко се случва автоматично, без да обръща внимание на част от онова, което казва, защото не желае да почувства несъгласието на тялото и неприятните усещания вследствие на това, или не разбира каква полза ще му донесат тези молби, които автоматично произнася по молитвеника.

Струва си да попита своето сърце какво би искало то да произнесе в молитвата. Молитва се нарича не онова, което устните автоматично произнасят, а това, което желае цялото тяло и разумът. Затова е казано, че молитвата е работа на сърцето, когато то е напълно съгласно с онова, което произнася устата.

И само когато в резултат на работата на цялото тяло човек получи неговата реакция, говореща за това, че нито един орган не желае да се избави от егоизма, и още повече да моли за това Твореца, тогава това ще бъде пълна молитва за спасение от духовното изгнание.

Във физическото изпълняване на заповедите на Твореца всички хора са равни. Както малкото дете и неукият, така и старецът или мъдрецът – всички трябва да ги изпълняват еднакво. Разликата е само в зависимост от пола, времето на деня и годината, семейното положение и т.н. – от свише установените за нас обстоятелства. И няма какво да се добави или да се махне от постановеното вече какво и как да се изпълнява. Цялата разлика може да бъде само в това, за какво се изпълнява.

Човек трябва да се стреми причината за действието и самото чисто механично действие на изпълнение на желанията на Твореца да съвпадат. Както, без да разбира защо, без да вижда незабавните, изгодни за него следствия, изпълнявайки указанието, неговото тяло действа като робот, както е казал Твореца – така и причината за изпълнение на заповедите трябва да бъде „защото така желае Твореца".

Такова действие се нарича „заради Твореца – лишма". Проверката на причината, поради която човек изпълнява заповедите на Твореца, е много лесна – ако причината е действие „заради Твореца", тялото не е в състояние да извърши и най-малките движения.

Ако пък причината е за собствена изгода в този или в бъдещия свят, колкото повече мисли за възнаграждението, толкова повече енергия се появява за извършването на всевъзможни допълнителни действия към изпълнението.

От по-горе казаното става ясно, че именно целенасочеността на мисълта или намерението – кавана определя качеството на действието, а на качеството на изпълнението не влияе нейното количествено умножение.

Всичко, което става с нашия народ, се случва въз основа на действията на духовните сили. А ние в продължение на векове наблюдаваме с развиването на спиралата на времето причинноследствената връзка на духовните сили.

Мъдър се нарича онзи, който, не дочаквайки последствията от случващото се, предварително вижда следствията на едни или други събития, затова може да предвиди и предотврати нежелателните последствия.

Но тъй като нашият свят е свят на следствия от действията на духовните сили, а цялата арена на техните действия се намира над нашите усещания, то само кабалистът е в състояние предварително, преди проявяването им на земята, да види и да предупреди за тези събития. Но тъй като всички тези събития са ни дадени за нашето поправяне, без което не можем да постигнем целта на творението, то никой, освен нас самите, не може да ни помогне. Твореца ни изпраща не страдания, а подтикващи ни към поправяне средства за нашето движение напред.

Кабалистът не е вълшебник, извършващ чудеса. Неговата роля сред нас е най-общо в това – да помогне за издигане нивото на човешкото съзнание до осъзнаване на необходимостта от лично поправяне, и също така – да помогне на всеки от нас, ако човек желае това.

Нашето разселване сред другите народи ще продължи дотогава, докато вътре в себе си не пожелаем да се избавим от нашите вътрешни *„гои"* (*„чужденци"*) – егоистичните желания. И ще изпитваме върху себе си всеобщата ненавист, също дотогава, докато не поставим егоизма в служба на алтруизма. Преклонението на евреите пред егоизма дава на народите сила за надмощие над нас. И обратно, ако ние, макар и малко, предпочетем алтруизма пред егоизма, нито един народ няма да може да ни налага своята воля.

След нашето поправяне, както се казва в Тора, всички народи ще дойдат да се учат от нас. И тогава ще получим нашата земя и ще станем независими. Защото земните евреи и гои, Ерец (Земята) Израел и земите на изгнание не са нищо друго, освен следствие на духовните алтруистични и егоистични сили. В степента, в която се подчиняваме на нашето тяло, в същата степен ще бъдем принудени да се подчиняваме на другите народи.

Човекът няма никаква власт над своето сърце – нито силният, нито умният, нито способният. Затова единственото, което той може, е механично да извършва добри дела и да моли Твореца да му даде друго сърце. (Под сърце обикновено се разбират всички желания на човека). Всичко, което се изисква, е голямо желание и това желание да бъде единствено, а не едно от многото други. Защото желанието, усещано от човека в неговото сърце, е всъщност неговата молитва. И голямото, целенасочено желание не оставя място за останалите.

Човек може да създаде в себе си голямо желание само при ежедневни, ежечасни усилия. Прекрасно осъзнавайки, че се намира далеч от целта и че заниманията му с *Тора* са за лична изгода, въпреки всевъзможните доводи на тялото – за умората, за необходимостта да отдели време, за..., за това, че все едно това не е духовна работа, а егоистична, че когато трябва, сам Твореца свише всичко ще направи, както го е довел до сегашното му състояние, че трябва да направи проверка на постигнатото, защото кой работи без контрол, че от момента, в който е започнал да се занимава с кабала, е станало още по-зле..., че всички негови връстници са успели повече от него в своите занимания – и още безкрайно много, всевъзможни подобни обвинения, упреци и призиви към разума, както от страна на тялото, така и от страна на близките. Именно преодолявайки тези трудности, човек изгражда в себе си истинското желание.

А трудностите могат да бъдат преодолени само по един начин, както съветва самата *Тора* – „да удари в зъбите!" егоизма, т.е. да остави неговите претенции без отговор или да му отговори така: „Аз вървя като глупак, без всякакви доводи и проверки, защото мога да ги направя само въз основа на егоизма, от който трябва да изляза. А тъй като все още нямам други чувства, то аз не мога да слушам теб, а само великите, които вече са проникнали във висшите светове и знаят как действително трябва да постъпи човек. А това, че моето сърце е още егоистично, е защото съм се придвижил и сега свише могат да ми покажат, макар и малко, моя истински егоизъм, за да мога още по-силно да помоля Твореца за поправяне".

Тогава в отговор Твореца открива Себе си на човека и той чувства величието Му, и дори, без да иска, става негов роб. И вече не изпитва никакви изкушения от страна на своето тяло. Това се нарича смяна на „каменното" сърце, което чувства само себе си, с „живо" сърце, което чувства другите.

11. Вътрешно движение и развитие

В нашия свят човекът се движи напред, използвайки своите органи за напредване – краката. А когато постигне своята цел, използва органите за получаване – ръцете. Духовните органи са противоположни на нашите – човек върви нагоре по стъпалата на стълбата, ако съзнателно се отказва от опорите под себе си във вид на здрав смисъл. А да получи целта на творението може, вдигайки ръцете си нагоре и отдавайки.

Цел на творението е наслаждението на човека. Защо тогава Твореца ни води към тази цел по такъв болезнен път?

Тъй като човекът е създаден съвършен от Твореца, а признакът за съвършенство е състоянието на покой, защото движението е следствие от недостатък в нещо, при опит да се постигне желаното. Човекът обича покоя и е готов да го наруши, само за да се избави от страданието, породено от липсата на нещо важно, например храна, топлина и т.н.

Усещането за липса на необходимото подтиква човека към действие. И колкото по-голямо е страданието от липсата на желаното, толкова по-голяма е готовността на човек да положи по-големи усилия за постигане на желаното.

Ако Твореца дава страдания заради отсъствие на духовното, човек е принуден да положи усилия, за да го постигне. А постигайки духовното – целта на творението, ще получи наслаждението, което вече му е приготвено от Твореца. Затова желаещите да напреднат духовно не усещат страданията от собствения си егоизъм като наказание – виждат в това проява на добра воля за помощ от страна на Твореца, вместо проклятие – благословение.

И само постигайки духовното, човек ще види какво представлява то, що за наслаждение е, защото до този момент само е страдал от неговата липса. Разликата между материалното и духовното е в това, че човек страда при липсата на материални наслаждения, а при липсата на духовни – не. Затова, за да доведе човека до духовните наслаждения, Твореца създава в него усещането за страдание от липсата на материални.

Но при усещането на материалните удоволствия той никога няма да усети пълното, безкрайно удовлетворение, което задължително го има и в най-малкото духовно наслаждение.

Щом човек започне да чувства вкуса на духовното, веднага се появява опасност да получи тези наслаждения в своите егоистични желания, и така още повече да се отдалечи от духовното. Причината е в това, че той започва да се занимава с духовното, защото е почувствал в него вкуса на наслаждението повече, отколкото в целия свой дотегнал му, нищожен живот и вече не се нуждае от основата на духовното – вярата, тъй като ясно вижда, че си струва да се занимава с това за своя изгода.

Но Твореца постъпва така само с начинаещия, за да го привлече, а след това да го поправи. Подобно на това, как майката учи детето да ходи – колкото повече то е в състояние само да напредва, толкова повече се отдалечава от нея.

Всеки от нас чувства, че добре знае какво трябва да прави и кое е в негова полза. Това чувство се дължи на факта, че той в егоистичната точка на своя „аз" чувства само себе си и не чувства никого и нищо, освен себе си. Затова усеща себе си като най-мъдрия, защото само той знае какво желае във всеки момент от своя живот.

В нашия свят Твореца е създал управление според ясните материални закони на природата. Затова никакви хитрости няма да помогнат, ако той тръгне против тях – скачащият от скалата ще се пребие, без кислород ще се задуши, и т.н.

Твореца е утвърдил тези закони на природата по ясен начин, за да разберем, че за да оцелеем, трябва да полагаме усилия и да бъдем предпазливи. В духовния свят, където човекът не чувства последствията и не знае законите за оцеляване, в началото на пътя си трябва да разбере, че най-важният закон, който не може да се заобиколи, подобно на законите на природата в нашия свят, това е законът, който гласи, че не трябва да се ръководиш от чувството за наслаждение, че не наслаждението определя ползата и вредата в духовния живот, а алтруизмът и отдаването...

Тора – това е светлината, излъчвана от Твореца и усещана от нас като огромно наслаждение.

Постигането на *Тора* и Твореца (което е едно и също, тъй като ние усещаме не Него, а излъчваната към нас светлина) е целта на творението.

Вярата е силата, позволяваща ни да усетим увереност във възможността да постигнем духовния живот, да оживеем от духовно мъртвото състояние. Необходимостта от нея се усеща в онази степен, в която човек чувства, че е мъртъв духовно.

Молитвата представлява усилието, полагано от човека, на първо място усилията в сърцето, да помоли Твореца да му даде увереност в постигането на истинския, духовен живот. Работата, усилието, молитвата са възможни само ако има усещане за скриването на Твореца. Истинската молитва е молба за това Той да даде сили да вървим срещу егоизма със затворени очи, без да разкрива Себе си пред човека, защото това е най-голямата награда, а степента на духовност се определя от степента на стремежа да се отдаваш безкористно. Когато човекът е уверен в своите алтруистични сили, той може по малко да започне да получава наслаждение заради Твореца, защото с това ще достави удоволствие на Твореца. А тъй като желанието на Твореца е да наслади човека, то заради съвпадането на желанията двамата се сближават, и освен наслаждението от получаване на светлината на Твореца, човек получава и безкрайно наслаждение от постигането на нивото на Твореца, от сливането със самото съвършенство. Това наслаждение е и целта на творението.

Тъй като егоизмът е нашата природа, той властва над всички нива на природата – от атомно-молекулярното, хормоналното, животинското ниво до най-висшите системи на нашия разум и подсъзнание, включително в нашите алтруистични желания, и човекът не е в състояние по никакъв начин да тръгне срещу него.

Затова онзи, който желае да се освободи от властта на егоизма, трябва във всичко, което е свързано с напредването към духовното, да действа срещу желанията на тялото и разума, въпреки че не вижда никаква изгода за себе си, иначе никога няма да може да излезе от рамките на нашия свят.

В кабала този принцип на работа се нарича „да го биеш, докато не поиска". А когато Твореца помогне и даде своята природа на човека, тогава тялото ще поиска да работи в духовния извор, и това състояние се нарича Връщане – *тшува*.

Променянето на природата от егоистична на алтруистична става така: желанието за самонаслаждение, създадено от Твореца, егоизмът, черната точка, в която е станало съкращаването – Цимцум, и затова светлината на Твореца я е напуснала, преминава през поправяне, наречено Екран (*масах*), с помощта на който егоизмът се променя в алтруизъм.

Как може да се случи такова чудо, ние не сме в състояние да разберем дотогава, докато не го почувстваме в себе си, тъй като ни се струва абсолютно невероятно, че можем да променим основния закон на природата така, че там, където дори с усилие не сме могли да направим нищо със себе си и не сме могли да действаме, изведнъж можем.

В крайна сметка човек установява, че неговите действия са си останали предишните и той нищо не може да даде на Твореца, защото Твореца е съвършен и желае само да изпълни със съвършенство човека.

А в замяна на безкрайното наслаждение, получено от Него, човекът не може да даде нищо, освен мисълта, че извършва същите постъпки, както преди, но вече за да зарадва с тях Твореца.

Но и тази мисъл също не е за Твореца, а в полза на човека, защото му позволява да получи безгранични наслаждения, без срам от подарения хляб, защото е постигнал сходство с Твореца, ставайки алтруист, и затова може безкрайно да получава, тъй като не го прави за себе си и затова се наслаждава.

Човекът може да застави себе си да направи нещо физически, но не е в състояние да промени своите желания, да направи нещо не заради себе си. Но ненапразно е казано, че „молитва без правилно намерение е като тяло без душа" *(тфила бли кавана, ке гуф бли нешама)*, защото действията се отнасят към тялото, а мисълта – към душата. И ако човек още не е поправил своята мисъл (душата), за което той извършва действие (тяло), то самото действие е мъртво.

Във всичко има общо и частно. Вярващата маса се нарича общо духовно неживо – *домем-нефеш*, от думата нефиша, показваща, че има само общо движение за всички, които образуват тази маса, но няма лично духовно движение, защото няма вътрешна потребност, която да го предизвика. И затова няма индивидуално израстване, а общо, в съответствие с движението на общото управление свише. Затова масите винаги усещат своята правота и съвършенство.

Духовно израстващо – Цомеах означава, че всеки обект вече има лично вътрешно движение и развитие. И той вече се нарича човек – Адам, според определението на *Тора* „Човекът е дърво в полето".

Тъй като за духовното израстване е необходим стремеж към движение, а движението може да бъде предизвикано само от липсата на нещо, то „човекът" постоянно чувства, че нещо не му достига, и това го принуждава да търси път за израстване. А ако спре на някакво ниво на духовно развитие, тогава го пускат надолу в неговите усещания, за да го накарат да върви, а не да стои. И ако се издигне, то няма да е до предишното ниво, а на по-високо.

И така, човекът се движи нагоре или се спуска надолу, но не може да стои на едно място, тъй като това състояние не съответства на „човека". Само онези, които са от масата, стоят на едно място, не могат да паднат от своето ниво и никога не чувстват падения.

Нека мислено разделим пустото пространство с хоризонтална линия. Над нея се намира духовният свят. Под линията се намира егоистичният свят.

Над линията може да се намира онзи, който предпочита да действа; въпреки своя земен разум, дори ако има възможност всичко да знае и види, той иска, като затвори очи, да вярва *(да върви по пътя на вярата – емуна лемала ми даат)* и желае (алтруизма вместо егоизма) духовното.

Духовните стъпала определят степента на алтруизма. В съответствие със своите свойства, човек се намира на онова духовно стъпало, на което съответстват неговите свойства.

Над линията човек усеща Твореца, и колкото по-високо е той над нея, толкова по-силно е усещането. По-високо или по-ниско, се определя от екрана на човека, отразяващ прякото, егоистично наслаждение от светлината на Твореца. Светлината над линията се нарича Тора.

Екранът, линията, отделяща нашия свят от духовния, се нарича Преграда *(махсом)*. Онези, които преминат преградата, вече духовно никога не се спускат на нивото на нашия свят. Под линията властва егоизмът, над линията властва алтруизмът, но паралелно на духовните алтруистични стъпала, от линията нагоре се намират също и нечисти стъпала – оламот *(световете)* Асия, Йецира, Брия де тума *(хаосът)*, всяко от които има по 10 стъпала – сфирот, общо 30.

От линията нагоре се намират целият свят *Асия* и половината от света *Йецира*, паралелно на чистите и нечистите стъпала заема също така и отделът на основните нечисти желания – *мадор а-клипот*. Над трите чисти свята (всеки от които се състои от по 10 стъпала – сфирот, общо 30) се намира светът *Ацилут*, също състоящ се от 10 стъпала – сфирот.

Напредък към алтруистично наслаждение

Ацилут е светът на пълното усещане на Твореца и сливането с Него. Човекът постепенно се издига до света *Ацилут*, придобивайки алтруистични свойства. Когато го достигне, т.е. придобие всички свойства „да отдава", стоейки на най-ниското стъпало на света *Ацилут*, той започва да „получава заради Твореца". Ако до този момент човек е придобил допълнителни алтруистични свойства, то сега с тяхна помощ започна да поправя (не да унищожава) самата същност на своето същество – не унищожава желанието за наслаждение, а поправя намерението, поради което ще се наслаждава.

Постепенно поправяйки егоизма си на алтруизъм, той в съответствие с това се издига, докато не получи всичко, което трябва да получи, съгласно корена на своята душа *(шореш нешама)*, който е поначало част от последното стъпало *(малхут)* на света *Ацилут*, но вследствие на поправянето се издига до своето пълно сливане с Твореца и получава при това 620 пъти повече, отколкото до обличането в човешко тяло.

Цялата светлина, цялото количество наслаждение, което Твореца желае да даде на творенията, се нарича обща душа на всички творения, или *Шхина*. Светлината, предопределена за всеки от нас (душата на всеки от нас) е част от тази обща душа. И тази част всеки трябва да получи според степента на поправяне на своето желание.

Човекът може да усети Твореца (своята душа) само в своето поправено желание да се наслади. Това желание се нарича *съсъд (кли)* на душата. Тоест, душата се състои от съд и светлина, идваща от Твореца. Ако човекът напълно е поправил своя съд от егоистичен на алтруистичен, то този съд напълно се слива със светлината, защото е придобил нейните свойства.

По този начин той става равен на Твореца, напълно се слива с Него по свойства. При това изпитва всичко онова, което се съдържа в светлината, която го изпълва.

В нашия език няма думи, с които да бъде описано това състояние. Затова се казва, че сборът от всички наслаждения в този свят представлява една искра от безкрайния огън на наслаждението на душата от сливането й с Твореца.

Напредването по стъпалата на духовната стълба може да стане само по закона на средната линия *(кав емцаи)*. Принципът на това състояние може накратко да се характеризира с думите „богат е онзи, който е щастлив от това, което има" – каквото разбира от *Тора* и от заповедите, му е достатъчно, а най-важното за него е, че може да изпълнява с тези действия желанието на Твореца, чувствайки при това, че го е изпълнил във всички тънкости и е толкова щастлив, сякаш му се е паднал най-големият късмет в света.

Такова чувство се ражда в човека, ако той постави Твореца над себе си като Цар на вселената. И тогава е щастлив, защото от многото милиарди Твореца е избрал него, защото чрез книги и учител му е посочил какво иска от него. Такова духовно състояние се нарича Стремеж към отдаване *(хафец хесед)*. В този случай свойствата на човека съвпадат със свойствата на духовния обект, наречен бина – Разбиране.

Но това все още не е съвършенство за човека, защото при работата над себе си той не използва своя разум и се нарича „Беден на знания" *(ани бе даат)*, защото не знае нищо за връзката на своите действия с техните духовни следствия, т.е. действа неосъзнато, без да разбира какво прави, действа само с вяра.

Затова, за да може съзнателно духовно да действа, човек трябва да приложи много усилия, да почувства, че мисълта му трябва да бъде „заради Твореца". И тук той започва да чувства, че изобщо не се издига духовно, а напротив – всеки път при изпълняването на нещо вижда, че все още е много далече от истинското намерение – да достави удоволствие на Твореца, в тази степен, в която Твореца желае да го достави на него.

В такова състояние човек трябва да приема толкова знания, колкото ще му позволят да остане щастлив от съвършенството, както преди. И именно това състояние се нарича средна линия *(кав емцаи)*. А постепенно добавяйки знания, лявата линия *(кав смол)*, той постига пълното съвършенство.

Нека разгледаме още веднъж работата в средната линия. Човекът трябва да започне своя духовен възход от дясната линия, с усещане за съвършенството в духовното, щастлив от своята съдба, с желание безвъзмездно и безкористно да изпълнява желания та на Твореца. А колко наслаждения има той в своето духовно търсене? Достатъчно, тъй като вярва в личното управление на Твореца, вярва, че това е желанието Му – да се чувства по този начин в своето духовно търсене. Че независимо какво е неговото състояние, то изхожда от Твореца. И той е щастлив само от осъзнаването на духовното управление и съвършенството, а също и от това, че чувства своето съвършенство и радостно благодари на Твореца.

Но в това състояние липсва лявата линия, когато човек трябва да направи Проверка на душата *(хешбон нефеш)*. И тази вътрешна работа е противоположна на работата в дясната линия, където най-важното е възвисяване на духовното и Твореца, без каквато и да е връзка със себе си и със своите състояния. А когато човек започне да проверява доколко действително си дава сметка за сериозността на неговото отношение към духовното, доколко той самият е съвършен – тогава вижда, че е затънал в своя дребен егоизъм, а за другите, за Твореца, не е в състояние да се помръдне от мястото си. И в степента, в която разкрива в себе си злото, той се стреми да се избави от него и толкова повече усилия трябва да положи, за да го преодолее и да отправи молитва за помощ, защото вижда, че сам със себе си не е в състояние нищо да направи.

По този начин са се появили в човека двете противоположни линии: дясната – чувства, че всичко е подвластно на Твореца и затова е съвършено, и това е причината да не желае нищо и да е щастлив. Лявата – чувства, че той самият няма абсолютно никакво отношение към духовното, че нищо не е постигнал и както преди се намира в черупката на своя егоизъм, и не моли Твореца да му помогне да се измъкне от това състояние.

Но след като е видял в себе си цялото свое зло и отхвърляйки здравия разум, който го разубеждава да не върши безнадеждна работа по поправяне на егоизма, той благодари на Твореца за своето състояние. Той вярва, че се намира в съвършенство и е щастлив толкова, колкото и до проверката на своето състояние, и така напредва по средната линия. И е необходим постоянен контрол – да не прекали със самокритиката в лявата линия, за да бъде радостен в средната линия – само тогава човек „с двата крака" влиза в духовното.

Има две нива (да не се бъркат с четирите нива на желанието: неживо, растително, животинско и говорещо) в развитието на човека – животно и човек. Животното, както виждаме в животинския свят, каквото се е родило, такова остава до смъртта си; не се развива. Онова, което е в него в деня на раждането му, е достатъчно, за да съществува в продължение на целия си живот.

Същото е и с човека, отнасящ се към този тип – какъвто е бил, след като е получил възпитание, обучавайки се да изпълнява заповедите, какъвто е бил в деня на *бар-мицва*, когато е започнал да изпълнява всички заповеди – такъв и си остава, със същия разум ги изпълнява, а всички допълнения са само в количеството.

Докато човешкият тип е създаден по съвсем различен начин – ражда се егоист и виждайки, че е роден като егоист, се стреми към поправяне.

Ако човекът наистина желае да заслужи разкриването на Твореца, то:

1) Това негово желание трябва да бъде най-силно от всички други, т.е. да няма други желания. И освен това, желанието трябва да бъде постоянно. Тъй като самият Творец е вечен и неговите желания не се променят, така и човекът, ако иска да се приближи до Твореца, трябва да прилича на Него и по това свойство, т.е. по неизменящите се желания, за да не се променят те в зависимост от обстоятелствата.

2) Трябва да овладее алтруистичните желания „да отдава" своите мисли и желания на Твореца, което се нарича Ниво хесед – катнут рахамим, докато не заслужи светлината на вярата, даваща на човека увереност.

3) Трябва да заслужи съвършеното, абсолютно знание на Твореца. Резултатът от действията на човека зависи от неговото духовно ниво, но ако свети светлината на Твореца, то няма разлика между степените, тъй като съдът на душата и нейната светлина са заедно, човекът ги получава едновременно от Твореца и затова полученото знание се възприема като съвършено.

4) Обикновено човек живее в пълно съгласие със своето тяло – тялото му диктува своите желания и се отплаща за неговите усилия с това, че посредством него човекът усеща наслаждения. Самото наслаждение е духовно, но в нашия свят то трябва да бъде прикрепено към някакъв материален носител, трябва да бъде облечено в материална обвивка (храна, човек от противоположния пол, звуци на музиката и т.н.), за да може човекът да го възприеме. А вече вътре в нас, във вътрешните ни усещания, ние чувстваме просто наслаждение, но все едно – не можем да го отделим напълно от носителя.

Хората се различават по типа носител на наслаждението – кой на какво се наслаждава. Но самото наслаждение е духовно, макар че в нашия мозък го усещаме чрез действието на електрическите импулси. И по принцип, дразнейки с електрически сигнали нашия мозък, можем да възпроизведем усещане за всички наслаждения. А тъй като ние вече сме привикнали да ги получаваме в определени дрехи – носители, то такова чисто наслаждение ще извика от паметта усещане за неговия носител и на човек ще му се причуват звуци на музика, ще усеща вкусове на храни и т.н.

От казаното по-горе става ясно, че човекът и неговото тяло взаимно се обслужват – човекът плаща за усилията на тялото, за неговата работа, с наслаждения. Затова, ако вижда, че неговото тяло е съгласно да работи, значи то вижда наградата в резултат на своята работа, обозначена с общата дума „наслаждение". (Бягството от неприятните усещания също е получаване на наслаждение). Това е явен признак, че извършваното е егоистично действие.

И обратно, ако човек вижда, че неговото тяло се съпротивлява и пита: „А защо да работя?", значи то не вижда по-голямо наслаждение от това, което има в настоящия момент, или поне достатъчно, за да преодолее стремежа към покой, не вижда каква ще е изгодата за него, ако промени своето състояние.

Но ако човек желае да се откъсне от сметките, които тялото си прави, а вземе решение да подобри състоянието на своята душа, то тялото, естествено, няма да може да направи и най-малкото движение, не виждайки изгода за себе си. И човек не е в състояние да го застави да работи. Затова остава само едно – да помоли Твореца да му помогне да върви напред.

Твореца не заменя тялото на човека, не променя законите на природата и не прави чудеса. В отговор на истинската молба-молитва, Твореца дава на човека душа-сила да действа според законите на истината. Естествено, ако човекът изпълнява всички предписания на Тора, но не чувства пречки от страна на тялото, то той няма да има потребност да получи душа-сила за духовно напредване.

Не могат да бъдат щастливи всички, ако егоистично се наслаждават, защото егоизмът се наслаждава не само от онова, което има, но и от това, което другите нямат – защото всички наслаждения подлежат на сравнение и са относителни.

Затова не е възможно да се построи справедливо общество, основано на правилното използване на егоизма. И несъстоятелността на тези утопии се потвърждава от цялата история на човечеството – в древните общини, в израелските кибуци, в опитите за построяване на социализма.

Не е възможно да бъде насладен всеки в егоистичното общество – винаги човек сравнява себе си с другите, което особено добре се вижда именно в малките селища.

Затова Твореца, желаейки неограничено да наслади всеки, е поставил условие за това наслаждение – неговата независимост от желанията на тялото. Тези всевъзможни, независими от желанията на нашето тяло, неегоистични подбуди ние наричаме алтруистични *(ашпаа)*.

Кабала е поредица от духовни корени, следващи един след друг според неизменните закони, обединяващи се и сочещи към една обща за тях висша цел – „постигане на Твореца от творенията, намиращи се в този свят".

Кабалистичният език е пряко свързан с духовните обекти или техните действия. Затова той може да бъде изучаван, дори и в съкратен вид, когато се разглежда процесът на създаване на творението.

Кабала обяснява, а след това постигащият открива сам, че няма време, а вместо време има верига от причина и нейното следствие, което на свой ред става причина за последващото я следствие – раждането на ново действие или обект. По принцип и в нашия свят ние свързваме понятието време с усещането за вътрешните причинно-следствени процеси. Науката потвърждава, че както времето, така и пространството са относителни понятия.

Мястото или пространството са желание за получаване на наслаждение. Действието е наслаждение или отказване от него. „В началото", т.е. до началото на творението, съществува само Един Творец. Него самия ние не можем с никоя друга дума да наречем, защото всяко име говори за постигането на обекта, а тъй като в Него ние постигаме само това, че Той ни е сътворил, можем да Го наречем само Творец, Създател и т.н.

От Твореца излиза светлина – това е желанието Му да породи създанието и да му даде усещане за наслаждение от Себе си. И само по това свойство на светлината, излизаща от Твореца, ние можем да съдим за самия Творец.

По-вярно е да се каже, че по усещането на светлината ние съдим не за самия Творец, а за това какви усещания Той желае да предизвика в нас. И затова говорим за Него като желаещ да ни наслади.

Но това наслаждение не се намира в самата светлина, а се ражда в нас от нейното въздействие върху нашите органи за духовни усещания. Например, парчето месо не съдържа наслаждението, което изпитва онзи, който го вкусва, а само при съприкосновението на месото с нашите органи на чувствата в нас се появява съответното усещане за наслаждение.

Всяко действие – както духовното, така и физическото, се състои от мисъл и от самото действие, въплъщаващо тази мисъл. Мисълта на Твореца е да наслади творенията и в съответствие с това Той им дава наслаждение. Такова действие се нарича „да дадеш с цел да дадеш"! Това действие се нарича просто, защото целта и движението съвпадат.

Творението е създадено егоистично, т.е. човекът не може да има друга цел, освен получаване на наслаждение. За тази цел той може да направи две действия – да получава или да дава, за да получи онова, което иска, т.е. макар физически да дава, той винаги преследва целта да получи.

Ако действието е в същата посока, както и целта, т.е. ако действието е насочено към получаване и целта е получаване, то действието на човека се нарича просто. Ако действието е насочено към даване, но целта е получаване, а в нашия свят друга цел не може да има, то такова действие се нарича сложно, защото целта и движението не са сходни, не съвпадат по своето намерение.

Ние не сме в състояние да си представим желанията и полето на техните действия извън пространството, и затова не ни остава нищо друго, освен да си представим Твореца като духовна сила, изпълваща пространството.

В *Тора* се казва, че Твореца е сътворил човека да действа по прост начин, а хората са го усложнили *(елоким аса адам яшар, ве хем асу хешбонот рабим).*

Колкото повече човек се издига по духовната стълба, толкова по-прости са законите на мирозданието, защото основните базисни категории са прости, а не съставни. Но тъй като човекът не усеща корените на творението, а ги възприема като далечни следствия, то вижда законите на творението в нашия свят като състоящи се от условия и ограничения, и затова ги възприема като изключително объркани.

Тъй като истинските кабалистични книги съдържат скритата светлина – влиянието на автора по време на неговата работа над текста, то при изучаване на текстовете е важно човек да има правилно намерение, защото той ги изучава, за да усети Твореца. По време на изучаването трябва също да се моли да получи разума и разбирането, които е притежавал авторът, и да моли за връзка с него, да се обръща към него. И затова е много важно да не чете странични съчинения, а още повече такива, в които също се говори за духовните светове, защото и в този случай четящият получава влияние от техните автори.

Човекът, желаещ да овладее духовните знания, трябва в своето ежедневие да направи график за своя ден – да се откъсне от влиянието на страничните възгледи, ненужните новини, от вредните книги. Когато работи или учи само по необходимост да общува с хора, без да показва, че е вглъбен в себе си, но постоянно да контролира с какво е зает разумът му. Когато е необходимо, мислите трябва да бъдат за работата, а през останалото време – за целта на неговия живот.

Постигането на целта зависи повече от качеството на усилията, отколкото от количеството – някой може да седи над книгите цяло денонощие, а друг – поради необходимостта да работи и поради заетост в семейството, е в състояние да отдели само един час в денонощието. Усилието се измерва само спрямо свободното време, доколко човек страда, че не е в състояние да отдели повече време за духовното. Резултатът зависи пряко от интензивността на намерението – от това какво иска да извлече човек от резултата на своето учене и работата над себе си, запълвайки свободното си време.

Има два начина, по които детето може да бъде хранено – насила, без то да получи удоволствие, но получава храна и тя му дава сила и възможност да расте. Този вид духовно израстване на човека в кабала се нарича „за сметка на висшето". Но ако „детето", желаещо духовно да расте, само̀ пожелае да приема духовната храна, тъй като в него се е появил апетит към нея (осъзнало е необходимостта или е почувствало наслаждение от светлината), то не само че няма да расте без желание, болезнено, по пътя на страданията, но и ще се наслаждава на процеса на живота, на духовното постижение.

Острото чувство, усещано от човек при осъзнаването на добр ото и злото, в кабала се нарича Процес на кърмене – както майката вдига детето към своята гръд и то получава храна, така кабалистът получава светлината, намираща се във висшия духовен обект, и ясно усеща и осъзнава пропастта между доброто и злото. А след това, както майката отстранява детето от своите гърди, така кабалистът губи връзка с висшето и пропада яснотата, с която е усещал разделянето на доброто от злото. Този процес се случва с него, за да помоли Твореца да му даде такива възможности за усещане *(келим)* на доброто и злото, като на Висшия.

Човек получава свише както егоизма, така и алтруизма. Разликата е в това, че егоистичните желания той получава автоматично, а алтруистичните – само поради своята настоятелна молба.

В началото човекът трябва да постигне състояние, в което желае „да създава наслаждения на Твореца", въпреки своите егоистични желания *(подем по стъпалата на световете БЕ"А)*, както Твореца му дава, а след това вече да търси с какво може да зарадва Твореца. Тогава вижда, че изпитвайки наслаждение, той радва Твореца. И това се нарича „мекабел ал менат леашпиа" – Нивото на света *Ацилут*. Овладяването на различните по величина сили на желанието, само безкористно да се отдава на Твореца, се нарича Стъпала на световете БЕ"А (*Брия*, *Йецира*, *Асия*). Овладяването на силата за получаване на наслаждение от Твореца, заради Неговото желание, се нарича Ниво на света *Ацилут*.

Бейт Мидраш е място, където се учат на лидрош (да искат) от Твореца (да искат духовни сили) и където се учат да искат усещане за целта на творението, усещане за Твореца.

Тъй като ние (нашето тяло, егоизмът) естествено се стремим към онова, което е по-голямо и по-силно от нас, то трябва да молим Твореца да разкрие макар и малко себе си, за да видим в Него своето истинско нищожество и Неговото истинско величие, и да можем да се устремим към Него чрез естествено привличане, като към най-силния и най-големия. Най-важното за човека е важността на онова, с което се занимава. Например, богатите хора работят здраво, за да им завиждат другите. Но ако богатството престане да бъде престижно, тогава ще престанат да им завиждат и богатият няма да има стимул, смисъл да работи. Ето защо най-важното е да се придобие чувство за това колко е важно да бъде постигнат Твореца.

Никога няма да настъпи такова време, когато човекът без усилия ще може да постигне духовното, защото именно тези усилия са съд за получаване на светлината. До онези поправяния в света, които е направил великият Ари, било относително по-лесно да се постигне духовното, отколкото след него – след като Ари открил пътя за постигане на духовното, станало по-трудно отказването от наслажденията в нашия свят. До Ари пътищата били затворени и свише не е имало готовност да бъде изливана светлина. Ари открил източника на светлината, но борбата с егоизма станала трудна – той станал по-силен и рафиниран.

Това може да бъде обяснено по следния начин – до Ари свише са давали 100 единици постигане и било възможно с работа и усилие от 1 единица да се получи 1 постижение. Днес, след поправянията, които Ари направил в нашия свят, може за единица усилие да бъдат получени 100 единици постигане, но е несравнимо по-тежко това усилие да се извърши за 1 единица.

Баал Сулам, внесъл такова поправяне в света, при което човек не е в състояние да се самозалъгва, че е съвършен, а трябва да върви по пътя на „вярата над знанията". И макар пътят да е станал по-ясен, поколението не е в състояние да извърши изискващото се количество и качество усилия, както са могли да го направят предишните поколения. Макар да има, както никога досега, ясно усещане за недостатъците на човека, не е извисено в съзнанието духовното на съответната висота, в сравнение с материалното, както е било в миналите поколения, когато масите са били съгласни на всичко в името на духовния възход, а днес не можем да намерим и единици.

Голямо поправяне в света е извършил великият Баал Шем Тов. Временно дори масите могли да почувстват малко повече духовното в света и временно станало по-лесно да постигне духовното ниво онзи, който го желае. За да избере достойни ученици в своята кабалистична група, Баал Шем Тов учредил адморат – такова деление на еврейското общество, в което масите са разделени на части и всяка част има свой духовен водач – кабалист.

Тези водачи – адмори – избирали достойните да изучават кабала в своите класове хейдер (стая) и в тях израствали бъдещите поколения кабалисти, водачи на масите. Но влиянието на поправянето, направено от Баал Шем Тов, отминало и вече не всички водачи на поколенията са кабалисти (постигащи Твореца). След смъртта на Баал Сулам нашият свят се намира в духовно падение, каквото винаги предшества бъдещ подем.

Да почувстваш себе си като създадено творение означава да се почувстваш отделен от Твореца.

Тъй като вследствие на нашата егоистична природа ние инстинктивно, по естествен начин, се пазим от всичко, което ни причинява страдание, то Твореца използва това, за да ни доведе до доброто – Той ни отнема наслажденията от материалния свят, който ни заобикаля, и ни дава наслаждение само в алтруистичните действия. Но това е пътят на страданията.

12. Премахване на егоизма

Пътят на *Тора* е друг – макар и да има наслаждения в нашия свят, но с вяра в целта на творението „над разума", т.е. въпреки онова, което твърди нашето тяло и разум, ние можем да излезем от егоизма, самолюбието и тогава да започнем да изпитваме любов към Твореца, чувствайки, че тя е взаимна. Това е път на спокойствие и радост, на вяра, че дългият път в крайна сметка е по-кратък, без преживяване на страдания.

Има духовно развитие под въздействието на обкръжаващата светлина (*ор макиф*), когато човекът още няма възможност да получи светлината отвътре (Вътрешната светлина – *ор пними*). Такъв път на духовно развитие на човека се нарича естествен, път на страданието *(дерех бито)* и по него върви човечеството.

Но има път на индивидуално духовно развитие на човека, посредством лична връзка с Твореца, работата в трите линии. Този път се нарича Път на *Тора (дерех Тора, дерех ахишена)* и той е много по-кратък от пътя на страданията. И затова в *Тора* се казва: „*Исраел мекадеш зманим*" – желаещият да стане Израел намалява времето за своето поправяне.

Да вярваш без онова, в което страданията те заставят да вярваш, е тежко. Но най-важното е човек да вярва, че плодовете на неговия труд зависят само от неговите усилия, т.е. да вярва в управлението чрез награда и наказание.

Наградата се състои в това, че Твореца дава на човека добри мисли и желания. Вяра човек трябва да получава също и от другите, с които учи, от книгите – но след като е започнал да усеща в себе си вяра, усещане за Твореца, трябва да си каже, че това му е дадено от Него.

Тора е лекарство, наркотикът на живота и смъртта (спомнете си, „религията е опиум за народа"). Наркотик на живота – ако дава сили и желание за работа, и наркотик на смъртта – ако човек си казва, че всичко, което се случва, се диктува свише и нищо не зависи от неговите усилия. Основното усилие трябва да бъде насочено към това да задържи възвишения си стремеж, даден му свише. В началото не трябва да се задържи на това ниво със свои сили. Главното усилие трябва да бъде насочено към усещане на ценността на полученото духовно възвисяване. Ако човек започне да пренебрегва полученото и да го използва за лично удоволствие, той започва да губи това ниво.

Всичко, което е под властта на егоизма, се намира в централната точка на творението – *некуда ацмаит*. Всички, които не желаят да получат наслаждение за себе си, се намират над тази точка. Затова е казано, че линията на слизане на светлината *(кав)* се докосва (за да оживи неусетно творението) и не се докосва (не напълва творението с усещаща се светлина на Твореца) с централната точка.

Казва се, че на желаещия духовно да се приближи му се помага свише с това, че му се дава душа – светлина, част от Твореца. Човекът започва да усеща, че е част от Твореца!

По какъв начин светлината на Твореца е породила желанието на човека да Му се наслаждава *(ор боне кли)*? Например, ако в нашия свят дадат на човек почести, към които по-рано не се е стремил, а след това му ги отнемат, той ще пожелае познатите му от почестите наслаждения. Стремежът да му върнат наслаждението, което е преживял, се нарича *съсъд*, съд *(кли)*. По този начин светлината разширява *съсъда* за наслаждаване с нея (светлината).

Авраам попитал Твореца: „Как мога да знам, че ти ще спасиш моите потомци?" (Как мога да бъда сигурен, че моите деца ще могат да излязат от егоизма по пътя на *Тора* – Бе ма ида ахишена? Защо им е нужна светлината, ако в тях няма стремеж към нея?). Твореца му отговорил – те ще получат усещане за робството в егоизма, чрез сравнение с усещането за светлината.

Когато извършва усилия над своите желания, човекът трябва да осъзнава, че неговото тяло не разбира понятието време и затова не усеща нито миналото, нито бъдещето, а само настоящето. Например, трябва да направи някакво последно усилие още 5 минути, а след това заслужено да си почине, но тялото се съпротивлява, защото не усеща ползата от предстоящата почивка. Дори ако човекът помни изпитаното след тежка работа наслаждение, то тялото пак няма да му даде сили да извърши тази работа. Например, ако получи заплата по-рано, вече няма да има желание да работи. Затова не трябва да отслабва борбата с тялото, а във всеки миг от настоящето да му се противодейства с мисли за висшето.

Тъй като човекът е 100% егоист, той няма да пожелае сам връзката с Твореца. Може да я поиска само ако е сигурен, че е за негово добро. Тоест не е достатъчно, че човекът вижда своето зло и разбира, че само Твореца може да му помогне – все едно, това няма да му даде сили да моли Твореца. Необходимо е осъзнаване, че в сближението, във връзката с Твореца е неговото спасение.

Тора ни предлага своя път, вместо пътя на страданията. Времето променя условията – преди две хилядолетия единици са търсили връзка с Твореца, както е било по времето на Раби Шимон. По времето на Ари и Рамхал с кабала вече са се занимавали малки групи. По времето на Баал Шем Тов – десетки. По времето на Баал Сулам – още повече.

А в наше време вече е изчезнала бариерата, отделяща кабала от масите, и почти няма съпротива спрямо нея, или е много слаба. В следващите поколения стотици ще смятат, че цел на живота им е усещането за Твореца. При това, ако преди само особено силните духом са могли да постигнат връзка с Него, то в наше време дори начинаещите, без предварително изучаване на Талмуд (а в следващото поколение – дори децата) ще могат да постигнат връзка с Твореца, без каквато и да е предварителна подготовка, само изучавайки кабала под правилното ръководство.

Когато благославяме края на Съботата, ние казваме: „Благословен да си Ти, Твореецо, разделящ духовното и всекидневието". Човекът не е в състояние да различи доброто от злото – кое е в негова полза и кое – във вреда. Само Твореца може да му помогне, отваряйки очите му. Тогава той вижда всичко и това означава: „Избери живота". Но докато човек не се убеди в жизнената необходимост от постоянната връзка, Твореца не отваря очите му – именно за да помоли за милосърдие.

Вътре в духовните усещания на кабалиста се намира част *(АХА"П)* от висшата степен, неговото бъдещо състояние. Човекът усеща по-високото духовно състояние като пусто и непривлекателно, а не като изпълнено със светлина, защото не получава от висшата степен. Макар че Висшият е пълен със светлина, нисшият възприема Висшия съгласно своите качества, а тъй като по своите свойства не е готов още за приемането на такава светлина, затова и не го усеща.

Заради скриването на Твореца, всеки от нас полага неимоверни усилия, за да постигне приетия в нашето общество стандарт на съществуване, сляпо следвайки вътрешния си глас, постоянно нашепващия ни егоизъм. Ние, като негови слепи оръдия, бързаме да изпълним указанията му, ако ли не – той ще ни накаже със страдания, ще ни принуди чрез тях и ние ще се смирим, и по неволя, без да мислим, ще изпълним неговата воля.

Нашият егоизъм е в нас, но дотолкова се е слял с нас, че го приемаме за наша природа, за нашите желания. Той пронизва всички клетки на нашето тяло, заставя ни да оценяваме всички наши усещания в съответствие с неговите желания, кара ни да пресмятаме колко ще получи от нашите действия според неговата програма.

Човек дори не може да си представи, че може да снеме от себе си влиянието на егоизма, да изчисти себе си като във фантастичен филм, да изтръгне от себе си подобния по форма на нашето тяло егоистичен облак, който ни пронизва и е облечен в плътта ни. Тогава ще останем без егоистични желания и Твореца ще ни даде своите алтруистични желания.

Но докато това егоистично същество се намира вътре в нас, ние не можем да си представим какво ще спечелим от това, а напротив – алтруистичните мисли и желания ни се струват неприемливи, нелепи, несериозни и неспособни да управляват нашето общество, да не говорим за вселената.

Но това е така, защото нашите мисли и желания се намират под властта на егоизма. За да прецени обективно случващото се с него, човек трябва да се стреми да усети егоизма като нещо странично, като свой вътрешен враг, представящ себе си за приятел и дори за него самия (*ние дори се идентифицираме с неговите желания*), затова да се старае да го почувства като нещо странично, намиращо се в него по волята на Създателя. Такива действия на човека се наричат осъзнаване на злото (*акарат ра*).

Но и това е възможно само в степента, в която усещаме съществуването на Твореца, светлината на Твореца, защото ние постигаме всичко само при сравнение, от усещането на противоположностите. Затова, вместо да се занимаваме с търсене на злия змей в себе си, трябва да положим всички усилия в опитите си да усетим светлината на Твореца.

Цялото творение, освен нас, действа по законите на алтруизма. Само човекът и заобикалящият го свят (*нашият свят – олам азе*) са създадени с противоположни, егоистични свойства. Ако можехме да видим Твореца и всички духовни светове, веднага щяхме да открием колко микроскопично малък е нашият свят в сравнение с духовните светове, и само в грахчето на нашия свят действат законите на егоистичната природа.

Но защо Твореца се е скрил, нарочно заселвайки ни в свят, изпълнен с тъмнина, неувереност и нещастия?

Създавайки ни, Твореца си е поставил за цел нашето вечно съществуване заедно с Него, но ние трябва да постигнем това състояние със свои усилия, за да не изпитваме чувство на срам за незаслужено полученото вечно, абсолютно наслаждение.

Затова Твореца е сътворил противоположен на Себе си свят, като е създал противоположно на себе си свойство – стремеж за доставяне на удоволствие на себе си – егоизмът, и го е заложил в нас. Когато човек усети в себе си това свойство, се ражда в нашия свят и веднага престава да усеща Твореца.

Това скриване на Твореца съществува специално, за да създаде в нас илюзия за свобода на волята при избора в нашия свят или в света на Твореца. Ако въпреки своя егоизъм бяхме видели Твореца, то естествено, без каквито и да е съмнения бихме предпочели света на Твореца пред нашия свят, като даващ наслаждения и в който няма страдания.

Свобода на волята, избор може да има само когато липсва усещането за Твореца, в състояние на скриването Му. Но ако човек от момента на раждането си изпитва върху себе си абсолютното, смазващо влияние на егоизма, дотолкова, че напълно да го асоциира със себе си, то как ще може той свободно, независимо от егоизма, да реши какво предпочита? Как Твореца създава неутрално състояние за избор? И изобщо, в какво може да има избор, ако нашият свят е изпълнен със страдания и смърт, а светът на Твореца е пълен с наслаждения и безсмъртие, какво му остава на човек да избере?

За да ни създаде условия за свобода на избора, Твореца понякога, макар и за малко, се открива на човека, за да му позволи да почувства величие и успокоение от усещането за властта на висшите сили; Той ни е дал Тора, при изучаването на която, ако действително желае да излезе от своето състояние и да усети Твореца, привлича към себе си скритата заобикаляща го Духовна светлина (*ор макиф*).

Не всички части на *Тора* са равностойни при възбуждането на обкръжаващата ни, неосезаема светлина (*ор макиф*).

Най-силното ѝ активиране става при изучаването на кабала, защото кабала изучава духовните структури, излъчващи тази светлина към човека. По този начин на него му се предоставя избор – да се занимава ли с кабала, или не, и колко усилия да положи в тази посока.

Връзката на човека с Твореца, започвайки от най-ниското, първо ниво – до най-висшето, където се намира самият Творец, може да бъде оприличена със стъпалата на духовна стълба.

Всички стъпала на духовната стълба се намират в духовните светове. На нейното най-високо стъпало се намира самият Творец, а най-ниското докосва нашия свят.

Човекът се намира под най-ниското стъпало на духовната стълба, тъй като изходното му егоистично ниво не е свързано с последното стъпало на стълбата, която е напълно алтруистична.

Усещането на по-високо духовно стъпало е възможно само при съвпадение на свойствата на човека и това стъпало, и ако степента на усещане е пропорционална на съвпадението на свойствата.

Възможността да бъде усетено по-висшето стъпало се обуславя от това, че всички стъпала на духовната стълба не само са разположени последователно отдолу нагоре, но и частично влизат, проникват едно в друго – долната половина на по-висшето се намира вътре в горната половина на по-ниското *(АХА"П де елион упали в Г"Е де тахтон)*. Затова вътре в нас се намира част от най-ниското, последно стъпало, но обикновено ние не усещаме това.

По-високото стъпало над нас се нарича Творец, защото именно то е за нас нашият Творец, който ни ражда, вдъхва ни живот и ни управлява. Тъй като не усещаме това стъпало, ние твърдим, че Твореца не съществува.

Ако човек се намира в такова състояние, в което може да види с очите си висшето управление на Твореца над всички творения в нашия свят, той ще изгуби каквато и да е възможност за свобода на волята, за вяра, за избор на действие – тъй като ще види ясно само една истина, една сила, едно желание, действащо във всичко и във всички.

Тъй като желанието на Твореца е да даде на човека свобода на волята, затова скриването Му от творенията е необходимо.

Само в състояние на скриване на Твореца е възможно да се твърди, че човекът сам и безкористно се стреми към сливане с Него, към действия в Негова полза „лишма".

Цялата наша работа над себе си е възможна само в условията на скриване на Твореца, защото, когато Той ни се разкрие, ние веднага автоматично ставаме негови роби – изцяло под властта на Неговото величие и сила. И е невъзможно да се определи какви са всъщност истинските помисли на човека.

Затова, за да даде на човека свобода на действие, Твореца трябва да скрие себе си. Но за да създаде възможност за човека да се измъкне от робството на сляпото подчинение на егоизма, Твореца трябва да разкрие себе си, защото човекът се подчинява само на две сили в света – на властта на тялото – егоизма, или на властта на Твореца – алтруизма.

Затова е необходимо редуване на състоянията – скриване на Твореца от човека, когато той усеща само себе си и егоистичните сили, властващи над него, и разкриване на Твореца – когато той усеща властта на духовните сили.

За да може човекът, намиращ се във властта на егоизма, да усети най-близкия висш обект, т.е. своя Творец, Той сравнява с човека част от своите свойства – предава на част от своите алтруистични свойства свойството на егоизма и по този начин се сравнява с човека. *(Издига малхут мидат дин до своя Г"Е, при което Неговият АХА"П придобива егоистични свойства. Така Неговият АХА"П „се спуска" на духовното ниво на човека, сравнявайки се с него по свойства.)*

Ако до този момент човек изобщо не е усещал висшето стъпало, то сега вследствие на това, че Висшият е скрил своите алтруистични свойства под егоизма, при което се спуска на нивото на човека – тогава човекът може да Го усети.

Но тъй като свойствата на Всевишния се усещат от човека като егоистични, то той чувства, че и в духовното няма нищо привлекателно, обещаващо наслаждение, вдъхновение, увереност и спокойствие.

И ето тук за човека се появява възможност да прояви свобода на волята, и въпреки онова, което чувства, да си каже, че липсата на наслаждение, на вкус, което се усеща във висшето, в духовното, в Тора, е следствие от това, че Всевишният специално е скрил себе си в полза на човека, понеже в него все още липсват необходимите духовни свойства, чрез които може да усети висшите наслаждения, защото над всички негови желания властва егоизмът.

И това е главното за начинаещия – именно в състоянието на упадък и опустошение да намери в себе си сили (чрез молби към Твореца, учене, добри дела) и увереност, че то му е дадено специално, за да го преодолее. А това, че не чувства наслаждение и живот в духовните стремежи, се прави специално за него свише, за да му се даде възможност и избор сам да си каже, че не чувства наслаждение в духовното, защото няма подходящите алтруистични свойства, и затова Всевишният трябва да скрие от него своите истински свойства.

Затова човек трябва да помни, че началото на усещането за висшето е именно чувството за духовна пустота.

И ако човек е в състояние да твърди, че Висшият скрива себе си под формата на несъвпадение на техните свойства, и моли за помощ в поправянето на своя егоизъм, издигайки своята молба – МА"Н, то висшият обект частично разкрива себе си *(спуска своя АХА"П)*, показвайки своите истински качества, които по-рано е прикривал с егоизма и съответстващите му наслаждения. Човекът започва да усеща онова величие и духовно наслаждение, което усеща висшият обект от наличието на тези духовни алтруистични свойства в себе си.

С това, че Висшият е издигнал в очите на човека своите алтруистични свойства, Той е издигнал духовно човека до половината на своето стъпало *(издигнал е Г"Е на човека със своите АХА"П)*. Това духовно състояние на човека се нарича Малко духовно ниво – *катнут*.

Висшият като че повдига човека към себе си, на своето духовно ниво, което му позволява да види своето величие, величието на алтруистичните качества. Човекът, виждайки величието на духовното в сравнение с материалното – духовно се издига над нашия свят. Усещането на духовното, независимо от волята на човека, променя неговите егоистични свойства на алтруистични, на свойства на висшето.

За да може човек напълно да овладее горното Първо стъпало, Висшият напълно открива себе си, всички свои духовни качества, прави гадлут. При това човекът усеща Висшия като единствения, съвършен управник на всичко и постига висшето знание за целта на творението и неговото управление. Той явно вижда, че не трябва да постъпва по друг начин, освен по този, който *Тора* утвърждава. Сега вече неговият разум го задължава да прави това.

Вследствие на явното познание на Твореца, в човека възниква противоречие между вярата и знанието, между дясната и лявата линия – имайки вече алтруистични свойства – келим Д"АШПАА в състоянието катнут, човек иска да върви по пътя единствено и само с вяра в могъществото на Твореца, защото вярата е признак за безкористността на неговото желание, но разкриването на могъществото на Твореца, гадлут на висшето, му пречи да направи това. Човекът от своя страна е готов да пренебрегне полученото знание.

Молбата на човека за това, че предпочита да върви слепешката, просто вярвайки във величието на Твореца, а не вследствие осъзнаването на Неговата сила и величие, и да използва разума си само пропорционално на вярата, която има, принуждава Висшия да намали своето разкриване.

Това действие на човека, принуждаващо Висшия да намали разкриването за всеобщото управление, всесилие, светлина (*ор Хохма*), се нарича екран де хирик – човекът намалява разкриването на висшия разум, на лявата линия, до такава степен, в която може да уравновеси своята вяра с дясната линия.

Полученото правилно съотношение между „вярата и знанието" се нарича духовно равновесие, средна линия. Човекът сам определя състоянието, в което желае да се намира.

В този случай той вече може да съществува като духовен обект, тъй като е установил правилната пропорция между вяра и разум, наречена средна линия, чрез която се постига съвършенство.

Тази част на знанието на разкриването: лявата линия, която човек може да използва в съответствие с величината на своята вяра; дясната линия, вървейки по пътя на „вярата над разума"; средната линия допълва онези духовни свойства, които той е придобил по-рано, в състоянието катнут. Придобитото духовно ниво се нарича „гадлут", Голям, Пълен.

След като човекът е придобил своето първо Пълно духовно ниво, той става равен по своите качества на първото, най-ниско стъпало на духовната стълба.

Тъй като всички стъпала на стълбата, както вече беше казано, частично влизат едно в друго, взаимно се проникват със своите свойства, то достигайки пълното Първо стъпало, човек може да открие в себе си част от по-високото стъпало и на същия принцип да напредва към целта на творението – пълно сливане с Твореца на най-високото стъпало.

Духовният подем се състои в това, че човекът всеки път, откривайки в себе си все по-голямо зло, моли Твореца да му даде сили да се справи със злото. И всеки път получава сили под формата на все повече духовна светлина. Дотогава, докато не достигне истинския първоначален размер на своята душа – целия свой поправен егоизъм, изцяло изпълнен със светлина.

Търсенето на Твореца

Когато го споходят странични мисли, човек смята, че те му пречат да напредва в усвояването на духовното, защото неговите сили отслабват и умът му се разпилява по тях и сърцето му се изпълва с жалки желания. И заради всичко това престава да вярва, че само в *Тора* е скрит истинския живот.

А когато, въпреки всичко, преодолее това състояние, тогава излиза към светлината, получава светлина свише, която му помага още повече да се издигне. По този начин страничните мисли стават помощник на човека в неговия духовен напредък.

Той може да преодолее пречките само с помощта на Твореца. Защото може да работи само ако вижда изгода за себе си, независимо под каква форма е тя.

Тъй като нашето тяло, сърцето, разумът не разбират каква може да бъде за тях ползата от алтруизма, то когато човекът иска да направи и най-малкото алтруистично действие, няма сили да задейства нито разума, нито сърцето, нито тялото. И му остава само едно – да моли Твореца за помощ. И по такъв начин – по неволя, се приближава към Твореца, докато не се слее напълно с Него.

Човек няма право да се оплаква от това, че се е родил недостатъчно умен, силен или смел, или че няма качествата, които другите хора имат, защото ако не върви по правилния път, каква е ползата дори от най-добрите заложби и способности. Възможно е дори да стане голям учен, да бъде познавач на Талмуд, но ако не постигне връзка с Твореца, тогава няма да изпълни своето предназначение, както и всички останали.

Затова главното е да достигне нивото Праведник, защото само в този случай той може да използва всички свои заложби в необходимата посока, да не разпилее напразно своите сили, а да използва всички, дори най-слабите и посредствените, които са му дадени от Твореца, в името на висшата цел.

Ако човек се намира в състояние на духовен упадък, безполезно е да бъде ободряван, да му се говорят мъдрости – нищо чуто от другите няма да му помогне! Нито разказите за това какво другите са преживели, усетили и съветват – това изобщо няма да го развълнува, защото е изчезнала вярата му във всичко, в това число и в успехите на другите.

Но ако той си припомни какво е говорил и преживял по времето, когато е бил в състояние на духовен подем, когато е бил изпълнен с живот, а не духовно мъртъв, ако сега си спомни своите стремежи, своите духовни постижения – от това може да се съживи. Спомняйки си за това, че самият той е вярвал и вървял по пътя на „вярата над разума", ако си спомни за това и възбуди собствените си спомени, тогава ще може със своя помощ да излезе от състоянието на духовна смърт.

Затова трябва да се опира на собствените се спомени и опит, само това може да му помогне да излезе от духовния упадък.

Работата на човека, издигнал се на което и да е духовно стъпало, се състои в това – да направи селекция на наслажденията, идващи към него, и онази част от тях, която не може да се уравновеси с вярата, да отхвърли веднага като негодни за употреба.

В кабала частта от наслажденията, която човекът приема заради Твореца, за да укрепи своята вяра и за нищо друго, се нарича „храна". Онази част, която не може да приеме, се нарича „отпадъци". Ако не е в състояние да направи проверка и иска да погълне цялата храна, което в кабала се нарича „пиян" (от излишъка на наслаждения), то губи всичко и остава без нищо в състояние, което в кабала се нарича „бедняк".

На него му се обяснява в *Тора* какво може и какво не бива да прави, и ако той не го изпълнява – получава наказание. Тъй като не може да предвиди болката и страданието, които го заплашват, ако наруши закона, то, разбира се, ще го наруши, като получи наслаждение от нарушението, а след това ще получи съответното наказание, за да знае в бъдеще, че не трябва да постъпва така.

Например – законът да не се крадат пари. Но ако човек има голям стремеж към парите и знае откъде може да ги открадне, то дори да е наясно, че ще получи наказание за кражбата, не е в състояние да прецени колко големи ще бъдат страданията от наказанието. И затова решава, че наслаждението от парите е значително по-голямо от страданията при наказанието. А когато получи страдания от наказанието, тогава вижда, че те са много повече, отколкото е предполагал, и надвишават удоволствието, което е изпитал от кражбата на парите. И по тази причина сега той вече е в състояние да се придържа към закона.

Но при излизането на свобода му се казва – знай, че ще получиш още по-голямо наказание, ако пак направиш същото. И това е така, защото човек забравя страданията, които е понесъл. И сега, когато отново поиска да краде, си спомня, че за втора кражба ще получи още по-големи страдания от наказанието. Затова има възможност да се въздържи да краде.

От този и от други примери от нашия живот, които читателят може да намери и около себе си, е видно, че страданията направляват човека по онзи път, по който той, дори по желание на собствения си егоизъм, не би тръгнал, тъй като е много по-лесно да откраднеш нещо, отколкото да го изработиш, по-леко е да почиваш, отколкото да мислиш и работиш, по-приятно е да се наслаждаваш, отколкото да страдаш.

Още повече, ако реши да учи *Тора* или да изпълнява заповедите, той трябва абсолютно да е наясно, че това е в негова полза. Тоест, трябва да разбере, че неговият егоизъм ще спечели от това. А да се заеме с някаква работа абсолютно безкористно, без заплащане, без почит, наслаждения, без обещания за бъдещето – никой от нас не е в състояние.

Още по-малко човек е в състояние да работи, не виждайки никаква полза от работата си, нейните плодове – да не вижда дори какво произвежда, какво дава на някого, кой какво получава, да не вижда за кого работи, т.е. – да прави усилия в пустото пространство. Естествено, че нашият егоистичен разум и тяло не са готови за подобно нещо, защото са създадени от Твореца, за да се наслаждават!

И само заради страданията, които усеща в заобикалящия го живот, заради пълната загуба на усещането за вкус и на най-малкото усещане за наслаждение в него, заради пълната увереност, че не е в състояние да получи от това, което го заобикаля, и най-малкото удоволствие (в какъвто и да е вид – спокойствие, радост и т.н.), човекът е принуден да започне да желае и да постъпва „алтруистично", с надеждата да намери спасение по този нов път.

И макар това все още да не е алтруизъм, защото цел на действията всъщност е личното благополучие и спасение, тези действия вече са близки до алтруизма, и постепенно от това състояние човек ще стигне до него, под въздействието на скритите вливания на светлината.

Защото, действайки алтруистично заради себе си, давайки, за да получава, той започва да чувства в своите действия скритата светлина – наслаждението, а природата на тази светлина е такава, че поправя човека.

В природата ние можем да наблюдаваме следното: върху земята могат да се излеят проливни дъждове, но не на тези места, където трябва – например, вместо в полето – в пустинята, и тогава няма никаква полза от тях, а от оскъдните валежи на правилните места ще се родят много плодове. Подобно на това, човек може непрекъснато да изучава Тора, но да не види плодовете, които трябва да се появят в резултат на нейното изучаване – духовното постигане на Твореца и обратното, влагайки много по-малко труд в изучаването на кабала, изучавайки я на правилното място, да получи благословена реколта от своя труд.

Също е и при изучаването на самата кабала: ако при обучението мисълта е насочена към търсене на Твореца, а не към придобиването на знания, то цялата живителна влага на *Тора* ще се излее на най-точното място, защото за това е дадена. Но ако човекът учи за знания, или още по-лошо – за да покаже своя ум и да се гордее с това, то дори кабала няма да даде плодове. Но в този случай тя може да му разкрие истинската цел, заради която трябва да я изучава, а след това вече самият човек ще положи усилия в тази посока.

„Египет" в *Тора* е олицетворение на царството на властта на нашия егоизъм *(затова се нарича мицраим, от думите „миц – ра" – концентрат на злото)*, „Амалек" е племе, което се сражава с Израел *(от думите изра – яшар – направо и ел – Твореца, т.е. с онези, които искат да насочат себе си направо към Твореца)* и олицетворяващо нашия егоизъм, който в никакъв случай не желае да ни позволи да излезем изпод неговата власт.

Егоизмът напада само усещанията на човека, желаещ да излезе от египетския плен – егоизма. При това, ако този човек се намира в самото начало на пътя, Амалек веднага му препречва пътя.

Това усещане за усилващ се в човека егоизъм се изпраща на избрания човек от самия Творец. Само на избраните, на които Твореца дава желание да Го постигнат, Той изпраща Амалек – за да почувстват нужда от Него самия, а не просто да подобрят своите качества, например, да бъдат просто „добри" хора.

И такъв човек започва да усеща големи трудности при подобряването на своите постъпки, изчезва предишното силно желание да се учи, на тялото му става трудно да извършва необходимите действия.

Борбата с тялото произтича основно от това, че тялото (разумът, нашият „аз") иска да разбере кой е Твореца, накъде трябва да върви и защо, ще му бъде ли (на тялото) добре от всяко негово усилие... в противен случай нито нашият ум, нито нашето тяло няма да ни дадат енергия или мотивация да направим нещо. И те са прави, защото е глупаво да се прави нещо, без предварително да се знае какво ще се получи от него.

Няма друг начин да се излезе от рамките на нашата природа в духовния антисвят, освен придобивайки други, характерни за този антисвят разум и желания. Те са противоположни на нашите, тъй като всичко, което постигаме, става чрез усещане; всичко, което ни дава картината за онова, което наричаме „наш свят", в рамките на нашия свят – тези понятия произтичат от егоистичния разум и егоистичното сърце.

Затова, само когато ги променим в противоположни – на вяра вместо разум и на отдаване вместо получаване, можем да влезем в духовния свят.

Но тъй като ние владеем само тези инструменти, с които сме създадени – разум и егоизъм, при което нашият ум обслужва единствено егоизма ни, то само отвън, т.е. – от Твореца, можем да получим други инструменти и качества на разума и чувствата.

Именно затова Той ни „привлича" към себе си и едновременно с това ни показва, че ние сами не сме в състояние да се променим.

Човекът трябва да помоли Твореца за възможност да усети, да види чудесата, като е сигурен, че това ще му помогне да върви срещу самия себе си, ще му даде сили, вместо сляпа вяра във величието на духовното. *Тора* предупреждава за това с пример – веднага след излизането от Египет, Амалек напада Израел. И само с вдигнати ръце, молейки за сила на вярата, го е победил Моше.

В резултат на нашето духовно извисяване, ние постоянно получаваме висш разум, който е все по-голям на всяко следващо стъпало. И трябва постоянно да увеличаваме силата на нашата вяра, за да бъде тя по-голяма от разума, в противен случай ще попаднем отново под властта на егоизма. И така – дотогава, докато напълно се слеем с Твореца.

В това състояние ние постигаме абсолютното познание, максималното получаване на светлината (*ор Хохма*), без каквито и да е градации, както е казано в *Тора* – „светлината, създадена през първия ден на творението, в която първият човек видял от край до край света", или както се казва в кабала – „в началото на творението всичко заливала със себе си висшата светлина". Това означава, че когато светлината осветява всички, без значение на кое ниво са, и всичко е абсолютно ясно, то тя няма нито начало, нито край, никакви оттенъци, а всичко е напълно постижимо.

13. Пътят на кабала

Има Път на *Тора* и съществува самата Тора. Пътят на *Тора* е тежък период на преосмисляне на целта на живота, на изследване на себе си, на своята природа, точно определяне на посоката на своите желания, правдиво усещане на мотивацията на постъпките, усилия в опитите за преодоляване на желанията на тялото и изискванията на разума, пълно осъзнаване на своя егоизъм, продължителен период на страдания в търсене на утоляване на желанията, разочарования от невъзможността да бъде намерен истински „пълнител" за своите стремежи, осъзнаване, че истинското бягство от източника на страдания – егоизма – се състои в алтруистичните мисли, без каквато и да е полза за себе си, постепенно усещане на сладостта от мислите за Твореца, дотолкова, че човекът иска да прави само това.

Само след като човек премине през всички периоди на своето предварително духовно развитие, което се нарича Път на Тора, той постига самата *Тора* – висшата светлина, постепенно и все повече осветяваща го в степента, в която той се изкачва по стъпалата на духовната стълба, водеща до пълно сливане с Твореца.

Затова целият ни път се състои от две части – Пътя на *Тора* и самата Тора. Пътят на *Тора* – това е периодът на подготовка на новите мисли и желания, по който човекът усеща страдания. Но след като премине този преход, този коридор, водещ в покоите на Твореца, той влиза в духовността, в царството на светлината и постига целта на творението – Тора, пълното усещане за Твореца.

Поколението на потопа се нарича „Период на работа със сърцето", поколението на строителите на Вавилонската кула се нарича „Период на работа с разума"...

Цялата разлика между хората се състои в онова, с което всеки от нас желае да се наслади – започвайки от първия миг на живота, до последния. Тоест разликата е в това, под каква форма човекът желае да получи наслаждение. А самото наслаждение е духовно. И само външната обвивка създава илюзия за неговата материалност.

Затова ние несъзнателно се стремим да променяме външните обвивки (дрехи) на наслажденията, надявайки се да ги усетим в чистия, оголен вид на светлината на Твореца, а тъй като разликата между хората е в стремежите към различните външни обвивки на наслаждението, то по имената на тези обвивки ние съдим за човека. Някои от облечените наслаждения ние приемаме като нормални, общоприети, например – любовта към децата, храната, топлината и т.н., някои други не се приемат от обществото – например наркотиците, и човек трябва да крие своите стремежи към тях.

Но цялото човечество е приело споразумение взаимно и уравновесено да използва своя егоизъм, без каквото и да е притеснение в приетите рамки. При което установените граници на използване – всеки на своя егоизъм, и модата, диктуваща най-хубавите обвивки, постоянно се променят в зависимост от развитието на обществото. И всеки от нас, в течение на своя живот, под влияние на възрастта, т.е. под общото „естествено" влияние на Твореца свише, също сменя обвивките, с помощта на които удовлетворява своята потребност от наслаждения, при което, понякога дори в един човек, е поразителен преходът, смяната на обвивките на наслажденията. Например, момиченцето получава наслаждение от куклата, но не е в състояние да го получи, ако се грижи за истинско дете. Нейната майка пък не може да получи вече наслаждение от кукла, но няма да може да убеди своята дъщеря да го получи от живото бебе.

От гледната точка на момиченцето, съдейки по своите усещания, за нейната майка е тежко да се грижи за живо дете, не получавайки от това никакво наслаждение (какво удоволствие може да се получи от живо дете – та то не е кукла! Навярно в бъдещия свят ще бъде наградена за това. Аз искам да се насладя в този свят, затова играя с кукла!)

Така смята детето и е невъзможно да не се съгласим с него, тъй като още не е дорасло до състояние, в което ще може да намери наслаждение в истинските предмети, а сега го намира в играчките, т.е. в лъжливи, неистински обекти.

Всички ние, божиите създания, се стремим само към наслаждението, изхождащо от Твореца. И можем да желаем само него, и само в него усещаме живота. По това ние не се различаваме нито по нашите души до тяхното слизане в нашия свят и обличането им в нашите тела, нито след всички наши прераждания – когато ще се върнем към Твореца. Такива – желаещи да се насладим от излизащата от Него светлина – сме създадени и това не може да се промени, не трябва! Всичко, което се изисква от нас, за което ни е създал Твореца, е да сменим външната обвивка на нашите наслаждения, да сменим куклата с живо дете, действително да се насладим!

Човекът желае, както бебето по време на кърмене, само да получава онова, което иска. Но по неволя е съгласен да положи усилия, ако е сигурен, че резултатът от тях ще му донесе наслаждение. Ако той желае да се заеме с работа над себе си, с изучаване на Тора, то неговото тяло веднага ще го попита: защо е необходимо това?

Този въпрос има четири отговора:

1) за да досажда на другите – най-лошата цел, защото се стреми да причини страдания на другите;

2) за да стане голям учител, да получи хубава длъжност, почит, пари, сполучливо да се ожени – цел, която е по-добра от предишната, защото хората ще имат полза от него; това се нарича работа заради другите, тъй като те ще му платят;

3) за да знае само Твореца за неговото учене и работа над себе си, а хората да не знаят, и той не желае да получи почести от тях, а да го възнагради Твореца. Това се нарича работа за Твореца, защото той очаква награда от Твореца;

4) за да може Твореца да получи всички плодове на неговия труд, но в отговор човекът не очаква от Него никаква отплата. И само в този случай егоизмът му го пита – а какво ще получиш ти от това? Такъв човек няма нищо да отговори на самия себе си и му остава само да върви срещу своя разум и чувства, т.е. над своя разум и чувства *(лемала ми даат)*.

По такъв начин цялата негова работа се свежда до това, че той напълно отстранява своя ум и своите чувства, като не им дава възможност да критикуват и проверяват неговото състояние, напълно доверявайки се на Твореца, а той в пълна степен влага своите сили в това – всички негови мисли и чувства постоянно да бъдат за Твореца и за величието на духовния живот. А на всички отправени към него от неговия вътрешен глас на разума призиви, с всички негови доводи за необходимостта да се грижи за всевъзможни въпроси от настоящия живот, той отговаря, че изпълнява всичко, което се изисква от него, но всички свои мисли и желания е устремил само за благото на Твореца. А критиката на своя вътрешен глас той не желае да приеме. Така обаче човек сякаш увисва във въздуха, без каквато и да е разумна опора, състояние, което се нарича „над разума и чувствата", „лемала ми даат".

Колкото повече човек получава наслаждение от притежаването на нещо, толкова повече го цени. А колкото повече го цени, толкова повече се страхува да не го изгуби.

Как може човек да осъзнае и усети важността на духовното, ако никога не го е почувствал? Това идва при него вследствие на усилията му именно в състояние на духовно опустошение, когато разбира, че няма и най-малкото усещане за величието на духовното, че е максимално отдалечен от Твореца, че не е в състояние да се промени.

Именно в такова състояние усилията на човека, наречени „ежедневна работа", раждат в него важността на духовното усещане, наречено „Събота", когато не трябва (забранено му е) да работи над себе си, а само да я пази (Съботата), за да не изгуби този подарък от Твореца.

Известно е, че ако човекът е лично заинтересуван от нещо, по неволя вече не може обективно да съди за каквото и да е, което е свързано с този обект. Затова, ако му се каже направо, че не постъпва правилно, никога няма да се съгласи с това, тъй като така му е по-удобно и затова е убеден, че постъпва правилно.

Ето защо, ако човек приеме задължението да постъпва, както му казват, постепенно ще открие, че истината не е в неговите минали постъпки и мисли, а в това, което го съветват. В *Тора* този принцип се нарича *„наасе ве нишма"*.

Тъй като целта на Твореца е да наслади творенията (каквито сме само ние, а всичко останало е създадено от Него само със спомагателна цел), то докато човек не почувства съвършенство в наслаждението и може да открие в него (в качеството, в степента, след известно време и т.н.) някакъв недостатък – това е признак, че още не е стигнал до целта на творението.

За да получи наслаждение – целта на творението, е необходимо преди това да поправи своето желание да се наслаждава – да се наслади, защото така желае Твореца. При което човекът не трябва да се грижи за получаване на наслаждението, тъй като незабавно, веднъж поправил себе си, той веднага ще го усети, а трябва да мисли за това как да поправи себе си.

Както този, който иска да си купи къща, не трябва да мисли как ще я получи, а как ще я плати, как да спечели, защото в момента, в който има пари, къщата вече ще бъде негова. По такъв начин всички усилия трябва да бъдат насочени не към къщата, а към парите.

Същото е и при постигането на духовното – всички усилия трябва да бъдат насочени към създаването на условия за получаване на светлината, а не към самата светлина, т.е. към създаването на алтруистични мисли и желания – и духовното наслаждение веднага ще бъде усетено.

Ползата от прогреса на човечеството се заключава в това, че въпреки грешките, които то прави и като че ли не се учи от тях, процесът на натрупване на страдания се случва във вечната душа, а не в тленните тела.

По този начин нито едно страдание не се губи, и в някое от прераждания в този свят ще доведе човешкото тяло до осъзнаване на необходимостта от търсене на път – за избавяне от страданията, чрез духовно извисяване.

Справедливо е Висшите духовни светове да бъдат наречени спрямо нас антисветове, тъй като в нашия свят всички закони на природата са построени върху основата на егоизма, на стремежа за вземане и разбиране, а природата на висшите светове е абсолютният алтруизъм, стремежът да се отдава и да се вярва.

И тези два противоположни полюса на духовната и материалната природа са дотолкова обратни един на друг, че няма никакво подобие между тях и всички наши опити да си представим какво се случва там в никакъв случай няма да ни дадат ни най-малка представа. Само като заменя желанието на сърцето от „вземам" на „отдавам" и на желанието на ума от „разбирам" на „вярвам" въпреки ума, човекът може да придобие духовно усещане.

Тези две желания са свързани помежду си, макар че желанието да взема се намира в сърцето, а желанието да разбира – в мозъка. И това е така, защото тяхната основа е егоизмът.

В кабала е казано, че редът на раждане на духовния обект започва с това, че „бащата извежда майката навън", за да роди сина – съвършенството „изтласква" разума от анализа, който прави на онова, което го заобикаля, за да получи нов, висш разум, независим от желанията и затова – наистина обективен.

Не е достатъчна просто вяра в Твореца. Тази вяра трябва да бъде още и в името на Твореца, а не за собствено благо.

Молитва се нарича само такова обръщение към Твореца, в кое то се подразбира стремеж да се предизвика в Твореца желание да помогне на молещия се да придобие чувство за важността и величието Му. Само на такова желание реагира Твореца, като издига молещия се във висшия свят и му разкрива цялото Си величие, което дава сили на молещия да се извиси над собствената си природа.

Само получавайки светлината на Твореца, даваща му сили да се противопостави на своята егоистична природа, човекът получава усещане за това, че е постигнал вечността, защото в него вече нищо не може да се промени и никога няма отново да се върне към егоизма, а нататък вечно ще живее в духовния свят.

Затова в неговите усещания сегашното и бъдещето стават равни и се появява чувство за постигане на вечността.

Желанието за получаване на наслаждение

Тъй като нашият Творец се намира в състояние на абсолютен покой, то и ние, неговите създания, се стремим към състояние на покой – постигане на желаното. Твореца е създал две сили за нашето развитие – тласкаща ни отзад, т.е. страданията, които ни заставят да бягаме от нашето състояние, и притегляща – примамваща ни напред с наслаждения. Но само тези две сили едновременно, а не всяка поотделно, са в състояние да ни преместят от мястото и да ни заставят да се движим напред.

И човек в никакъв случай не трябва да се оплаква, че Твореца го е сътворил ленив, че Твореца е виновен, че на него му е така трудно да се помръдне от мястото си. Напротив, именно защото е ленив, не се стреми безсмислено и импулсивно към всички малки увлечения в живота, а дълго преценява струва ли си да хаби сили за нещо, което случайно е привлякло вниманието му.

И от страданията той бяга не веднага, а преценява защо и с каква цел ги е получил, учи се от тях, за да ги избегне в бъдеще, защото те го принуждават към действие и движение, които му е толкова трудно да извърши.

Във всички жизнени ситуации човек иска да използва целия свой егоизъм. Но околните не му позволяват да действа по този начин. Законите на нашето човешко общество са построени върху споразумението между всички за използване на собствения егоизъм, при което минимално да пострадат другите. Защото при всяко общуване ние искаме максималното – продавачът би искал да получи пари, без да даде стоката, купувачът би искал да получи стоката безплатно, работодателят мечтае за работници, на които да не плаща, а те от своя страна мечтаят да получават заплата, без да работят. Нашите желания могат да се измерят само според силата на страданията от отсъствието на това, което желаем – колкото по-голямо е страданието поради отсъствие на желаното, толкова по-голямо е желанието за него.

Казано е: „Твореца желае да живее в нисшите създания" – да създаде тези условия в самите нас, е целта на творението и нашето предназначение.

Идолопоклонничеството *(аводат зара)* е изпълняване на егоистичните желания на тялото, в противоположност на духовната работа – *аводат ашем, аводат акодеш* – следване на алтруистичните желания или цели (ако още няма желания).

Духовното сливане е пълното сравнение на свойствата на два духовни обекта.

Духовната любов е следствие на усещането за пълно сливане. Тъй като се има предвид сливането на две противоположни свойства – на човека и Твореца, то дали това е любов или подчинение, се разбира, ако човек няма желание да се върне към своята власт, към властта на своите желания – и това е признак, че действително обича Твореца.

Съвпадението означава, че по същия начин, както Твореца изпитва радост от доброто влияние върху творението, така човекът изпитва радост от това, че може да даде нещо на Твореца.

Връщане – тшува – означава, че човек в течение на своя живот в този свят ще се върне в онова духовно състояние, в което се е намирал при сътворяването на душата му (състоянието на първия човек преди грехопадението).

Има два органа на действие, две действащи начала в човека – ум и сърце, мисъл и желание. И над двата той трябва да извърши работа по преобразуване на тяхната егоистична природа в алтруистична.

Всички наши наслаждения ние усещаме със сърцето и затова, ако човек е в състояние да се откаже от всяко земно удоволствие, ако то е лично за него, тогава той заслужава да получи истинска наслада свише, защото вече не използва своя егоизъм.

Умът не усеща наслаждение от това, че разбира какво прави. Ако човек е в състояние да действа, без да разбира какво прави, а използва силата на вярата, въпреки онова, което му диктува разумът – това се нарича да върви над разума, въпреки че с ума си е постигнал друго и мисли по друг начин. Това означава, че човек и в ума си е изключил своя егоизъм и може да постъпва според разума на Твореца, а не според своя ум.

Светлината на Твореца пронизва цялото творение, в това число и нашия свят, макар че ние по никакъв начин не я усещаме. Тази светлина се нарича светлина, оживяваща творението. Благодарение на нея творението, световете съществуват, иначе не само животът би спрял, но би изчезнал и самият материал, от който те се състоят. Тази живителна светлина проявява своето действие във всевъзможни материални одежди – обекти и явления на нашия свят, които са пред очите ни.

Всичко, което ни заобикаля, и ние самите, не е нищо друго, освен светлината на Твореца – и в Тора, и в материята, и в най-грубото творение. Разликата се усеща само от нас, възприемащите външните обвивки, дрехата на светлината.

Всъщност, вътре във всички творения действа една сила – светлината на Твореца.

Повечето хора не усещат светлината на Твореца, а само нейната външна дреха. Има хора, които усещат светлината на Твореца само в Тора, а има и такива, които я усещат във всичко – усещат, че всичко наоколо е излъчващата се от Твореца и изпълваща всичко светлина.

Твореца е решил да сътвори човека в нашия свят, за да може от самите низини на своето първоначално състояние той да се издигне духовно до нивото на Твореца, да стане като Твореца. Затова Твореца е създал свойството егоизъм – желание да се наслади. Това усещане за егоизъм се нарича Първо творение.

Тъй като Твореца – това е светлината, то естествено, Първото творение се е оказало изпълнено със светлина – с наслаждение.

По този начин, в началото на сътворението, светлината-наслаждение е изпълвала цялото създадено пространство – егоизма, изпълвала го е напълно, до предела на всички желания, които може да има в сътворения егоизъм. След това Твореца е съкратил разпространението на светлината, скрил я е и на нейното място в творението, в желанието да изпита наслада, в егоизма, се е появила болка, пустота, тъмнина, мъка, тъга – всичко, каквото може да си представи човек при пълно отсъствие на наслаждение от каквото и да е.

За да поддържа минимален стремеж към живота у човека, за да не се самоубие, поради липсата на каквото и да е наслаждение, Твореца ни дава желание да изпитаме наслада от малка порция светлина, нер дакик, облечена в различни предмети от нашия свят, към които, по тази причина, ние се стремим. По този начин ние неосъзнато и автоматично се намираме в постоянен стремеж към светлината на Твореца и сме роби на този природен стремеж. Но човек трябва да вярва, че скриването на Твореца, усещането за безизходица от липсата на наслада, е специално създадено от Твореца в полза на човека, защото ако светлината на Твореца запълни егоизма, човекът няма да има изобщо свобода на волята да действа самостоятелно, тъй като ще се превърне в роб на изпълващата го наслада. Само с откъсването от светлината на Твореца, в усещането на Неговото скриване, когато човек се чувства като независимо, самостоятелно същество, има възможност за вземане на самостоятелно решение и действие.

Но и тази самостоятелност се проявява само при определени условия. Тъй като, макар Твореца да се е скрил от нас, нашият егоизъм си е останал отвътре, и той командва всички наши мисли и чувства. Затова действителната свобода на волята се появява само тогава, когато човек не усеща влиянието на Твореца и може да постъпи независимо от желанията на своето тяло.

Такава възможност ни е предоставена в нашите земни условия, именно затова се и намираме в тях. И човек трябва да вярва, че няма никой и нищо в света, освен Твореца. И даже той самият има някакво самостоятелно усещане за собствения си „аз", именно вследствие на създаденото в него усещане на егоизъм, а ако се избави от това качество (от егоизма), то отново ще стане част от Твореца.

Човек трябва да вярва, че скриването на Твореца се усеща само от него, в неговите чувства, че скриването на Твореца е създадено специално в негова полза. Затова, докато не е готов да узнае истината, той трябва да вярва, че истината не е такава, каквато я усеща в своите чувства. А да я разбере, може постепенно, и в такава степен, в каквато постига съвършенство в своите качества.

По такъв начин, цялата работа на човека е възможна само в състояние на скриване от него на насладата от духовното, за да може, въпреки скриването на Твореца от него, да си каже, че духовната непривлекателност той усеща само по желание на Твореца, а всъщност няма нищо по-съвършено. И ако човек, въпреки усещането за тъмнина, потиснатост и пустота, въпреки доводите на разума, може да се устреми към търсене на усещането за Твореца, към духовно сближаване, че върви по-високо от своя разум и чувства, според принципа *„емуна лемала ми даат"*, то Твореца му се открива, защото във всички свои състояния човек търси и чака само това.

По такъв начин в него се ражда истинско желание да усети Твореца, което е необходимо условие за разкриването Му. Силата на вярата във възможността да усети Твореца се измерва с усещането за дълбочината на падението, от която човек може да се обърне за помощ към Твореца. Но той трябва да разбира, че ако още не е готов да усети Твореца, то по неволя ще изпита егоистична наслада от това неземно усещане. Затова човек трябва да моли Твореца:

1. Да бъде подготвен да усети висша наслада;
2. Твореца да му даде сили да задържи вярата над разума, въпреки разкриването Му.

Има два вида пречки от страна на нечистите сили (*клипот*), които са в нас: въздържане (ахизат *клипот*) и подхранване (еникат *клипот*). Когато човек не чувства никакъв вкус в заниманията та и в работата над себе си и насила върви напред, то клипа му показва всевъзможни недостатъци на духовното съществуване и човек започва да усеща, че в духовното няма нищо. Вследствие на това, *клипот* имат възможност да спрат човека от занимания, тъй като той не вижда величието на духовното. Подобно състояние се нарича явяване на Твореца в пепел *(Шхина бе афра)*. Но ако човек със сила на волята все пак продължи да се стреми напред и започне да усеща вкус в духовната работа над себе си, то клипа започва да се храни от неговите духовни постижения, т.е. от онова, което човек е заработил (насладата от духовното). Тя иска да го вземе за себе си, вселявайки в човека мисълта, че той трябва да продължи да работи, но не защото Твореца желае това, а за собствено удоволствие. И ако човек се поддаде на тези мисли, то цялата наслада преминава в егоизъм. Това се нарича подхранване на *клипот* (нечистите сили). В този случай, човек трябва да моли Твореца да му помогне, за да се справи с подобни съблазняващи мисли.

Извод: отначало човекът трябва да моли Твореца да му даде усещане за наслада в Тора, а след това да моли да не приеме тази наслада в своя егоизъм.

Възражението на тялото срещу духовната работа, тъй като не получава от нея нито наслаждение, нито увереност, че ще бъде наградено в бъдеще, се нарича „зъл език" – лашон ара. За да избегне съблазънта, човек трябва да се престори на глух и сляп към зова на тялото, да си представя, че светлината на Твореца съществува, само че той не я вижда. А след това Твореца ще му отвори и очите, и ушите, и той ще види светлината на *Тора* и ще чуе само онова, което му говори Твореца.

Усилията, които човек прилага във всяка своя дейност при постигане на духовното, постепенно се натрупват до такава степен, че тяхното количество става достатъчно за образуване на съд – кли, или дреха – левуш, за приемане вътре в нея на светлината на Твореца, душата на човека. (Тази част от усилията, съответстваща на сфира „Хот", образува около човека обемна картина – сфера, която той смята за свой духовен свят. Тя е аналогична на начина, по който възприемаме нашата вселена – света, който усещаме в момента, и затова казваме, че се намираме в него.)

14. Разкриване и скриване

Освен светлината – Твореца и човекът, създаден от тази светлина и можещ (повече или по-малко, в зависимост от съвпадането на неговите свойства с тези на светлината) да усети светлината, няма нищо.

Ако свойствата на светлината и човека не съвпадат, той изобщо не чувства светлината, т.е. Твореца. Първоначално човек се намира именно в такива условия на пълна власт на егоизма, наричани „наш свят". Само посредством своите усилия той може постепенно да създаде в себе си такова желание и необходимост за усет към Твореца (*съсъд за светлината на Твореца*), че да започне действително да Го усеща. Усилията на човека се заключават в това, че той се опитва с всички сили да се поправи, а убедил се в собственото си безсилие, изпраща към Твореца молитва за помощ за избавяне от егоизма и сливане с Твореца. Този процес може да продължи месеци, години, ако преминава под ръководството на учител-кабалист, или няколко живота – *гилгулим*, ако човек работи самостоятелно, по пътя на страданията. Само правилните усилия в нужната посока създават *съсъда* на душата, във вътрешността на който Твореца се разкрива на човека.

В кабала причините за постъпките на човека се наричат бащи, а следствията от постъпките – синове (правилни духовни действия).

Не по своя воля се раждаш – Твореца те принуждава да се родиш духовно (да получиш душа – светлината на Твореца) по пътя на страданията, и по твоите сили е да осъществиш това самостоятелно, по пътя на Тора.

Не по своя воля живееш – ако не действаш според своята егоистична воля (т.е ако не живееш под влияние на своя егоизъм), ще получиш истински вечен духовен живот, единствено който може да бъде наречен живот.

Не по своя воля умираш – ако не искаш (духовно) да умреш или да бъдеш (духовно) мъртъв (без душа – светлината на Твореца), трябва да постъпваш не по своя воля.

Работата в средната линия на душата започва от дясната линия: бялата светлина *(ловен де аба)*, светлината на мъдростта *(ор Хохма)* влиза в 320-те искри *(нецуцим)* и властта *(малхут)* на егоизма слиза на своето място, тъй като за нея има забрана за използване *(Цимцум алеф)*. Това е на езика на кабала. А на езика на нашите чувства: от това, че *ор Хохма* разкрива егоизма като зло *(авиют)*, човек усеща, че няма по-отвратителна постъпка от тази да работиш за себе си. Но и няма все още сили да работи за другите, да дава.

Затова е необходима лявата линия: Червената светлина *(одем де има)*, даваща на човека алтруистични желания и сили.

Самите органи на духовните чувства по аналогия с нашите 5 органа *(зрение, слух, обоняние, вкус, осезание)* действат с определена, избрана от нас цел.

При въздействие на бялата светлина човек осъзнава, че няма изгода да използва за себе си тези 5 органа, няма смисъл да работи за своя егоизъм.

Отсъствието на желание за самонаслада, което подбужда тези 5 органа към работа, води до липса на енергия за извършване на каквото и да е движение, т.е. към пасивност и бездействие. Човекът още не е осъзнал, че може да има цел, за която да работи, за да дава, за алтруистични действия. Затова е необходимо въздействието на още едно духовно свойство, наречено Червена светлина, лява линия, малхут *мемутекет ба бина*, за да може неговото желание да изпита наслада, да се съгласи на алтруистична работа (свойството бина).

Получавайки енергия духовно, движейки се алтруистично, човек започва да съчетава свойствата на дясната и лявата линии и получава своите нови желания, светлината на Твореца (средната линия), наслаждение от съвършенството.

Ако човек е съгласен да получи силата на вярата, алтруизма – *митук де бина, хасадим мехусим, катнут, лемала ми даат,* то впоследствие ще получи и висшия разум, *хасадим мегулим.*

Принципът на отричане от получаване на наслаждение за себе си, избран от една от световните религии, и принципът на стремеж към наслада, избран от друга, произхождат от нечистите (егоистични) сили (*клипот*) на дясната и лявата линии на духовния възход. Затова там, където в *Тора* се говори за самоограничаване, се има предвид предварителният стадий на работа над себе си, опитът за отричане на намерението за самонаслаждение със собствени сили.

Може ясно да се видят корените на всички вярвания, течения, групи, религиозни философии в различни *клипот*, обкръжаващи дясната и лявата духовни чисти линии, хранещи се посредством хващане-задържане *(ахиза)* или подхранване.

Но целта на работата е тя да бъде извършвана в средната линия, за да се издигне до безкрайното, т.е нямащо край, граници, т.е. неограничено от нашите свойства наслаждение на Твореца.

Мястото в духовните понятия се нарича желание. Отсъствието на желание се нарича отсъствие на място. Както и в нашия свят, човек казва, че няма място в стомаха да приеме храна, защото няма желание.

Духовното място, желанието на човека да усети Твореца се нарича *съсъд* (кли) на неговата душа, *Шхина*. В този съд той получава светлината на Твореца, разкриването Му, наричащо се душа на човека. Самият Творец се нарича *Шохен.*

Тъй като всички наши желания са пронизани от егоизъм (Рацон лекабел), има скриване на светлината на Твореца (галут *Шхина*). Според степента на изгонване на егоизма от нашите желания се освобождава място. Непоправеното желание се нарича гой, а тъй като те са много, се наричат народи на света – гои. Поправеното желание се нарича Израел.

В освободилото се място – поправеното желание – се разкрива светлината на Твореца. Самият Творец действа тайно, скрито от нас.

Самият процес на разкриване на Твореца, според степента на поправяне, на пречистване *акшара* от думата *кашрут* – ритуална чистота) на нашите желания, места, *съсъди (келим)*, се възприема от нас като идване на светлина. Всъщност няма никакво движение, но подобно на процеса на проявяване във фотографията, светлината постепенно се проявява в нашите усещания.

Тъй като ние възприемаме не самата светлина, а нейното въздействие върху нашия *съсъд*, то и самия Творец *(Шохен)* ние наричаме с името на неговото разкриване – *Шхина*, а за Него самия можем да съдим само по усещанията, които Той предизвиква у нас.

Затова разкриването на Твореца се нарича *Шхина*. Ако Твореца е скрит от нас, се казва, че *Шхина* се намира в изгнание, *Шохен* се крие. А ако човек е заслужил разкриването на Твореца, това се нарича завръщане от изгнание – *гадлут*.

Степента на разкриване на Твореца в човека се нарича душа *(нешама)*. Веднага щом човек поправи някои от своите желания от егоистични на алтруистични, се появява усещане за Твореца. Затова се казва, че душата на човека е част от самия Творец.

В състоянието на окончателното поправяне Твореца ще изпълни всички наши желания, т.е ще ни се разкрие степента, в която Той желае да се разкрие пред творенията, в съответствие със създадените от Него наши желания в момента на сътворението.

Шхина – това е сборът от всички отделни души. Всяка душа е част от общото разкриване на Твореца.

Разкриване на Твореца се нарича желанието да наслади създанието, защото това се възприема по този начин от онези, които са Го постигнали.

Ние не можем да отговорим на въпроса каква е причината да се появи в Твореца желание да ни сътвори, за да ни даде наслада, защото това е въпрос, който се отнася за процеса преди сътворението, а ние постигаме максимално онова, което ни се открива след този момент на развитие.

Изходното стъпало, на което ние започваме да постигаме творението, е усещането за наслаждение, излъчващо се от Твореца. Затова „Желанието на Твореца да наслади създанията", стремящи се да Го постигнат, ние наричаме цел на творението.

Всички въпроси, намиращи се по-високо от това стъпало, са по-високо от нашите постижения. Човек трябва постоянно да помни, че всички наши понятия и знания изхождат само от личните ни постижения.

Нашето желание за наслаждение е единственото нещо, което притежаваме. Всички възможности на нашето тяло, неговите способности, разум, целият наш прогрес, са само за това – да обслужват нашето единствено желание да получим наслада от различни обекти, които ние пораждаме, изобретяваме, търсим, приемаме като нужни, модни, необходими, респектиращи и т.н. И всичко това е, само за да бъде възможно постоянното получаване на наслаждения, където и да сме, според всеки вкус и нрав.

Ние не можем да се оплачем от безкрайните вариации на желанието за получаване на наслаждение. Било е достатъчно Твореца да създаде само едно такова желание, за да се почувстваме по-нататък самостоятелни (желаещи) същества, можещи самостоятелно да действат, въз основа на този единствен наш инстинкт – „инстинкта за избор на максимално наслаждение".

Изборът на максимално удоволствие се осъществява посредством привличането на всички наши умствени, подсъзнателни, физически, нравствени и много други качества, възможности, памет на всички нива – от атомното, молекулното, биологическо, животинско-телесно и др., до най-висшите способности на нашия разум.

Прост пример – човекът обича парите, но пред заплахата от смърт е готов да даде цялото си богатство на грабителя. По този начин той сменя едно наслаждение – богатството – с друго, още по-голямо – да остане жив.

Не е възможно човек да извърши действие, ако не е убеден, че в крайна сметка ще спечели повече в сравнение със сегашното си състояние. При това, печалбата може да бъде под всякаква форма, в какъвто и да е облик, но главното е бъдещото наслаждение да бъде по-голямо от сегашното – само тогава човек е в състояние да действа.

Получава ли човек наслада от егоизма – от получаването, или от алтруизма – от отдаването? В какво се състои разликата? Работата е там, че забраната да се използва егоизмът се обуславя от усещаното чувство на срам, задължително възникващо в получаващия. Но ако човекът получава заради даващия, не усеща срам и неговото наслаждение е съвършено.

Тъй като не е било по силите на първичното духовно създание, наричано „обща душа", или „първия човек", да направи такъв преврат в своите замисли при получаването на огромно наслаждение от Твореца, то се разделило на 600 000 части (души). Всяка част, всяка душа получила „товар" във вид на егоизъм, който трябва да поправи. Когато всички части се поправят, всички те отново ще се слеят в „общата поправена душа". Такова състояние на общата душа се нарича Край на поправянето – Гмар Тикун.

Подобно както в нашия свят човекът е в състояние да се въздържи от кражбата на незначителна сума пари, от не особено голямо наслаждение, или заради страх от наказание, или от срам, но ако наслаждението е по-голямо от всичките му сили за съпротива, той не е в състояние да се въздържи.

Затова, разделяйки душата на много части и всяка част – на множество последователни стадии на работа, под формата на многократни обличания в човешки тела *(гилгулим)* и всяко състояние на човека – на множество подеми *(алиет)* и падения *(еридот)* в желанието да променим своята природа, Твореца ни е създал условия за свобода на волята при преодоляване на егоизма.

Ако изпитва любов към Твореца, незабавно трябва да се опита да присъедини към това чувство, чувството на страх – не е ли неговото чувство на любов егоистично? И само ако са налице тези две чувства, има съвършенство в стремежа към Твореца.

Онзи, който изпитва стремеж към духовно постижение, но все още не усеща Твореца, е изпълнен с духовен смут. И макар свише да му е даден стремеж да познае Твореца, все едно, не е готов сам да направи и крачка напред към това, докато свише не му дадат такова желание, което да го подтикне и да му позволи да разбере, че всички негови усещания и жизнени обстоятелства са точно такива, защото са проникнати от желанието на Твореца да насочи неговото внимание към Себе си и да го подтикне да тръгне насреща Му. И тогава във всичко заобикалящо може да се види обръщението на Твореца към всеки от нас лично.

Именно по тази причина, ние възприемаме изключително индивидуално картината на света и даваме собствена интерпретация на всичко, което се случва. Правилото „колкото хора, толкова и мнения" подчертава единствеността на всеки от нас.

И затова, вслушвайки се в своите чувства, човек може да започне диалог с Твореца според принципа „човекът е сянка на Твореца", т.е. както сянката се движи в съответствие с движенията на човека и всички движения на сянката само повтарят движенията на човека, така и вътрешните му желания – неговите желания, стремежи, възприятия, цялата негова духовна същност, неговият поглед към света, повтарят движенията, т.е. желанията на Твореца спрямо дадения човек. Затова, ако човек изведнъж почувства желание да усети Твореца, той веднага трябва да осъзнае, че това не е резултат от някакви негови действия, а Твореца е направил крачка насреща му и иска той да почувства влечение към Него.

В началото на пътя, Твореца при всеки удобен случай се обръща към човека, предизвиквайки у него тъга и копнеж по духовните усещания. Но всеки път, давайки му влечение, Твореца очаква същата реакция от страна на самия човек. Тоест, ако човекът разбира, че със същата сила на чувствата, с която иска да усети Твореца, Твореца иска да усети него, и се опитва да развие и подсили тези чувства в себе си, с това той се движи срещу Твореца, докато не се съедини с Него в своите желания и свойства.

Но ако, намирайки се в началото на пътя, човек още не чувства и не разбира Твореца, то след няколко безплодни опита да се придвижи към Него изведнъж започва да му се струва, че само той желае да се приближи към Него, че Твореца го пренебрегва. И човекът, вместо да допълни стремежите си до необходимия предел и да се слее с Твореца, започва в сърцето си да Го обвинява, че е пренебрегнат, и да се сърди, напълно забравяйки, че точно в същата степен Твореца го желае, и затова му е дал такива стремежи към себе си.

И докато в него няма пълна вяра в единствеността на Твореца, той неизбежно – живот след живот, ще се връща към същите грешки, дотогава, докато Той, като сумира всичките усилия на човека да приеме мисълта, че влечението си към Твореца той получава от Него и едва като се натрупа до необходимото количество, тогава ще му помогне, разкривайки му се, показвайки му цялата истинска панорама на световете и самия Себе си.

Човек може напълно да се слее с Твореца, само в случай че с радост насочи всички свои стремежи към Него. И това се нарича „с цялото си сърце", т.е. дори с онова, което не се изисква за подобие с Твореца.

Ако човек е в състояние напълно да принизи всички изявени в себе си егоистични желания, при това усещайки радост в сърцето си, той създава условия за изпълване на сърцето си със светлината на Твореца.

Главното в работата на човека над себе си е да постигне чувството за наслаждение от това, че прави нещо приятно за Твореца, защото всичко, което прави за себе си, го отдалечава от Него. Затова всички усилия трябва да бъдат насочени към намиране на приятното при обръщане към Твореца, сладост в мислите и чувствата за Него.

Когато човек се чувства абсолютно опустошен, това е най-подходящото време да търси величието на Твореца и опора в Него. И колкото по-опустошен и безпомощен се чувства, толкова по-величествен може да си представи Твореца, толкова по-високо той ще се извиси, молейки Го за помощ в духовното извисяване, молейки Твореца да му разкрие Своето величие, и всичко това с цел да се появят в него сили да върви напред. В такова състояние човек се нуждае от Твореца и от Неговата помощ, тъй като в същото време разумът му твърди съвършено противоположното. Затова усещането за опустошеност се появява именно тогава, за да запълни усещанията с величието на Твореца, наричано Вяра.

Праведник се нарича този, който:

1. Във всичко, което чувства – хубаво или лошо, оправдава действията на Твореца, въпреки възприеманите от тялото, сърцето и разума чувства. Оправдавайки всички усещания, които му изпраща Твореца, той като че извършва крачка напред към Него, така наречената „дясна" стъпка.

2. В никакъв случай не си затваря очите за своето истинско положение и усещания, колкото и неприятни да са те. Дори и да не разбира за какво са му необходими подобни състояния, не се опитва да ги потиска. Постъпвайки по този начин, той прави напред „лява" стъпка.

Съвършенството в духовния напредък се състои в това, че човек постоянно се движи напред, редувайки тези две състояния.

Абсолютен праведник се нарича този, който оправдава всички действия на Твореца – както над себе си, така и над цялото Творение, т.е. постигналият възможността да възприема усещанията не в своите егоистични желания, онзи, който вече се е откъснал от тях и желае само да радва. В такова състояние човек няма и не може да има духовни падения, тъй като всичко, което се случва с него, той не преценява от гледна точка на своята изгода и затова всичко, което прави, е за по-добро.

Но тъй като не в това се заключава целта на Твореца при сътворяването, а целта Му е в своите усещания творенията да се наслаждават, то постигането на нивото на праведника все още не е окончателното състояние на човека. Затова, след като човек постигне стъпалото на праведника, той трябва да започне отново постепенно да връща към себе си своя егоизъм, който е потиснал по време на постигането на нивото на праведника.

Но и този отново върнат егоизъм праведникът прилага към придобитото желание да радва Твореца и затова може не само да дава, но и да получава наслаждения в своите върнали се желания, доставяйки по този начин радост на Твореца.

Подобно на това, алтруистът в нашия свят се стреми да прави добро, тъй като се е родил с такива склонности, а не ги е получил от Твореца в качеството на награда за работата над себе си. Той не иска нищо за себе си, защото неговият егоизъм е създаден така, че да се наслаждава, давайки на хората. Това е начинът, по който действа, за да запълни своя егоизъм, и не може да го прави иначе.

Това е подобно на ситуацията, когато човек се намира на гости у свой приятел, и с колкото по-голям апетит и наслада той поглъща предлаганото му, толкова по-голямо удоволствие доставя на своя приятел – на даващия, а ако не е гладен, няма да бъде в състояние да създаде наслада на приятеля си.

Но тъй като при получаването на наслаждение в получаващия възниква чувство на срам, то ако той многократно отклонява предлаганата му храна, в него се създава усещането, че като се храни – той прави услуга на домакина. Тогава чувството за срам изчезва и в пълна степен човекът изпитва наслада.

В духовните усещания не съществува самозаблудата, че праведникът не желае да получи за себе си никакви наслади. Завоювайки стъпалата на праведността, той всъщност се отказва от егоистичните наслади с помощта на Твореца, заменящ неговата егоистична природа с алтруистична, и затова действително се стреми да създаде само наслада на Твореца.

А вече виждайки, че на Твореца му доставя удоволствие само това, че неговите създания се наслаждават на излъчващото се от Него наслаждение, не намаляващо, или дори унищожено от чувството за срам, праведникът е принуден отново да използва своя егоизъм, но вече с друга цел – за да се наслаждава заради Твореца.

В крайна сметка Твореца и човекът напълно съвпадат по намерение и действие – всеки се стреми да достави наслаждение на другия и изпитва удоволствие от това. Тогава няма никакви ограничения за получаване на наслаждение от този вид, а напротив, колкото усещаната наслада е по-голяма, толкова по-високо е духовното ниво. И има допълнително наслаждение – от сливането с Твореца, т.е. наслада от постигането на безкрайна сила, власт, могъщество, без каквато и да е грижа за себе си.

Затова нивото на праведника е недостатъчно за постигане целта на Творението – наслада от излъчващата се от Твореца светлина. То е само необходимо стъпало за поправяне на нашите намерения – „защо искаме да се наслаждаваме". Постигането на стъпалото на праведника само ни позволява да се избавим от чувството за срам при получаване на наслаждение от Създателя.

Доколкото егоизмът – природата на нашия, на „този" свят, е проста категория, всеобщ закон на живота на материята, а алтруизмът е утопична категория, дотолкова обратно се възприемат те от намиращите се на стъпалата на духовния свят.

Усложнението се получава поради скриването *(астара)* на Твореца. Човек се наслаждава само когато изпълнява своите желания, а *Тора* твърди, че това е зло, че не е в негова полза. И той не разбира защо това е така, защото в страданията не може да почувства никаква наслада, а трябва да вярва, че те са добро за него. Затова, за всяко действие или мисъл, в човека възникват множество мисли. При това, колкото по-близо е до входа в духовния свят *(махсом)*, толкова е по-сложно, а по-разбираема става една истина: „Много мисли има в сърцето на човека, но само съветът на Твореца ще ги разреши" *(Арбе махшавот бе лев иш, ве ейцат ашем такум)*.

Разликата между човека, желаещ да се извиси духовно, т.е. да придобие духовни свойства – свойствата на Твореца, и човека, изпълняващ желанията на Твореца срещу награда, по силата на полученото възпитание, е в това, че последният вярва в наградата и наказанието, и затова изпълнява желанията на Твореца. В този случай, за него Твореца е като работодател, който плаща заплата, а човекът е като работник, за когото не е важен този, който му дава работата, а е важна заплатата – наградата, състояща се в наслаждение, или наказанието, състоящо се в страдание в този или бъдещия свят. И това му дава сили да изпълнява заповедите, и той не се пита защо изпълнява волята на Твореца, тъй като вярва в наградата.

Но този, който иска да изпълнява желанията на Твореца не заради заплащането, постоянно си задава въпроса – защо Той прави това? Ако това е желание на Твореца, то за какво му е това на Твореца – та нали Той е цялостен, съвършен? Какво ще добавят към Него нашите действия? Очевидно, че това е за самите нас. И човекът започва да изследва каква е изгодата за него, ако изпълнява желанията на Твореца. Постепенно осъзнава, че наградата за изпълняването е поправянето на самия човек, докато не получи свише своята душа – светлината на Твореца.

Тора твърди, че грешниците си представят егоизма като малко препятствие, приличащо на нишка, а за праведниците той е като висока планина. Тъй като *Тора* говори само за един човек, чиито свойства, мисли и желания са наречени с различни имена от нашия свят, то под грешници и праведници се подразбират състоянията на един и същи човек.

Скриването означава не само скриване на Твореца, но и на същността на човека от него самия. Ние не се познаваме, не познаваме нашите истински свойства – те ни се разкриват само в този обем, в който можем да ги поправим. (Човек е подобен на кош с отпадъци – колкото повече рови в него, толкова повече нечистотии и зловония достига).

Затова на тези, които още са в началото на пътя, на грешниците, Твореца показва, че техният егоизъм не е толкова непреодолим, за да не се отчае човек при вида на непосилната работа.

На тези, които вече са на пътя, в степента, в която са придобили сила да се съпротивляват на егоизма и усещане за важността на поправянето, Твореца разкрива истинските размери на тяхното зло.

А на праведниците, т.е. на тези, които желаят да станат праведници, Твореца разкрива цялата величина на техния егоизъм и той им се струва като висока, непреодолима планина.

И така, според степента на напредване, на човека му се разкрива все повече неговото собствено зло, в такава степен, в каквато той може да го поправи. Затова, ако изведнъж открие в себе си нещо отрицателно, което е ново, той трябва да помни, че ако е почувствал това, значи може да се справи с него, т.е. да не се поддаде на униние, а да моли Твореца да го поправи.

Например, когато човек е започнал да работи върху себе си, той е усещал във всички наслаждения от заобикалящия го свят само 10 грама удоволствие и е могъл да ги пренебрегне. А след това Твореца му дава 15 грама удоволствие. И започва работа, защото вследствие на добавеното наслаждение човекът се чувства по-низък (от усещането за стремеж към удоволствията, които по-рано не са го привличали) и по-слаб (от разликата между силата на привличане към насладата и силата на неговата съпротива).

В такова състояние човек е длъжен да заяви пред себе си, че това става заради добавянето на още 5 грама наслада от Твореца. А след това да се опита сам да се справи и виждайки, че не е в състояние, да моли Твореца. Но, получавайки сили да се справи с насладата от 15 грама, веднага получава добавяне на още 5 грама към вкуса на насладата, и отново се чувства по-слаб и по-низък, и т.н.

Превръщане на егоизма в алтруизъм

Във втората част на книгата се разглежда какво е това танта – *таамим (музикални знаци), некудот (точки), тагин (знаци над буквите), отиот (букви)* в понятията и на езика на кабала. На езика на духовната работа, таамим – това е вкусът, усещан от влизането на светлината. Затова този, който иска да усети вкуса на истинския живот, трябва внимателно да се отнесе към духовната точка, намираща се в неговото сърце *(некуда ба лев)*.

Всеки човек има точка в сърцето, но обикновено тя не показва признаци на живот, не свети, и затова той не я усеща. В този случай тя се нарича черна точка. Тази точка е част, зародиш на душата на човека *(нефеш де кдуша)*.

Свойството на тази точка е алтруистично, тъй като тя е зърното на бъдещия *съсъд* на душата и нейната светлина – част от Твореца. Но началното й състояние в човека е скрито и затова такова състояние се нарича изгнание (Твореца е в изгнание), тъй като човекът не я цени. Това състояние на душата се нарича „точки" – некудот.

Ако той издига важността на тази точка по-високо от своя „аз", по-високо от главата, както са знаците над буквите *(тагин)*, уподобявайки я не на пепел, а на корона върху главата си, то тази точка излива светлина в тялото *(отиот)* и от потенциална точка се превръща в източник на сили за духовното извисяване на човека.

Затова вместо всички наши молби за помощ, отправени към Твореца, единствената наша молитва трябва да бъде молитвата за осъзнаване важността на усещането на Твореца, като средство за нашето поправяне заради Него.

Възможността за извършване на добри (алтруистични) действия не е средство, а награда за желаещия да бъде подобен на Твореца.

Последователността на процеса на излизане на човека от своя егоизъм към духовния свят се описва в *Тора* като Изхода от Египет. Появяването на алтруистични желания *(келим де ашпаа)* в човека се нарича Изход от Египет. Но алтруистичните желания означават, че човек предпочита да върви по пътя на вярата, а не на знанията, а да се излезе от егоизма е възможно само под действие на видяното духовно, на светлината на знанието – *ор Хохма*, чрез разделяне на граничното море *(ям суф)*, преодоляване на границата между двата свята.

Затова Твореца извършва чудо – дава на човека светлината на знанието, макар че човекът още няма съответния *съсъд (кли гадлут)*, за да я получи. С помощта на тази светлина човек преодолява границата *(килим де ашпаа)*, след което чудото свършва, но веднъж влязъл в духовния свят, вече не се връща на нивото на нашия свят. Следващият етап се състои в това, че човекът трябва сам да придобие *съсъд* за получаване на светлината – знание. Това става по трудния път на напредване в духовната пустиня, докато не се удостои да получи светлината на Тора, издигайки се на „планината Синай".

Изпълняването на заповедите става със силата на „вярата над знанието" *(емуна лемала ми даат)*, когато човек поставя своите мисли и желания по-ниско от вярата, малкото състояние катнут, малхут ола ле кетер, т.е. малхут представлява в това състояние само точката кетер, ор кетер или нефеш в некуда шел малхут. В това минимално негово състояние нечистите (егоистични) сили на човека не могат да го подчинят, защото е поставил вярата над знанието и усещането. Това състояние се нарича малко, защото, нямайки сили да се бори с егоизма, човек просто не го слага в плановете си.

Подобно е на това, когато човек, нямайки сили да поеме малко количество храна, предпочита да се откаже от цялата порция.

Но връзката с Тора, със светлината на Твореца, може да се осъществи само ако човек получи в себе си тази светлина, т.е да работи алтруистично със своя егоизъм. И в степента, в която той е поправил своя егоизъм на алтруизъм, в поправените вече *съсъди* влиза светлината на Тора. Това състояние на духовния съд (поправен егоизъм, кли) на човека се нарича голямо гадлут, когато малхут се спуска от кетер до това ниво, до тази сфера, на нивото на която човек е в състояние да противостои на желанията за самонаслаждение и да получава не за свое удоволствие. Напълно да получи цялата светлина на Тора, да усети целия Творец, напълно да се слее с него, може само ако е поставил своя егоизъм изцяло в служба на алтруизма. Такова състояние се нарича край на поправянето, и това е целта на творението.

Всички наши усещания са дълбоко субективни и картината на света, която наблюдаваме, зависи от нашето вътрешно състояние – душевно, физическо, от настроението ни и т.н. Но в духовните възприятия усещането е самата действителност, защото там, където човек се намира духовно, там той и възприема настоящето.

Нашият свят се нарича сегашното наше усещане. Бъдещият свят се нарича това, което ние ще усетим в следващия миг. Няма време, то не съществува, има само смяна на усещанията. Ако човек възприема всичко с вяра, по-висока от знанието, той напълно ще живее в бъдещето.

В нашето ежедневие човек, който има свой бизнес например, системно проверява резултатите от своята работа и печалбата. И ако вижда, че неговите вложения и усилия не се оправдават, т.е. печалбата е по-малка от вложението, той закрива този бизнес и открива друг, защото очакваната печалба е пред очите му. И в никакъв случай не заблуждава себе си, а точно пресмята своята печалба във вид на пари, почести, слава, спокойствие и т.н., под формата, в която иска да я има.

Защо човек да не прави обща равносметка на своя живот именно по този начин? Да кажем, един път в годината да се попита с каква цел е живял? Но, ако дори малко се заеме със своето духовно развитие, той ще започне ежеминутно да се пита за това.

Нашият свят е свят на илюзии и по тази причина тялото не иска тези въпроси, защото не може да им отговори.

Действително, какво може то да отговори на човека в края на годината или в края на живота? Всичко е минало – и добро, и лошо, и какво му е останало? Защо е работил за своето тяло? Няма отговор, защото няма възнаграждение за преживяното. И затова тялото не позволява да се задават такива въпроси.

Докато в духовното, тъй като това е истината и неговото възнаграждение е вечно, тялото всеки път задава на човека въпрос за неговата духовна печалба, с цел да възбуди в него още повече желание за по-голяма награда, вследствие на неговите усилия, за да може в по-голяма степен да се поправи и да получи по-голямо вечно възнаграждение.

Защо Твореца дава на човека лъжливи занимания в живота в нашия свят? Процесът на създаване на духовен *съсъд* е извънредно сложен и по тази причина продължителен. Човекът трябва в своите усещания да премине през целия вселенски егоизъм, т.е да го усети целия, в цялата му низост, да вкуси всички негови лъжовни наслади, до самите негови низини. Работата по натрупване на опит не става за един кръгооборот на живота в нашия свят.

Но цялата информация се натрупва в душата и се проявява в нужния момент. А дотогава процесът на натрупване е скрит от човека и той усеща само своето сегашно състояние. Тъй като цялата ни същност е желание за наслаждение, на онези, които още на са узрели за духовен възход, за да имат откъде да вземат сили да живеят, Твореца дава живот, наречен „лъжа".

Има светлина, носеща поправяне на желанието-*съсъд*, а има светлина, която носи знание и наслаждение. Всъщност, това е една и съща светлина на Твореца, но човек сам отделя от нея онова свойство, от което той желае да се възползва за духовната цел.

Религиозната маса употребява понятията награда и наказание, основно отнасяйки ги към бъдещия свят. Кабалистът употребява тези понятия само относно нашия свят, не спрямо бъдещия, макар че и там ги има. Възнаграждение се нарича насладата, а страданието – наказание. Когато човек, по силата на възпитанието си или за собствена изгода, изпълнява указанията на *Тора* за себе си, той очаква награда или наказание в бъдещия свят, защото само там ще почувства наслада от изпълняването на *Тора* и заповедите, и страдание от неизпълняването.

Кабалистът получава награда или наказание в този свят – усеща насладата от възможността да получи светлината на вярата или наказание от нейното отсъствие.

„Остави злото и твори добро". Първи стадий на работата над своето поправяне е осъзнаването на злото, защото щом човек се убеди, че егоизмът е неговият най-зъл, смъртен враг, ще го възненавиди и ще го остави. Такова състояние е нетърпимо. Т.е. не трябва да се бяга от злото, а само да се почувства що е зло, след което инстинктивно ще стане отдалечаване от вредното.

Осъзнаването на това кое е зло става именно под въздействието на добрите постъпки, т.е. при изпълнение на заповедите и изучаване на кабала, защото тогава човек започва да се стреми към духовно съвършенство и чувства какво му пречи да започне да живее.

Скриването *(астара)* на Твореца от човека, което се усеща като страдание, съмнението във висшето управление, неувереността, пречещите мисли, се наричат „нощ".

Разкриването *(гилуй)* на Твореца пред човека, усещано като наслада, увереност във висшето управление, чувство на принадлежност към вечното, разбирането на законите на цялата природа, се нарича „Ден".

В състоянието на скриване на Твореца, човек трябва да работи над придобиването на вярата, че такова състояние е в негова полза, защото във всички състояния Твореца прави само най-доброто и полезното за човека. И ако човек е готов да получи без вреда за себе си светлината на Твореца, Твореца несъмнено би му се открил.

Но тъй като не е по силите му да се справи с наслажденията, които усеща, Твореца не може да добави такива огромни наслади от своята светлина, на които човекът веднага ще стане роб и вече никога няма да може да се освободи от веригите на своя егоизъм, поради това още повече ще се отдалечи от Твореца.

Всяко поколение, отново и с мнозинство, определя за себе си ценността и красотата на нещата, обектите, явленията и категориите. При това, всяко поколение отрича стандартите на предишното. Затова няма абсолютен стандарт, а при всеки народ и във всяко поколение мнозинството диктува своя стандарт и всички се опитват да се придържат към него. Затова постоянно има нова мода и нови обекти за подражание.

По тази причина всичко, което диктува мнозинството, се нарича красиво и придържащите се към него получават уважение и почести. Да постигнеш това, което се цени в очите на обществото, се смята за почетно и по тази причина човек е готов да приложи големи усилия.

И само затова е толкова тежко да се постигнат духовните свойства, тъй като мнозинството не смята тази цел за престижна и не я почита, както почита новата мода.

Но действително ли е толкова важно да се постигне духовното? Обективно, духовното е много важно, но за да не бъде увредено, е създаден специален начин, наречен скриване *(астара),* за да не виждаме цялото величие на духовния свят. И човек може само да вярва, че има огромна важност в усещането за Твореца, но според мнението на мнозинството важността на духовното постижение е равна на нула *(Шхина бе афар),* презирана е почти от всички.

И това става, макар да виждаме нагледно как нищожните личности определят за всички еталоните за красота, приоритетите, нормите на поведение, законите на обществото и прочие стандарти, и постоянно ги променят, което само доказва несъстоятелността на диктуващите и лъжата на стандартите.

15. Постепенно духовно поправяне

Вярата над разума дава на човека възможност именно с разума си да усети своя най-зъл враг – този, който му пречи да постигне доброто. И в степента, в която той вярва над разума в духовното наслаждение, в същата степен чувства и осъзнава злото.

Обективно няма никого, освен Твореца (но това е най-високото ниво на кабалистичното усещане, а до постигането на това ниво човекът усеща също и себе си в света).

В процеса на познанието се различава съществуването на:
– Творец;
– Първото творение;
– Творения;
– Наслаждение, което Твореца желае да даде на творенията.

Цялата последователност, естествено, се разгръща не във времето, а по веригата „причина-следствие".

Съществува Творец. Твореца желае да създаде творението, за да му даде наслада. Твореца създава желанието за наслаждение именно такова (по количество и вид), каквото Той желае да даде. Творението приема насладата и се наслаждава абсолютно, защото получава именно това, което желае.

Това първо творение се нарича малхут. Състоянието на пълно наслаждение на малхут се нарича „свят на безкрайността", защото малхут безкрайно се наслаждава от светлината на Твореца, който я изпълва докрай. Но усещайки едновременно с насладата и самия Творец, Неговото желание да ѝ създаде наслада, малхут се стреми да стане подобна на Него, което я кара да изгони светлината от себе си.

Това действие на малхут се нарича съкращение *(съкращение на получаване на светлината – Цимцум)*. Малхут може да стане подобна на Твореца, при получаване на наслаждение, заради Твореца, защото така желае Той. В такъв случай от получаваща тя се превръща в даваща по собствена воля наслаждение на Твореца.

Опустошената малхут се разделя на части-души, всяка от които отделно извършва поправяне на егоизма. Микропорции малхут, лишени от светлината на Твореца, се намират в условия, наричани „нашият свят". Последователно и постепенно, намирайки се в тези условия, тези части излизат от желанието за самонаслада и придобиват желанието „да създадат наслада" за друг.

Силата, помагаща на душата да излезе от желанията на егоизма, се нарича „изтегляща" *(Машиах)*.

Нивата на постепенното духовно поправяне се наричат духовни светове, а техните вътрешни стъпала – сфирот. Краят на поправянето се състои във връщането в първоначалното, преди Цимцум, състояние на получаване на наслаждение не за себе си, а заради Твореца. Такова състояние се нарича Край на поправянето *(Гмар Тикун)*.

Всички въпроси, възникващи в човека за целта на творението, за целта на неговите усилия – „необходимо ли е това", „все едно Твореца ще го направи по свой план и желание, защо изисква нещо от мен" и т.н., му се изпращат непосредствено от Твореца.

И възниква още един въпрос: А за какво?

Ако всички въпроси подкрепяха човека по неговия път към духовното, то смисълът им би бил ясен. Но в начинаещия постоянно възникват мисли за трудността, безнадеждността, неизгодността на такъв път. Няма друга сила и желание, освен Твореца, и всичко е създадено от Него, за да бъде постигната от нас целта на творението, в това число, разбира се, и тези „пречещи" въпроси и мисли, и силите, противодействащи на нашето напредване към Него.

Твореца е създал много прегради по пътя към духовното извисяване на избрания от Него човек, именно за да може той да придобие чувство на страх, че няма да постигне целта, че завинаги ще остане в своето нисше състояние, ако не придобие усещане за величието на Твореца, вследствие на което неговото сърце се предава на алтруизма.

Човек трябва да разбере, че само Твореца може да му отвори очите и сърцето, за да усети величието на духовното. За усещане на необходимостта от това, в човека възникват „пречещите" въпроси.

Един от основните въпроси, възникващи в начинаещия, се формулира така: Ако Твореца искаше, Той щеше да се открие пред мен. А ако се беше открил, то аз (моето тяло – моят сегашен диктатор) веднага, автоматично бих се съгласил да заменя своите егоистични постъпки с алтруистични, и мой диктатор би станал Твореца. Аз не искам сам свободно да избирам своите постъпки. Вярвам, че Твореца е прав, че най-доброто за мен е да не мисля за своята изгода. Само тогава ще спечеля истински и завинаги. Но не мога сам да се променя. Нека да дойде Твореца и да направи това. Той ме е създал такъв и само Той може да поправи това, което е сътворил.

Разбира се, Твореца може да даде на човека желание за духовно, което се нарича пробуждане свише *(иторерут милемала)*, но тогава човек ще работи за наслаждението без свобода на волята, под диктата на егоистичното желание за самонаслада. Такава работа се нарича „не в името на Твореца" *(ло лишма)*.

Целта на Твореца е човек сам, със своята свободна воля да избере правилния път в живота, оправдавайки с това Неговите действия в творението, което може да се осмисли само в условия та на пълно освобождение от егоизма, независимо от личните наслади.

Затова Твореца е създал като условие за духовно извисяване приемането на вярата в Него и в справедливостта на управлението *(емуна лемала ми даат)*. При това, нашата работа се свежда към следното:

1. Да вярваме, че има Управляващ света;
2. Да осъзнаем, че макар вярата да не е важна за нас, Твореца е избрал за нас именно този път;
3. Да вярваме, че трябва да вървим по пътя на „даването", а не по пътя на „получаването";
4. Работейки „за Твореца", да вярваме, че Той приема нашата работа, независимо от това как изглежда тя в нашите очи;
5. Да преминем в своето развитие двете разновидности на вярата над знанието:
– Човек върви с вяра над знанието, защото няма друг избор;
– Дори да получава знания и вече да не е длъжен да вярва, и да върви над знанието, все едно, той избира за себе си пътя на вярата над знанието.
6. Да знаем, че ако работата се извършва в рамките на егоизма, то плодовете на всички успехи, които в своето въображение ние се надяваме да постигнем, служат само за нашето благо, докато при любовта към Твореца човек отдава всички блага, всички плодове от своите усилия на другите.
7. Да благодарим на Твореца за миналото, защото от него зависи бъдещето, защото в степента, в която човек цени миналото и благодари за него, в същата степен той цени и онова, което е получил свише, и ще съумее да съхрани получената свише помощ и да не я загуби.
8. Основната работа се осъществява чрез напредване по дясната линия, т.е. с усещането за съвършенство. Да е щастлив дори от незначителната връзка с духовното, която има – щастлив от това, че е заслужил да получи от Твореца сили и желание да направи нещо в духовното.
9. Да върви и по лявата линия, като за това са достатъчни 30 мин. на ден, за да направи равносметка доколко пред-

почита любовта към Твореца пред любовта към себе си. И в степента, в която човек почувства своите недостатъци, в същата степен той трябва да изпрати молитва към Твореца да го приближи към Себе си по истинския път, а именно – съчетавайки двете линии.

В самата работа човек трябва да концентрира своите мисли и желания върху следното:

1. Да опознае пътищата на Твореца и тайните на Тора, за да му помогнат те да изпълнява желанията на Твореца. Това е най-главната от целите на човека.

2. Да се стреми напълно да поправи своята душа, за да се върне по този начин към нейния корен – Твореца.

3. Да се стреми да постигне Твореца, да се слее с него, осъзнавайки Неговото съвършенство.

За Твореца се казва, че Той се намира в състояние на абсолютен покой. Човекът също влиза в такова състояние при постигане на целта на творението. Ясно е, че състоянието на покой може да се оцени само ако преди него е имало движение, усилия, работа. А тъй като се има предвид духовен покой, е ясно, че става въпрос за духовна работа.

Духовната работа се състои в стремежа да се направи нещо приятно за Твореца. Цялата наша работа има смисъл дотогава, докато нашето тяло ѝ се съпротивлява, защото тя е неизгодна за него, тъй като то не разбира смисъла на алтруистичната работа и не чувства възнаграждението.

Човек трябва да приложи огромни усилия, за да противостои на, по принцип, справедливите жалби на тялото – ето, вече много време ти се мъчиш в опитите да постигнеш нещо духовно, а какво получаваш в замяна? Нима Твореца желае така да се мъчиш? Поучи се от своя опит – какво си постигнал? Защо издевателстваш над себе си и над своето здраве? Помисли за себе си и за семейството си, за подрастващите си деца. Ако Твореца поиска, както те е довел до кабала, така ще те води и по-нататък! Нали всичко се управлява само от Него!

Всички по-горе казани и много подобни жалби на тялото (чути понякога чрез роднини, което също се отнася към тялото), са абсолютно справедливи. И няма с какво да им се възрази. А и не трябва! Защото, ако човек желае да излезе от рамките на своето тяло, той просто не трябва да им обръща внимание и трябва да си каже – тялото е право, неговите доводи са логични, неговите жалби са истински, но аз искам да изляза от него, което значи да изляза от неговите желания, и затова действам въз основа на вярата, а не на здравия смисъл. В нашия свят моят разум се смята за логичен. Но в духовния свят, макар че не разбирам това, тъй като още нямам духовен разум и виждане, всичко действа по друг закон, който само на нас ни изглежда странен и непритежаващ реална основа, по закона на всесилието на Твореца и пълното, доброволно умствено и чувствено робство на Него, а затова и пълна вяра в Неговата помощ, въпреки възраженията на тялото.

Такава работа на човека над себе си се нарича „да дава заради отдаването", т.е. чисто алтруистично действие: отдава всичко, просто защото желае да отдаде, машпиа ал минат леашпиа, „малкото" състояние – катнут, дясната линия – кав ямин. Полученото от такава работа наслаждение, заради подобие с Твореца, тъй като само отдава като Него, се нарича светлина на вярата или милосърдието – *ор Хасадим*.

И ако човек се опитва да постъпва така, Твореца му се разкрива в усещането му за безкрайно величие и всесилие на Твореца. Вярата отстъпва място на знанието, тялото започва да чувства важността на Твореца и е готово да прави заради Него всичко, тъй като усещането за важност, съгласяването на Великия да приеме от човека нещо, се усеща като получаване на наслаждение.

Но в такъв случай човек чувства, че отново се подчинява на тялото. И не величието на Твореца, а наслаждението и собствената увереност в работата, посветена на най-Великия, определят неговото действие. Т.е. отново пада в обятията на егоизма и личната заинтересованост. И именно периодът на пълно отсъствие на усещане на Твореца му позволява да твърди, че прави всичко заради Твореца, алтруистично, духовно. Разкриването на Твореца се нарича лява линия – *кав смол*, а знанието – светлина на мъдростта – *ор Хохма*.

Затова разкриването на Твореца изисква необходимост от строго ограничаване при получаването на знания за управлението и усета за величие, за да може в такава пропорция да уравновеси вярата, знанието и отсъствието на усещания, и наслади от Твореца, за да не изпадне отново във властта на егоизма.

Прибавяйки към първоначалното състояние „катнут" още и неголямо количество егоизъм, което може да използва и да върви, като че ли нищо не е разбрал, както и в състоянието „катнут", човек с това уравновесяване на дясната и малко количество от лявата линия създава средната линия – кав емцаи. Частта от лявата линия в кав емцаи определя височината на духовното стъпало на човека. Самото състояние се нарича „голямо" – гадлут.

По-нататъшният напредък, чак до най-висшето последно стъпало, където човекът и Твореца напълно се сливат по свойства и желания, става с постепенно увеличаване и редуване на дясната, а след това на лявата линия и тяхното уравновесяване на всяко от стъпалата на духовната стълба.

В състоянието на дясната линия (*кав ямин, катнут, хафец хесед*), човек трябва да бъде щастлив без каквато и да е причина, само от единствената мисъл, че в неговия свят съществува Твореца. И не му трябват никакви други условия за щастие. Такова състояние се нарича „щастлив от това, което има". Ако нищо не може да го накара да излезе от това състояние, то се нарича съвършено.

Но ако започне да прави проверка на своето духовно състояние, той установява, че въпреки това не се приближава до Твореца. А тъй като вече е изпитал, че сам няма сили да се поправи, той моли за това Твореца. Светлината на Твореца, помагаща на човека да преодолее егоизма на тялото, се нарича душа.

Най-вярната проверка дали постъпката е егоистична или алтруистична е, ако човек чувства, че е готов да пренебрегне всеки резултат в своя полза, наслажденията, възнаграждението, въпреки че има огромно желание да се наслади на резултата от своя труд. Само в този случай той, получавайки наслада, може да твърди, че прави това в името на Твореца, а не за себе си *(мекабел ал минат леашпиа)*.

Целият път на постепенен духовен подем – това е последователен отказ от получаване на все по-големи наслаждения – отначало от насладите на нашия свят, а след това от истинските духовни наслади – усещанията за Твореца.

За да даде възможност на човека постепенно да навлезе в тази работа, Твореца се е скрил. Затова скриването на Твореца трябва да приемаме като част от нашето поправяне и да Го молим да ни се открие. Защото веднага щом успеем да Го усетим, без каквато и да е вреда за нас, Той ще ни се открие.

Ако човекът можеше да почувства наслажденията от усещането на Твореца още в началното егоистично състояние, той никога не би имал сили да се раздели с егоизма и да моли Твореца да му даде сила на волята, за да не се наслаждава. Както нощните пеперуди летят срещу огъня и загиват от него, така и човекът би изгорял в огъня на насладите, но не би могъл да се раздели с тях. Всеки поне веднъж в живота си е усетил своето безсилие пред голямата наслада, и дори срамувайки се от самия себе си, знае, че не може да се въздържи, ако тя е по-голяма от силата на волята, от осъзнатото зло.

Затова в състояние на скриване на Твореца от нас ние можем да действаме, без да се „продаваме" на наслаждението, със силата на вярата, че такава е Неговата воля в наша полза. Но ако искаме да извършим нещо, нашето тяло веднага иска предварително да си направи сметка, струва ли си това да се прави, защото без цел, която да бъде под формата на наслаждение като възнаграждение, то не е в състояние да работи, търси всевъзможни недостатъци *(авонот)* в нашите духовни стремежи и обсъжда *(мекатрег)* нашите цели.

Нашето тяло отначало пита – защо ни трябва да се занимаваме с това, и в този случай то се нарича зло желание – ецер ра. След това ни пречи да изпълним замисленото – в този случай то се нарича сатан, защото иска да ни отклони от пътя *(сатан от глагола листот)*. А след това то духовно умъртвява човека, като му отнема всички духовни усещания от занятията по кабала и му дава наслаждения именно в обектите на нашия свят – в този случай то се нарича ангел на смъртта *(малах мавет)*.

А отговорът на всички претенции на тялото може да бъде само един – аз вървя напред, напук на теб, със силата на вярата, защото това иска Твореца. И това условие на Твореца се нарича закон на *Тора* – *хукат Тора*.

Не е по силите на човека да се въздържи от наслажденията, използвайки егоизма, ако не се убеди, че това е в негова вреда, т.е. да противопостави разума срещу сърцето. Но в такъв случай това ще бъде една проста равносметка, кое ще му е по-изгодно: наслаждение сега и страдания след това, или отказ от насладата и пребиваване в това състояние, в което се намира. Но винаги при отказ от наслажденията той е длъжен да даде на своето тяло точен отчет, защо не си струва да се наслади на това, което идва в ръцете му.

Затова човек може да отговори на тялото си на езика, който то разбира – на езика на насладите: че си струва да се откажеш сега от нищожните наслаждения заради райските, или на езика на страданията – не си струва да се наслаждаваш, а след това да търпиш вечните мъки на ада. И по такъв начин човек строи своята отбрана срещу тялото. Но при това жаждата за наслада може да измами трезвата равносметка и да нарисува невероятна картина на съотношението между наслажденията и страданията.

Надеждно решение може да бъде следният отговор, който човекът ще даде на тялото – че той е решил да работи за духовното, без каквато и да е лична изгода, защото по този начин се прекъсва всякаква връзка между неговите действия и тялото, и то вече не може да се намесва в равносметката – дали е изгодно да се работи, или не. Тази работа се нарича работа в сърцето, защото сърцето търси наслаждения.

16. Вътрешни свойства и външни аспекти

Отговорът на разума трябва да бъде такъв – аз вярвам в това, че Твореца чува всички мои молби – молитвите за помощ. Ако човек е в състояние да държи на своите отговори, Твореца му се открива, и човек вижда и чува само Него.

Човекът се състои от 70 основни желания, наричани 70 народи на света, защото духовният праобраз на човека – съответстващият му духовен обект *(парцуф зеир анпин)* в света *Ацилут* се състои от 70 сфирот.

Щом човекът за чне да се стреми да се сближи с Твореца, да получи светлината на Тора, той веднага започва да чувства в себе си желания, за които дори не е подозирал.

Всички 70 желания имат два корена, защото човек върви напред чрез съчетаване на двете линии – дясната и лявата. Против действията на човека, в дясната линия, се намира неговата нечиста (егоистична) сила (черупка – клипа) срещу работата в сърцето, наречена Ишмаел. Против действията на човека в лявата линия се намира неговата нечиста сила срещу работата на разума, наречена клипа Ейсав. Но когато човек върви по-нататък в своята работа, той вижда, че за да влезе в духовния свят, трябва да се освободи от тези две *клипот*, тъй като те не желаят да получат Тора. Както се казва в

Тора, Твореца, преди да даде *Тора* на Исраел, я е предлагал на Ейсав и Ишмаел, но те са отказали.

Само след като човек се убеди, че няма да получи *Тора* – светлината на Твореца от нито една от тези сили, той започва да се придържа само към средната линия – Исраел, според закона – „ще действаме, а после ще чуем" *(наасе ве нишма)*, което значи получаване заради Твореца.

Тъй като човек напълно, с всички свои мисли, намерения и желания, е потънал в своя егоизъм, той не е в състояние независимо, обективно, неегоистично да мисли, и затова не е в състояние да се контролира.

По принцип не е необходимо да контролира себе си, знаейки предварително, че всичко, което мисли и прави, се основава на егоистични желания. Но при работата над себе си, полагайки усилия да развие духовни стремежи, човек се нуждае от проверка на своето състояние, проверка за себе си, а не за Твореца, който и така прекрасно знае нашето състояние.

Най-верният метод за проверка на истинското духовно състояние на човека се състои в изпитанието дали той се радва от работата за Твореца. Под изпитание се подразбират не тежки физически, а нравствени усилия, както в състоянието, когато не получава, както му се струва най-необходимото, така и в състоянието, когато получава от Твореца.

Кабала говори за човека като за цял един свят. Т.е. вътре в човека се намира всичко, което се намира около нас: вселената, народите-желания, гоите, праведниците на народите на света, Исраел, храмът и дори самият Творец – духовната точка в сърцето.

Тора преди всичко говори за тези наши вътрешни свойства, а след това, като тяхно следствие, за външните обекти, обозначени с тези имена. При това, от духовното състояние на тези вътрешни свойства непосредствено зависи духовното състояние на външните обекти и тяхното влияние върху нас.

Началното духовно състояние на човека се нарича „гой". Ако той започне да се стреми към сближаване с Твореца, се нарича праведник на народите на света. Как може да провери човек дали вече се намира на това стъпало?

Тъй като в „гоя" има само егоистични желания, то всичко, което не му достига за насищане на егоизма, той усеща като нещо отнето от него, сякаш е имал това, което е искал, но се е лишил от него.

Това чувство произлиза от нашето духовно „минало". На висшето духовно ниво нашата душа има всичко, а при духовното падение в нашия свят тя губи всичко. Така че, веднага щом човек усети желание за нещо, то е равносилно на това, че в този момент той е изпълнен с претенции към Твореца за това, което Той му е отнел, или за това, че не му дава онова, което желае.

Затова, ако човек е в състояние да заяви в своето сърце, че всичко, което прави Твореца, е за неговото благо, и при това да изпитва радост и любов към Създателя, като че ли е получил от Него всичко, което е пожелал, оправдавайки във всичко Неговото управление, то с това той успешно преминава изпитанието за неговото намерение – кавана, и се нарича „праведник на народите на света".

Ако човек по-нататък работи над поправянето на егоизма с помощта на Твореца, изпитва вече не неговата мисъл, а неговите действия: Твореца му дава всичко, което иска, а той трябва да бъде готов да върне всичко това, но да получи част – онази част, която е готов да получи заради Твореца. При което често изпитанията се усещат като избор между две възможности: човек усеща, че половината от неговите желания го тегли на една страна, а останалата половината – на друга.

(Обикновено човек изобщо не усеща в себе си никаква борба между противоположните сили на доброто и злото, защото в него властват само силите на зло. Той трябва да реши от коя от тях да се възползва, за да получи по-голяма печалба за себе си). В случай на равновесие на силите, човекът няма никаква възможност да избира, да предпочете едното пред другото. Той се чувства намиращ се между две действащи върху него сили, и единственото решение е да се обърне към Твореца, Той да го издърпа към добрата страна. Затова към всичко, което се случва с човек в живота, той трябва да се отнася като към изпитание свише – тогава стремително ще се издигне към целта на Творението.

Да се разбере творението изобщо и това, което става с него в частност, може само ако бъде разбрана неговата крайна цел. Тогава ние ще разберем действията на Твореца, защото всички те се определят от крайната цел. Както и в нашия свят, ако ние не знаем крайния резултат, не ни е възможно да разберем действията на човека; както се казва, на глупака незавършеното не му показват.

Твореца представлява цялото творение, светлината. И неговата цел е да даде наслаждение на човека с тази светлина. Затова единственото, което трябва да създаде Твореца, е желанието за получаване на наслаждение. Тъй като всичко съществуващо представлява светлина и желание за наслада. Всичко, което е създадено, освен човека, е създадено да му помогне в постигането на целта на творението.

Ние се намираме в самия Творец, в океан от светлина, която запълва със себе си всичко, но можем да Го усетим само в степента, в която сме подобни на Него по свойства, само в онези наши желания, които приличат на желанията на Твореца, може да влезе светлина.

В степента, в която сме различни по свойства и желания от Твореца, ние не Го усещаме, защото в нас не влиза Неговата светлина. Ако всички наши свойства са противоположни на Неговите, то ние изобщо не го усещаме и си представяме, че сме единствени в този свят.

Твореца желае да ни даде наслаждение, Неговото свойство е „желанието да отдаде". Затова е сътворил всички светове и ги е населил с творения, които имат противоположното свойство, „желание да получават".

Всички наши егоистични свойства са създадени от Твореца и ние нямаме вина за низостта на нашата природа, но

Твореца желае ние сами да се поправим и с това заслужено да се изпълним с Него, да станем като Него.

Светлината оживява цялото творение в неживата, растителната, животинската и човешката материи. В нашия свят – това е непроявена, неосезаема за нас светлина. Ние плуваме в океан от светлината на Твореца. Ако у нас влиза някаква част от нея, тя се нарича душа.

Тъй като светлината на Твореца дава живот, живителна сила и наслаждение, този, който не получава светлина, а само незначително осветяване за поддържане на физическото си съществуване, се нарича духовно мъртъв, нямащ душа.

Само единици в нашия свят, наречени кабалисти *(кабала, от глагола лекабел – да получа, учение за това как да получиш светлина)*, овладяват начините за получаване на светлина.

Всеки човек от своето първоначално състояние – от абсолютната липса на усещане за океана от светлина, в който „плува", трябва да постигне максималното напълване със светлина. Това състояние се нарича цел на творението или край на поправянето *(Гмар Тикун)*. При това, такова състояние човек трябва да постигне в живота си в този свят, в едно от своите прераждания.

Духовни степени

Стадиите на постепенно изпълване на човека със светлина от Твореца се наричат духовни стъпала или духовни светове.

Страданията го принуждават да напредва към целта на творението – ако егоизмът вместо наслаждение изпитва големи страдания, той е готов, за да ги прекрати, сам да се откаже от желанието „да получава", защото е по-добре нищо да не получава, отколкото да получава страдания. Всевъзможни страдания ни преследват дотогава, докато напълно не се откажем от „получаването" и не поискаме само да „отдаваме".

Разликата между хората е в това – какъв вид наслаждение желае да получи всеки: животински (телесни, характерни за животните), човешки (известност, почести, власт), познавателни (открития и постижения). У всеки човек стремежите към тези видове наслаждения се съединяват в особена, свойствена само за него пропорция.

Разумът на човека е само спомагателен инструмент за постигане на желаното. Желанията на човека се променят, но разумът му помага да намери пътищата за постигане на желаното.

Под въздействие на страданията, егоизмът се отказва от желанието да получава наслаждения и придобива желанието „да отдава". Периодът, необходим за пълното анулиране на егоизма, се нарича „6000 години", но няма никакво отношение към времето.

Егоизмът се нарича „тяло" и състоянието, когато човек не го използва, се нарича „смърт на тялото". Това състояние се постига на 5 етапа при постепенно отказване от егоизма: от най-леката му част до най-егоистичната.

В отричащите егоизма желания човек получава светлината на Твореца. По такъв начин, той последователно получава пет вида светлини, наречени *Нефеш, Руах, Нешама, Хая, Йехида*.

Етапи на духовно извисяване на човека:

1. Преследване на егоистичните наслаждения в този свят. Така човек може да завърши живота си до следващото прераждане в този свят, ако не започне да се занимава с кабала – тогава преминава в стадий 2.

2. Осъзнаване на егоизма като зло в себе си и отказ от използването му. В центъра на егоистичните желания на човека се намира зародишът на духовното желание. В определен момент от живота, човек започва да го усеща като стремеж към познанието, усвояването, изучаването на духовното. Ако той действа в съответствие с това желание, развива го, а не го потиска, то ще започне да расте, и при

правилно намерение, под ръководството на учител, неосезаемата преди духовна светлина ще започне да се усеща от човека в неговите появили се духовни желания, и със своето присъствие ще му помогне да усети увереност и сили за по-нататъшно поправяне на егоизма.

3. Постигане на състояние на абсолютно безкористно желание да радва Твореца със своите постъпки.

4. Поправяне на придобитото желание „да дава" в желание „да получава заради Твореца. За тази цел, човекът привлича към работа своите желания да се наслаждава, но с друго намерение – „заради Твореца". Началото на тази работа се нарича „съживяване на мъртвите", вече изтръгнати егоистични желания. Постепенно, поправяйки своите егоистични желания на противоположни, човек печели двойно: наслаждава се на Твореца и на своето подобие на Него. Завършването на поправянето на егоизма в алтруизъм се нарича „край на поправянето" – Гмар Тикун.

Всеки път, поправяйки определена част от своите желания, човек получава в тях част от своята душа и тази светлина му помага да продължи и по-нататък да поправя своите желания, докато не се поправи цялостно и напълно не получи своята душа – тази светлина, тази част от Твореца, която съответства на първородния му егоизъм, с който го е създал Твореца.

Преправяйки целия свой егоизъм на алтруизъм, човек напълно унищожава препятствието за получаване на светлината на Твореца, изпълва се с Него и по такъв начин напълно се слива със Създателя, усещайки целия океан от светлина наоколо и наслаждавайки ѝ се.

Неведнъж се каза за ограничеността на нашите възможности в опознаването на света, че в степента, в която ние не можем сами да се опознаем, точно в същата степен не можем да опознаем Твореца, че всички наши познания са следствия на субективни усещания, по-точно – на реакциите на нашето тяло на онези външни въздействия, които то е в състояние да усети. С други думи, ние получаваме и възприемаме само онази информация, която избирателно ни се изпраща с оглед на качеството (на свойството и количеството) и степента на възможностите на нашето възприемане.

Четири основни възгледа

Нямайки достоверна информация за строежа и функционирането на неосезаемите от нас по-висши неуловими субстанции, ние си позволяваме да философстваме и спорим за възможния техен строеж и действие, което, общо взето, прилича на детските спорове кой е прав за нещо, което никой не знае.

Опитите на всички религиозни, светски, научни и псевдонаучни философии да обяснят що е то душа и тяло, се свеждат до четири основни възгледа:

1. На вярващия – всичко, което присъства, в който и да е обект, е неговата душа. Душите се различават по своите качества, наричани духовни качества на човека. Душите съществуват независимо от съществуването на нашето тяло: до раждането, до обличането в него и след неговата смърт – чисто биологически процес на разлагане на белтъчната материя на нейните съставни части. (Понятието вярващ не съвпада с понятието религиозен).

Затова смъртта на физическото тяло не влияе на самата душа, а е само причина да се отдели душата от тялото. Душата е нещо вечно, тъй като не се състои от материята, присъща на нашия свят. По своята природа душата е единна и неделима, не се състои от много съставни и затова не може нито да се дели, нито да се разлага, а следователно – не може да умре.

Тялото е външната обвивка на душата, нейната дреха, в която душата се облича и, действайки чрез тялото, проявява своите свойства – умствени, духовни, своя характер, както човекът, карайки кола, проявява във всички действия на колата своите желания, характера и интелекта си.

Освен това, душата дава на тялото живот и движение и се грижи за съхранението на тялото дотолкова, че без душа то е лишено от живот и движение. Самото тяло е мъртъв материал, което наблюдаваме, след като душата напусне тялото, в момента на смъртта. Момент на смъртта наричаме момента, в който душата напусне тялото, и затова всички признаци на живот в тялото се определят от душата.

2. Дуалистичен – вследствие развитието на науката се появи нов възглед относно тялото на човека: нашето тяло може да съществува без каквато и да е духовна субстанция, поместена в него и оживяваща го, може да съществува абсолютно самостоятелно, независимо от душата, което можем да докажем с помощта на биологични и медицински опити, съживявайки тялото или неговите части.

Но в този си вид, тялото е само съществуващ самостоятелно биологичен обект, форма на съществуване на белтъчната материя, а това, което му придава различни лични свойства, е душата, която му е дадена свише, както е в първия възглед.

Разликата между този възглед и предишния се състои в това, че ако в съответствие с първия се смята, че душата дава на тялото както живот, така и разум и духовни свойства, то в съответствие с втория душата дава на тялото само духовни свойства, тъй като от опитите се вижда, че тялото може да съществува само, без помощта на каквито и да било висши сили. И затова за душата остава да бъде само източник на разум и добри качества, свойствени на духовното, но не и на материалното.

Освен това, този подход утвърждава, че макар тялото да може да съществува самостоятелно, то се явява породено от душата. Душата е първична, тъй като се явява причина за появяването, за раждането на тялото.

3. На невярващия – отрича съществуването на духовни структури и присъствието на душата в тялото, признава само материята и нейните свойства. А тъй като няма душа, то разумът и всички свойства на човека също се явяват породени от неговото тяло, представляващо механизъм, управляван от предаването на електрически сигнали по нервите-проводници. (Невярващ не е адекватно на понятието нерелигиозен).

А всички усещания на тялото се дължат на взаимодействието на нервните окончания с външните дразнители и се предават по нервите-проводници в мозъка, където се анализират и осъзнават като болка или удоволствие, и в съответствие с това диктуват на изпълнителния орган определен вид реакция.

По този начин всичко е построено като механизъм с датчици, предаване на сигналите, и чрез мозъчна обработка се дават сигнали на изпълняващото устройство и се осъществява контрол върху изпълнението с помощта на обратна връзка. А мозъчното устройство действа на принципа на отдалечаване от болката и приближаване към наслаждението – въз основа на тези симптоми в човека се създава отношението му към живота и се определят неговите постъпки.

А усещаният от нас разум не е нищо друго освен картина на случващите се в нашето тяло процеси, като тяхна снимка. И цялата разлика между човека и животното се състои в това, че мозъкът на човека е развит толкова, че всички процеси, ставащи в организма, се събират в такава пълна картина, че се усещат от нас като разум и логика. Но целият ни разум е само следствие от нашето телесно усещане и осъзнаване.

Несъмнено, от всички подходи към проблема този е най-трезв, научен и понятен, тъй като се опира само на опит и затова се занимава само с тялото на човека, а не с нещо неуловимо, наричано душа, и е абсолютно достоверен, що се касае до тялото на човека.

Проблемът на този възглед е в това, че той не удовлетворява дори невярващите и ги отблъсква с това, че представя човека като робот в ръцете на сляпата природа (зададените предварително свойства на характера, законите за развитие на обществото, изискванията на нашето тяло за поддържане на живота и търсене на наслаждения, и т.н.), лишавайки ни напълно от титлата „разумни същества".

Та, ако човек е само един механизъм, действащ принудително, съгласно заложените в него природни данни и диктуваните му от обществото правила, то с това се отрича изцяло свободата на волята и изборът на постъпките, а значи и обективното мислене.

Макар че човек е сътворен от природата, той се смята за по-мъдър от нея. И затова този възглед не могат да приемат дори невярващите във Висшия Разум. В този случай те представят себе си като изцяло отдадени във властта на сляпата природа, нямаща никаква мисъл и цел и играеща си с тях, разумните същества, неизвестно как и за какво, и няма разумна причина нито за техния живот, нито за смъртта им.

За да може по някакъв начин да поправи толкова научно достоверния, но душевно неприемлив подход към своето съществуване, постепенно в наше време човечеството приема „съвременен" възглед относно себе си:

4. Съвременен – особено в последно време стана модерно (макар че човек напълно приема предишния, чисто материалистичен подход към мирозданието като научно достоверен и понятен за него) да се съгласяваме с това, че съществува нещо вечно, неумиращо, духовно в човека, обличащо се в материална телесна обвивка, и че именно това духовно, наричано душа, е същността на човека, а нашето тяло е само негова дреха.

Но, все едно, привържениците на този възглед не могат да обяснят по какъв начин се облича душата в тялото, каква е връзката между тях, кое се явява източник на душата и какво представлява самата тя. И затова, затваряйки очи пред всички тези проблеми, човечеството използва стария, изпитан начин за самоуспокоение – забравя се във водовъртежа на дребните грижи и радости, днес, както и вчера...

Кой може да разбере що е това тяло и що е това душа, каква е връзката между тях, защо ние се възприемаме като състоящи се от две части – материална и духовна, в коя от тези две наши съставящи ни сме ние самите, нашият вечен „аз", какво става с нашия „аз" преди раждането и след смъртта, този „аз", който чувстваме сега, намирайки се в тялото, същият ли е и извън него, до раждането и след смъртта?

И главното – всички тези въпроси и картини с различни варианти на преобразявания и прераждания на душите и телата възникват и се раждат в нашето материално съзнание, изследват се от нашия телесен разум – истински ли са те, или са само плод на фантазии, които ни предлага нашият материален мозък. Въображаеми картини на духовния свят, които идват от него в нашия свят и си отиват от нашия в духовния, съставени от мозъка по аналогия с неговите земни представи, защото той няма друга информация, и затова те са само въз основа на картините от нашия свят, отпечатани в него.

Нашият мозък е в състояние да работи и да ни предлага въображения, фантазии и предположения, както например ние не можем да изобразим извънземно същество, което изобщо не прилича на нас, няма елементи от нашето тяло.

Но ако всичко, което ние сме способни да си представим и въз основа на което градим своите теории, е някаква игра на „представи си това, не знам какво, което не мога да си представя", и затова приемаме онова, което ни представя нашият мозък, по аналогия с нашия свят, за истина, поради липса на друг отговор, то има ли въобще за нас, намиращите се в рамките на нашия свят и възприемащи само него, отговор на въпроса „що е душа и тяло"?

Аз вече писах в предишните части на тази книга за ограничеността на нашето познание, че в степента, в която ние не можем истински да видим, да усетим и да изследваме нито един предмет в нашия свят, в същата степен не можем истински да съдим не само за своята душа, но и за своето тяло. От четирите категории за познание на обекта – материал на обекта, външна форма на обекта, отвлечена форма на обекта, същност на обекта – ние възприемаме само неговата външна форма, каквато я виждаме, и материала, от който е направен обектът, какъвто си го представяме, според резултатите от нашите изследвания, но отвлечената форма на обекта, т.е. неговите свойства извън материала, от който е направен, и неговата същност са абсолютно непостижими за нас.

17. Сливане с Твореца

Кабала се нарича тайно учение, тъй като разкрива пред постигащия онова, което е било тайно и скрито за него преди. И само постигащият вижда откриващата се пред него истинска картина на мирозданието, както пише в стиха си нашият Баал Сулам:

> *Ще възсияе за вас по чудо истината –*
> *И устата ви само ще я изрекат,*
> *А всичко, което ще се разкрие в откровението –*
> *Ще видите вие – и никой друг!*

Кабала е тайно учение, защото е скрито от обикновения читател и се разкрива само при определени условия, които постепенно се прясняват за изучаващия от самото учение, под особеното ръководство на наставник, изразяващо се в „насочване на мисълта". И само този, за когото кабала от тайно учение става явно, вижда и разбира как е устроен „светът" и така наречените „душа" и „тяло" и не е в състояние да предаде на другите възприеманата от него картина на творението, не е в състояние и няма право да предава, освен една-единствена истина – според степента на духовно извисяване се постига единствената истина в творението: няма никого, освен Твореца!

Ние сме създадени с такива органи на чувствата, че от цялото мироздание усещаме една негова малка част, наречена „нашият свят". Всички изобретени от нас прибори само разширяват диапазона на нашите органи на чувствата; при това, ние не можем да си представим от какви органи на чувствата сме лишени, защото не чувстваме тяхната липса, както човек не чувства необходимост от шести пръст на ръката.

Не притежавайки органи за усещане на други светове, ние не можем и да ги усетим. По този начин, въпреки че ни обкръжава поразително богата картина, ние виждаме само нищожен фрагмент от нея, при което и този усещан от нас фрагмент е ужасно изкривен, защото ние, улавяйки една малка негова част, въз основа на нея строим своите представи за устройството на цялото мироздание.

Както онзи, който вижда на рентгеновата снимка само скелетната картина на задържаните от рентгеновите лъчи предмети, така и ние виждаме изкривената картина на вселената.

И както по рентгеновия поглед не бива да се съди за истинската картина на вселената, така и ние не можем, по резултатите от усещанията на нашите органи на чувствата, да си представим истинската картина на мирозданието. И с никакво въображение не можем да си представим това, което не сме в състояние да усетим, защото всичките ни фантазии също се формират върху нашите предишни усещания.

Въпреки това ще се опитаме да си представим умозрително, в нашето въображение, в понятен за нас вид, онзи отвъден, намиращ се от другата страна на нашите представи, непостижим за нашите органи на чувствата, така наречен духовен свят.

Като начало си представете: вие стоите в пустота. От вас, от това място, където се намирате вие, напред, в далечината на тази пустота минава път. Покрай пътя, през определени разстояния има знаци – от нулев, където сте вие и до края. Чрез тези знаци пътят е разделен на четири части.

Преместването напред по пътя става не с редуващо се движение на двата крака, както става в нашия свят, а с редуване на промяната на желанията. В духовния свят няма място, пространство и движение, както е в нашите обичайни представи. Духовният свят – това е свят на чувствата извън физическите тела. Обектите са чувства. Движението е промяна на чувствата. Мястото е определено качество.

Мястото в духовния свят се определя от неговото свойство. Затова там говорим за движение, когато обектът променя своите свойства, подобно на това, както в нашия свят говорим за душевно движение като за движение на чувствата, а не за физическо преместване. Затова пътят, който ние се опитваме да си представим, е постепенното изменение на нашите вътрешни свойства – желания.

Разстоянието между духовните обекти се определя и измерва с разликата между техните свойства. Колкото по-близки са свойствата, толкова по-близки са обектите. Приближаването или отдалечаването на обектите се определя от относителното изменение на техните свойства. А ако свойствата са абсолютно приличащи си, то двата духовни обекта се сливат в един, но ако в единия духовен обект изведнъж се прояви нещо ново, то това свойство се отделя от първото, и по този начин се ражда нов духовен обект.

На противоположния от нас край на пътя се намира самият Творец. Неговото местонахождение се определя от неговите свойства – абсолютно алтруистични.

Раждайки се в нашия свят с абсолютно егоистични свойства, ние полярно сме отдалечени от Твореца, и целта, която Той поставя пред нас, се състои в това – ние, живеейки в този свят, да постигнем Неговите свойства, т.е. духовно да се слеем с Него.

Нашият път не е нищо друго, освен постепенно изменение на нашите свойства до пълно подобие на свойствата на Твореца.

Единственото свойство на Твореца – това е отсъствието на каквато и да е егоизъм, от което следва отсъствие на каквато и да е мисъл за себе си, за своето състояние, за своето влияние и власт, за всичко, което съставя същността на нашите мисли и стремежи.

(Но доколкото ние се намираме в този свят в определена материална обвивка, то грижата за минимума, нужен за поддържане на нашето съществуване, се явява необходимост и не се смята за проява на егоизъм. И въобще, с проста проверка може да се определи егоистична ли е която и да е мисъл и желание на тялото – ако човек иска да се освободи от тази мисъл, но не може, по силата на обективна необходимост да поддържа своето съществуване, подобна мисъл или действие се смятат за принудителни, а не егоистични, и не отделят човека от Твореца).

Твореца придвижва човека по посока на целта по следния начин: Той дава на човека лошо желание или страдание, което е подобно на движението напред с левия крак, и ако човек намери в себе си сили да помоли Твореца за помощ, то Твореца му помага с това, че му дава добро желание или наслаждение, което е подобно на движението напред с десния крак... и отново човек получава свише още по-силно лошо желание или съмнение в Твореца, и отново, с още по-голямо усилие, той моли Твореца да му помогне, и отново Твореца му помага с това, че му дава още по-силно добро желание, и т.н.

По този начин човек се движи напред. Движение назад няма, и колкото по-чисти са желанията, толкова по-далече от изходната точка, от абсолютния егоизъм, се намира човекът.

Напредването може да се опише в много вариации, но винаги е редуващо се преминаване през чувствата, редуване на самите чувства: имало е чувство за нещо духовно, т.е. подсъзнателно усещане на Твореца, и затова увереност и радост. След което това чувство започва да изчезва, да се стопява. Това означава, че човекът се е издигнал на по-високо стъпало в своя духовен възход, което още не може да усети, поради отсъствие на органи на чувствата, необходими за усещане на качествата на това стъпало. Усещанията за това следващо стъпало още не са се родили, тъй като човекът още не ги е изстрадал, не ги е заработил, не е създал за тях съответстващ орган за възприемане.

Новите органи на чувствата за следващото стъпало (т.е. желанието за наслаждение, действащо на това стъпало, и съответно, чувството на страдание поради неговата липса) можем да развием в себе си по два начина:

а) По пътя на Тора: човек получава усещане за Твореца, след това то изчезва. Появява се страдание поради липсата на наслаждение. По този начин, на всяко стъпало се раждат нови органи за усещане на Твореца. Както е в нашия свят, когато без желание човек не е в състояние да намери наслаждение в обекта. Цялата разлика между хората, между хората и животните е в това, от какво всеки от нас иска да изпита удоволствие. Затова е невъзможен духовен напредък без предварително желание, т.е. без страдание поради отсъствието на това, което желаем.

б) По пътя на страданията: ако човек не е могъл с усилия, с учене, с молби към Твореца, с възприетото от другарите си, да се извиси до нови желания за любов към Твореца и за страх пред Твореца, се появява лекота на мислите, пренебрежение към духовното, влечение към ниски удоволствия и човек пада на нивото на нечистите сили, съответстващи на това ново стъпало, на лявата линия, съответстваща на стъпало в нечистите (егоистични) светове АБЕ"А. Страданията раждат в човека стремеж да се избави от тях в такава степен, че това усещане на страданието ще бъде *съсъдът*, в който той ще може да получи новото усещане за Твореца, както е при постигането на същото чувство по пътя на Тора.

По този начин, разликата между напредването по пътя на *Тора* и по пътя на страданията се състои в това, че при напредването по пътя на *Тора* на човек му дават светлината на Тора, т.е. усещането за присъствието на Твореца, а след това го отнемат. И от отсъствието на наслаждение се появява чувството за недостиг на светлина и привличане към светлината, която се явява *съсъд*, нови органи на чувствата, и човек се стреми да получи в тях усещане за Твореца – и го получава, т.е. стремежите го теглят напред.

При движението напред по пътя на страданията, човекът е подтикван отзад от страданията, а не както в първия случай, когато е привлечен от наслажденията. Твореца ни управлява в съответствие със своя план – да доведе, да премести всеки от нас и човечеството като цяло, в това или в следващите наши прераждания, до последната точка на този път, където се намира Той, а целият наш път – това са етапите на нашето сближаване по свойства с Твореца.

Само сливайки се по свойства с Твореца, ние напълно ще постигнем цялата истинска картина на мирозданието, ще видим, че няма нищо в света, освен Твореца, а всички светове, и тези, които ги населяват, всичко, което сме чувствали около себе си, а и ние самите, сме само Негова част, по-точно самия него...

Всички мисли и действия на човека се определят от неговите желания. Мозъкът само помага на човек да постигне онова, което желае. Желанията си той получава свише, от Твореца, и да ги промени може само Твореца.

Това е направено от Твореца специално – за да разберем, че във всичко, което е станало с нас в миналото, става в настоящето и ще стане в бъдеще, в материалното (семейно, обществено) и духовно наше състояние, ние сме абсолютно зависими само от Него, и само от Него зависи подобряването на нашето състояние, че само Той е причина за всичко, което е ставало, става и ще стане с нас. За да осъзнаем всичко това, ни е необходима връзка с него, от абсолютното неприемане на Твореца в началото на нашия път до пълното сливане с Него в края на пътя.

Може да се каже, че знаците по нашия път сочат степента на нашата връзка, на близостта с Твореца, и целият наш път преминава от точката на пълен разрив до точката на пълно сливане с Него.

Ако човек изведнъж изпита желание да се приближи към Твореца, желание и влечение към духовното, духовно удовлетворение, това е следствие от желанието на Твореца да привлече човека към себе си, давайки му такива чувства. И обратното, „падайки" в своите стремежи, или дори в своето материално, обществено и други положения, чрез неуспехи и лишения, човек започва постепенно да разбира, че това специално се прави от Твореца, за да може да усети зависимостта от Източника на всичко, което се случва с него, и че „само Твореца може да му помогне, иначе е загубен".

И това се прави специално от Твореца, за да възникне у човека твърдо искане към неговия Създател да промени Той неговото състояние, за да почувства човекът необходимостта от връзка с Него, и тогава Твореца, вече в съответствие с желанието на човека, може да го приближи към Себе си.

По такъв начин помощта на Твореца в освобождаването на човека от неговото сънливо и удовлетворено състояние, за да го придвижи напред към набелязаната от Твореца цел, се състои, като правило, в това, че на човека му се изпращат неуспехи и лишения, както духовни, така и материални, чрез обкръжаващите го семейство, приятели, колеги, общество.

И затова сме създадени от Твореца така, че всичко, усещано от нас като приятно, е от приближаването към Него, и обратното, всички неприятни усещания са резултат от отдалечаването от Него.

По тази причина и нашият свят е създаден такъв, че човекът в него е зависим от здравето, от семейството, околните, от тяхната любов и уважение, за да може Твореца чрез цялото обкръжение, като чрез куриери, да изпраща на човека отрицателни въздействия, принуждавайки го да търси пътища за изход от потискащите го състояния, докато не установи и осъзнае, че всичко зависи само от Твореца.

И тогава, ако намери в себе си сили и търпение, човекът ще бъде удостоен да свързва всичко, което се случва с него, с желанието на Твореца, а не с някакви други причини или дори със своите постъпки и мисли в миналото. Т.е. ще осъзнае, че само Твореца, а не някой друг, дори не той самият, е причина за всичко случващо се.

Пътят, който ние представихме, е път както на всеки отделен човек, така и на човечеството като цяло. Започвайки от началната точка, където стоим ние в съответствие с нашите днешни желания, наричана „наш свят", и до която всички по неволя трябва да стигнем, наричана „бъдещ свят", нашият път се дели на 4 състояния или етапа:

Абсолютно неусещане (скриване) на Твореца. Следствието от това е липса на вяра в Твореца и на управлението свише, вяра в своите сили, в силите на природата, обстоятелствата и случая. На този етап (духовно ниво) се намира цялото човечество. Земният живот на този етап представлява процес на натрупване на опит в нашата душа чрез изпращаните на човека различни видове страдание. Процесът на натрупване на опита на душата става по пътя на повтарящи се връщания на една и съща душа в този свят в различни тела. Когато душата постигне определен опит, човек получава усещане за следващото духовно стъпало.

Неявно усещане на Твореца. Следствието от това е вяра в наградата и наказанието, вяра в това, че страданията са следствие от отдалечаването на Твореца, а наслажденията – следствие от приближаване към Твореца. И макар че под влияние на големите страдания човек може за известно време отново да се върне към първото състояние, към неосъзнатия процес на натрупване на опит, но така или иначе, този процес продължава дотогава, докато човек не осъзнае, че само пълното усещане за управлението на Твореца ще му даде сили да върви напред.

В първите две състояния човек има свобода на вярата в управлението свише. И ако той се опитва, въпреки всички възникващи пречки, изпращани отгоре, да укрепи в себе си вярата и усещането в управлението на Твореца, то след определено количество усилия Твореца му помага, като открива себе си и картината на мирозданието.

Частично разкриване на управлението на света. Като следствие от това: човек вижда наградата за добрите постъпки и наказанието за лошите и затова не е в състояние да се въздържи от извършването на добро и отричане на лошото, както никой от нас не е в състояние да отклони приятното или явно да си навреди.

Но този етап на духовно развитие още не е окончателен, тъй като всички постъпки на човека са принудителни, имайки предвид явните награди и наказания.

Затова има още един етап на духовно развитие – постигането на това, че всичко, което прави Твореца, е продиктувано от абсолютната любов към нас.

Разкриване на пълната картина на управлението на света. Следствие от това е ясното осъзнаване на факта, че управлението на света от Твореца не е основано на награда и наказание за съответните постъпки, а на абсолютна безгранична любов към Неговите създания.

Това духовно стъпало се постига, когато човек вижда, че при каквито и да е обстоятелства, с всички създания като цяло и с всяко поотделно, с добрите и с лошите, независимо от техните лоши постъпки, Твореца винаги постъпва само с чувство на безгранична любов.

Изпитвайки върху себе си постигането на висшето стъпало на наслаждение, човекът предчувства бъдещото състояние на всички, които още не са го постигнали, и това как и те – всеки поотделно и всички заедно, ще го постигнат.

Това състояние се постига от човека вследствие разкриването от Твореца на цялата картина на творението и на Своето отношение към всяка душа във всяко поколение, откак съществуват всички светове, създадени с една-единствена цел – да създаде наслаждение за създанията, което е и единствената причина, определяща всички действия на Твореца спрямо нас, от началото и до края на творението, когато всички заедно и всеки поотделно постигат безграничната наслада от сливането със своя Източник.

Вследствие на това, че човекът явно вижда какви са всички замисли и действия на Създателя към Неговите творения, той се изпълва с чувство на безгранична любов към Твореца, а вследствие на еднаквите чувства Твореца и човекът се сливат в едно цяло. А тъй като това състояние е цел на творението, то трите първи степени на постигане на управлението са само предварителни, преди постигането на 4-та степен.

Всички желания на човека се намират в неговото сърце, защото физиологически се усещат в него. Затова приемаме сърцето като представител на желанията на цялото тяло, на цялата същност на човека. Промяната на желанията на сърцето говорят за промяна в личността.

От раждането, т.е. от появяването на този свят, сърцето на човека е заето само с грижи за тялото, само с неговите желания то е пълно и живее. Но дълбоко в сърцето, в дълбините на желанията, съществува така наречената вътрешна точка *(некуда ше балев)*, скрита зад всички дребни желания, неосезаема за нас потребност от духовни усещания. Тази точка е част от самия Творец.

Ако човек съзнателно, с усилия на волята, преодолявайки пасивността на тялото, търси в *Тора* пътища за сближаване с Твореца, то тази точка постепенно се изпълва с добри и чисти желания и човек постига Твореца на първото духовно ниво, нивото на света *Асия*.

След това, преминавайки в своите усещания всички стъпала на света *Асия*, той започва да усеща Твореца на нивото на света Йецира и т.н., докато не достигне висшето стъпало – постигането на Твореца на нивото на света *Ацилут*. И всеки път тези усещания той изпитва в същата тази точка на своето сърце.

В миналото, когато сърцето му все още е било под властта на тялото, т.е. точката в сърцето не е усещала ни най-малко Твореца, той е мислил само за желанията, за които тялото го е принуждавало да мисли, и съответно е желаел само онова, което е желаело тялото. Сега, когато с молби и искания към Твореца за своето духовно спасение той запълва сърцето си с чисти, свободни от егоизма желания и започва да усеща Твореца, той е в състояние да мисли само за Твореца, тъй като в него се раждат мисли и желания, свойствени на това духовно стъпало.

По този начин, човек винаги желае това, което го заставя да желае онова духовно влияние, получавано от стъпалото, на което се намира.

От всичко дотук става ясно, че човек не трябва да се стреми сам да промени своите мисли, а трябва да моли Твореца да ги промени, тъй като всички наши желания и мисли са следствие на това, което получаваме, по-точно в каква степен ние усещаме Твореца.

Що се касае до цялото творение, е ясно, че всичко произлиза от Твореца, но самият Творец ни е създал с определена свобода на волята и тази възможност да се разпореждаме със своите желания се появява само при постигналите стъпалата АБЕ"А – колкото по-високо се издига духовно човек, толкова по-висока е степента му на свобода.

Процесът на развитие на духовната личност, за по-голяма нагледност, може да се съпостави с развитието на материалната природа на нашия свят.

Цялата природа и цялото мироздание представляват едно, индивидуалността зависи от големината на желанието за самонаслаждение на всяко създание; така, според степента на нарастване на това желание в нашия свят, се появяват все по-развити същества, тъй като желанието заставя мозъка да работи и развива интелекта, за да удовлетворява своите потребности.

Мислите на човека са винаги следствие на неговите желания, следват неговите желания, насочени са само към постигане на желаното, и на нищо повече.

Но, заедно с това, мисълта има особена роля – с нейна помощ човек може да увеличи своето желание: ако постоянно задълбочава и разширява мисълта си за определено нещо и постоянно се връща към нея, то това желание постепенно ще започне да расте в сравнение с другите желания. По такъв начин човек може да промени съотношението на своите желания: с постоянни мисли за малкото желание той е в състояние да го превърне в голямо, дотолкова, че то да преобладава над всички останали желания и да определи самата същност на човека.

Етапи на разкриване

Най-ниското ниво на духовно развитие е неживото, подобно на неживата част на природата: космическите тела, в това число и нашата планета, минералите и др. Неживото ниво на духовно развитие не е в състояние самостоятелно да действа и не е индивидуално в нищо, защото неговото нищожно желание за наслаждение се състои в съхраняването на своите свойства.

Липсата на индивидуалност на това ниво на създаване се състои в това, че в него няма нищо самостоятелно и неговите функции са слепи, автоматични, не си представя нищо друго, поради липса на лични желания, освен да изпълнява желанията на създалия го Твореца. Твореца е поискал именно такова поведение от неживите обекти и им е дал най-ниското ниво на желания, което не изисква от тях да се развиват. Нямайки никакви желания, освен първоначално създадените в тях от Твореца, те сляпо изпълняват своята задача, грижейки се само за своите нужди на духовно нежива природа, без да чувстват онова, което ги заобикаля.

И хората, които засега са все още духовно неживи, също нямат никакви свои лични желания – тях ги ръководят желанията на Твореца, и те трябва, по силата на своята природа, безпрекословно и неосъзнато да ги изпълняват, подчинявайки се на програмата, заложена в тях от Създателя.

Затова, макар че Твореца е създал природата на човека такава заради Своята цел, в това духовно състояние хората не могат да почувстват никого, освен себе си, и затова и не могат да правят нещо за другите, а могат да работят само за себе си. И това е причината, поради която това ниво на духовно развитие се нарича неживо.

По-висока степен на развитие има растителната природа. Тъй като Твореца е дал на нейните обекти по-голямо, в сравнение с неживата природа, желание за наслаждение, това желание предизвиква в растенията потребност от известно движение и израстване за удовлетворяване на своите нужди. Но това движение и израстване е групово, а не индивидуално. Подобно на хората, намиращи се на растително ниво на желанията, в които съществува известна степен на духовна независимост от създаващия програмата Творец, а тъй като Той е създал цялата природа на основата на абсолютния егоизъм, т.е. стремежа към самоудовлетворение, тези личности вече желаят със своето „растително" ниво на желанието да се отдалечат от желанията, създадени в тях, и да направят нещо за другите, т.е. да действат против собствената си природа.

Както растенията в нашия свят, макар че растат нагоре и настрани, т.е притежават някаква свобода на движение, но тези движения са колективни и нито едно растение не е в състояние (поради отсъствие на съответното желание) дори да си представи, че е възможно индивидуално движение, така и човекът с „растително" ниво на желанието не е в състояние да се стреми към индивидуална проява, противоречаща на мнението на колектива, обществото, възпитанието, а желае само да съхранява и да изпълнява всички желания и закони на своята „растителна" природа, на същата група хора с „растително" ниво на развитие.

Както при растенията, така и при човека, намиращ се на това ниво на желание, няма индивидуален личен живот, а неговият живот е част от този на обществото, в което той е само един от многото. Всички растения и всички хора от това ниво имат общ живот, а не индивидуален за всеки.

Както всички растения можем да отнесем към един растителен организъм, където всяко от тях е подобно на отделно клонче от растението, така и хората от „растителното" духовно ниво, макар да могат вече в нещо да се противопоставят на своята егоистична природа – но тъй като растителното ниво на духовното желание е още малко, те се намират в плен на законите на обществото или на своя кръг и нямат индивидуални желания, а поради това и сили да постъпват срещу обществото и възпитанието, макар че могат да тръгнат срещу собствената си природа, т.е. да действат за благото на другите.

На по-високо духовно ниво на развитие се намира т.нар. „животинско" ниво, тъй като дадените му от Твореца желания развиват неговите носители дотолкова, че тях може да ги удовлетвори възможността, независимо от другите и в по-голяма степен от растенията, самостоятелно да мислят за задоволяване на своите желания.

Всяко животно има свой индивидуален характер и чувства, независимо от обкръжението. И затова човек с такова духовно ниво на развитие е в състояние още повече да действа срещу егоистичната природа и е вече в състояние да действа за благото на ближния.

Но макар че той е вече независим от колектива и притежава свой личен живот, т.е. неговият вътрешен живот може да не зависи от мнението на обществото, той все още не е в състояние да чувства никой друг, освен себе си.

Намиращият се на „човешко", на така нареченото „говорещо" ниво на развитие, вече е в състояние да действа срещу своята природа, не се подчинява на колектива като растение. Той е напълно независим от обществото в своите желания, чувства всяко друго създание и затова може да се грижи за другите, да им помага в поправянето на егоизма с това, че страда с техните страдания, за разлика от животното чувства миналото и бъдещето – и затова е в състояние да действа, изхождайки от осъзнаването на крайната цел.

Всички светове и стъпалата, на които те се делят, представляват последователност от стоящи един зад друг екрани, скриващи от нас (светлината) Твореца. Според степента, в която в нас се появяват духовни сили, противодействащи на собствената ни природа (съответно на всяка сила), съответният екран изчезва, като че ли се разтваря.

Следващият разказ показва развитието на нашето духовно търсене да разкрием екраните и да живеем като едно с Твореца.

18. Всемогъщият вълшебник, който не искаше да бъде сам

Разказ за големи

Знаете ли защо старците разказват приказки? Защото приказката – това е най-мъдрото нещо на света! Понеже всичко отминава, само истинските приказки остават... Приказката е мъдрост.

За да разказваме приказки, трябва да знаем много неща, да виждаме онова, което другите не виждат, а това става, след като дълго си живял. Ето защо старците умеят да разказват приказки. Както е казано във великата, древна и голяма, вълшебна книга: „Старец е този, който е придобил мъдрост!"

А децата... Те много обичат да слушат приказки, защото имат фантазия и ум да мислят за всичко. И не само за нещата, които всички виждат. А ако детето е пораснало и вече е възрастен, но въпреки това вижда онова, което другите не виждат?

То знае, че фантазията е истина! И си остава дете, мъдро дете – „старец, познал мъдростта", както е казано във великата, древна, вълшебна книга – книгата Зоар.

Живял някога вълшебник. Голям, особен, красив и много, много добър... Но той бил сам и нямало никой, който да бъде заедно с него. Нямало никой, с когото да си играе, на когото да показва внимание, и който също да му обърне внимание. Нямало никой, с когото той би могъл да сподели всичко, което притежава. Какво да прави?... Защото е толкова тъжно да бъдеш сам!

Тогава той си помислил: „А ако създам камък, дори много малък, но красив? Може би това ще ми е достатъчно? Ще го галя и ще чувствам, че има някой до мен. И тогава и на двамата ще ни бъде добре, защото е толкова тъжно да бъдеш сам!"

Размахал той своята вълшебна пръчица и до него се появил камък. Точно такъв, какъвто си представял. Гледал той камъка, прегръщал го, но камъкът никак не му отвръщал, не мърдал. Даже ако го удрял или галел – той си оставал безчувствен! Как да дружи с него?

Вълшебникът опитал да направи още камъни – други, най-различни: скали и планини, земи и суши, земното кълбо, слънцето и луната... Запълнил с камъни цялата вселена, но всички те били просто камъни – от тях нямало никакъв отговор. И както по-рано, той чувствал колко е тъжно да бъде сам...

Помислил си вълшебникът: „Може би, вместо камък – да създам растение, например красиво цвете? Ще го поливам с вода, ще го оставям на въздух и на слънце, ще се грижа за него – и цветето ще се радва. И заедно ще ни бъде добре, защото е толкова тъжно да бъдеш сам..."

Размахал вълшебната си пръчица и пред него се появило цвете. Точно такова, каквото искал. Започнал той от радост да танцува около него, а цветето не танцувало, не се въртяло, почти не го усещало.

То реагирало само на това, което вълшебникът му давал. Когато вълшебникът го поливал – то оживявало, не го ли поливал – то започвало да умира. Но как може да дава толкова малко на такъв добър вълшебник, който е готов да отдаде цялото си сърце!... Какво да прави?... Защото е толкова тъжно да бъдеш сам!...

Започнал вълшебникът да създава всякакви растения – големи и малки, градини и гори, дъбрави и полета... Но всички те, като първото растение – не му отговаряли. И както по-рано, той усещал колко тъжно е да бъдеш сам...

Мислил вълшебникът, мислил, и измислил: „А ако създам някакво животно? Какво именно? Най-добре куче. Да, куче! Такова малко, весело, ласкаво. И през цялото време ще си играя с него, ще ходим на разходки и моето кученце ще бяга, и напред, и назад, и около мен.

А когато ще се завръщам вкъщи, в своя замък – точно така, когато се връщам в нашия замък, то ще се затичва към мен да ме посрещне и ще ни бъде толкова хубаво заедно. Защото е толкова тъжно да бъдеш сам!"

Размахал той своята пръчица и до него се появило кученце, точно каквото искал.

И започнал да се грижи за него. Хранел го, поял го, прегръщал го, миел го и го водел на разходки – всичко правел за него... Но кучешката любов се състои само в това, просто да стои до него, да лежи в краката му, да ходи след него.

Видял вълшебникът със съжаление, че дори кучето, с което така добре си играе, въпреки всичко не е способно да му отвърне с такава любов, каквато той му дава. То е неспособно да му бъде равностоен приятел, не е в състояние да оцени всичко, което той прави за него! А вълшебникът толкова силно желаел това!

И започнал да създава около себе си риби и гущери, птици и животни – но ставало само по-зле. Никой не го разбирал. И както по-рано, чувствал колко е тъжно да бъдеш сам...

Дълго мислил вълшебникът и разбрал: „Истински приятел може да ми бъде само този, който ще се нуждае от мен силно и ще ме търси. Това трябва да бъде някой, който да може да живее като мен, да може да прави всичко като мен, да може да обича като мен, да разбира като мен. Само тогава той ще ме разбере!

Но да бъде като мен?... Хм...

Кой може да бъде такъв, като мен – да може да оценява

това, което аз му давам, и да може да ми отвръща със същото? Защото и вълшебникът се нуждае от любов.

Кой може да бъде подобен на мен, така че заедно да ни бъде добре, защото е толкова тъжно да бъдеш сам!..."

Помислил вълшебникът: „Може би това е човек? И наистина... именно той ще може да ми стане близък приятел. Ще може да бъде като мен. Трябва само да му помогна в това. И тогава вече заедно ще ни бъде добре, защото е толкова тъжно да бъдеш сам!...

Но за да ни е добре заедно, той трябва преди това да усети какво значи да бъде самотен, без мен. Да усети как съм аз... без него, колко е тъжно да бъде сам!..."

И отново размахал вълшебникът пръчицата – и далече от него се появило едно място, и в него – човек...

Но човекът бил толкова далече от вълшебника, че даже не чувствал и не разбирал, че съществува вълшебник, който го е създал и е направил всичко за него: камъни, растения, животни и птици, къщи и гори, полета и планини. И още много неща..., целия свят... Дори футбола и компютъра! Всичко това притежавал човекът... А вълшебникът така и си останал сам. А колко е тъжно да бъдеш сам!...

И така, човекът дори не подозирал, че съществувал вълшебник, който го е създал, който го обича, който го очаква и му вика: „Ей, нима не ме виждаш?! Та нали това съм аз... аз всичко ти дадох. Хайде, ела при мен! Двамата заедно ще ни бъде така добре, защото е толкова тъжно да бъдеш сам!..."

Но как може човекът, на когото и така му е добре, който си има дори футбол и компютър, който не познава вълшебника..., изведнъж да пожелае да го намери? Да иска да се запознае с него, да се сближи с него и да се сприятели с него, да го заобича, да му бъде приятел, да му бъде близък?

И по същия начин да каже на вълшебника: „Ей!... Вълшебнико!... Ела при мен, заедно ще ни бъде добре, защото е тъжно да бъда без теб, сам!.." Защото човекът познава само тези, които са като него, и само това, което се намира наоколо.

Знае, че трябва да бъде като всички останали. Да прави това, което правят всички. Да говори така, както говорят всички. Да желае това, което желаят всички. Да не дразни големите, красиво да моли.

Вкъщи – компютър, в края на седмицата – футбол, и всичко, което иска, той го има, и за какво му е въобще да знае, че съществува вълшебник, на когото му е тъжно без него?...

Но вълшебникът бил добър и мъдър. Той наблюдавал незабележимо човека... ...И ето, в особен час... Тихо-тихо, бавно, внимателно... замахнал със своята пръчица... „Чук! Чук!" И ето, човекът вече не можел да живее както по-рано... И нито футболът, нито компютърът вече го радвали... И искал, и търсил той нещо..., без още да разбира, че вълшебникът е докоснал с малката си пръчица сърцето му, казвайки:

„Хайде!.. Започни вече, тръгни към мен, заедно ще ни бъде добре, защото сега и на теб ти е тъжно да бъдеш сам!.."

И вълшебникът – добър и мъдър – отново му помагал: Още само едно махване с пръчицата: „Чук!"... И човекът вече усещал, че някъде далече имало вълшебен замък, пълен с всякакви добри чудеса, и самият вълшебник го очаквал там, и само заедно щяло да им бъде добре...

„Но къде е този замък? Кой ще ми посочи пътя към него? Как да се срещна с вълшебника? Как да го намеря?" И постоянно в сърцето си усещал: „Чук!"... „Чук!" И вече не можел нито да яде, нито да спи, навсякъде му се привиждали вълшебници със замъци, и въобще вече не можел да бъде сам, а заедно щяло да им бъде така добре!...

Но за да станел човекът като вълшебника – мъдър, добър, обичащ, верен, той трябвало да умее да прави всичко, което умеел да прави вълшебникът. Трябвало във всичко да заприлича на него и едно докосване с вълшебната пръчица вече не било достатъчно – човекът трябвало сам да се научи да бъде като него. Но как?...

Затова вълшебникът незабелязано... внимателно, бавно... нежно... го докосвал: „Чук-чук!... Чук-чук!"... Бавно водел човека към великата древна вълшебна книга – книгата Зоар...

А в нея имало отговори на всичко – там бил целият път – какво да се направи, така че в края на краищата да успеем, защото колко може да бъдеш сам?... И човекът бързал, бързо-бързо да проникне в замъка, да се срещне с вълшебника, да се срещне с приятел, да бъде до него, да му каже: „Ето!... Заедно ще ни бъде добре, защото е толкова лошо да бъдеш сам..."

Но около замъка имало висока стена. И строги стражи бдели над нея, и колкото по-високо се изкачвал по стената човекът, толкова по-грубо го отблъсквали, толкова по-болезнено той падал.

Обезсилен и опустошен, викал той към вълшебника: „Къде е твоята мъдрост, защо ме измъчваш, защо ме зовеш към себе си, защо ти е зле да бъдеш сам? Защо си направил така, че да ми е зле без теб?..."

Но... изведнъж чувства: „Чук!" – и отново се стреми напред, нагоре по стената. Да премине стражите, да се изкачи по нея, да проникне през заключените врати на замъка, да намери своя вълшебник...

И от всички удари и поражения той придобива сила, упоритост, мъдрост. Изведнъж от разочарованията расте желанието... Той се научава сам да прави всичките чудеса, които прави вълшебникът. Той се научава да създава това, което може само вълшебникът!

От дълбочината на несполуките расте любовта и той желае повече от всичко само едно: да бъде с вълшебника, да го види, всичко да му отдаде, без да иска нищо в замяна. Защото само тогава ще му бъде добре. И въобще е невъзможно да бъдеш сам!...

И когато вече изобщо не може без него, големите порти се отварят сами, и от замъка срещу него бърза вълшебникът, казвайки: „Най-после! Къде беше досега! Ела при мен! Как сега ще ни бъде добре, защото ние двамата знаем колко е зле, колко е тъжно да бъдеш сам!"

От тази минута те вече били заедно завинаги – верни, неразделни и любещи приятели. Нямало по-висши и дълбоки от чувствата им. А любовта запълвала дотолкова сърцата, че никой не можел даже да си спомни за това, колко е тъжно да бъдеш сам!...

КРАЙ

Тази последователност от екрани скрива от нас Създателя. Тези екрани съществуват в самите нас, в нашите души, а освен нашите души с тези ограничаващи „екрани", всичко, което е извън нас, това е самият Творец.

Ние можем да усетим само това, което прониква към нас през екрана. Всичко, което е извън нас, ние изобщо не усещаме, както в нашия свят виждаме само онова, което, попадайки в нашето полезрение, се отпечатва върху вътрешната повърхност на очите.

Всички наши знания за духовните светове са онова, което са постигнали и усетили душите на кабалистите, и след това са ни го предали. Но и те са постигнали това, което е било в тяхното духовно полезрение. Затова всички известни ни светове съществуват само спрямо душите.

От по-горе казаното следва, че цялото мироздание може да се раздели на три части:

1. Твореца – за когото ние не можем да говорим, защото можем да съдим само за онова, което попада в нашето духовно полезрение, преминавайки през екраните.

2. Замисълът на творението – то е, от което можем да започнем да говорим, т.е. от което започваме да постигаме замисъла на Твореца. Твърдят, че той се заключава в доставянето на наслада на създанията.

Освен за тази връзка на Твореца с нас, ние не можем нищо повече да кажем за Него, поради отсъствие на всякаква друга информация. Твореца е поискал да почувстваме Неговото влияние върху всички нас като наслаждение и е създал нашите органи на чувствата такива, че да възприемаме Неговото въздействие като наслада.

А тъй като всичко се усеща само от душите, ние не можем да говорим за самите светове, извън връзката с този, който ги усеща, защото без възприятията на душите, самите светове не съществуват. Отслабващите екрани, стоящи между нас и Твореца – това са самите светове. Олам от думата алама – скриване.

Световете съществуват само за предаване на някаква част от излъчващото се от Твореца наслаждение (светлина) за душите.

3. **Душите** – нещо, създадено от Твореца, усещащо се като индивидуално съществуващо. Но това е дълбоко субективно чувство, усещано от душата, т.е от нас, като свой „аз", специално създадено така от Твореца в нас. Спрямо Твореца ние сме Негова интегрална част.

Целият път на човека, от неговото начално състояние до пълното му сливане по свойства с Твореца, се дели на 5 стъпала, всяко от които на свой ред се състои от още 5 стъпала, състоящи се на свой ред съответно от още 5 стъпала, в резултат общо са 125 стъпала.

Всеки, който се намира на определено стъпало, получава от него същите усещания и влияние, които получават всички, намиращи се на това стъпало и имащи еднакви духовни органи на чувствата – затова чувства всичко, което и всички, намиращи се на съответното стъпало. Подобно на това всички, намиращи се в нашия свят, имат еднакви органи на чувствата и съответно еднакви усещания, и не могат да усетят другите светове.

Затова книгите по кабала са понятни само за онези, които са постигнали стъпалото, на което се намират и за което говори авторът, тъй като читателят и авторът имат общи усещания, както четящият художествена книга и нейният автор, описващ събития от нашия свят.

Усещането на близост с Твореца, духовното наслаждение и просветление, получавани от сливането с Него и от разбирането на Неговите желания, и законите на Неговото управление, така наречената светлина на Твореца, усещането на Него самия, душата получава от духовните светове.

Усещането за приближаване към Твореца се постига с постепенното напредване по нашия духовен път. Затова на всеки етап по пътя ние по нов начин възприемаме *Тора* – проявата на Твореца. За постигащите само нашия свят *Тора* представлява книга със закони и исторически повествования, описващи поведението на човека в нашия свят, а с напредването по духовния път зад имената на обектите и действията от нашия свят човек започва да вижда духовните действия на Твореца.

От всичко казано по-горе се разбира, че всъщност в творението има двама участника – Твореца и човекът, създаден от Него, а всички картини, възникващи пред човека (като усещането за нашия свят или дори усещанията за по-висшите светове) са различни степени на проява, на разкриване на Твореца по пътя на приближаването Му към човека.

19. Духовни нива

Цялото мироздание може да се опише като функция на три параметъра – свят, време и душа, които се управляват отвътре с волята и желанието на Твореца.

1. Свят – цялата нежива вселена. В духовните светове – неживото ниво на желанията.
2. Душа – всичко живо, включително човекът.
3. Време – причинно-следствена последователност на събития та, ставащи с всяка отделна душа и с цялото човечество, подобно на историческото развитие на човечеството.
4. Източникът на съществуване – планът за развитие на събитията, ставащи с всеки от нас и с цялото човечество като цяло, планът за управление на цялото творение за довеждането му до предварително избрано състояние.

Твореца решил да създаде световете и човека в тях, с цел постепенното им приближаване към Себе си. Той създал нашия свят, като постепенно се отдалечавал, чрез намаляване на Своята светлина, на Своето присъствие.

Етапите на постепенно (отгоре надолу) скриване на присъствието на Твореца се наричат светове:

Ацилут – това е светът, в който се намират онези, които са абсолютно слети с Твореца.

Брия – светът, в който се намират онези, които са свързани с Твореца.

Йецира – светът, в който се намират онези, които чувстват Твореца.

Асия – светът, в който се намират онези, които почти или напълно не усещат Твореца, включвайки и нашия свят като последен, най-нисък и най-отдалечен от Твореца.

Тези светове са произлезли един от друг и са копия един на друг. Но всеки по-нискостоящ, т.е. по-отдалечен от Твореца, представлява грубо (не точно) копие на предишния. При това, копие по всичките 4 параметъра: свят, душа, време, източник на съществуване.

По такъв начин, всичко в нашия свят представлява точно следствие на процесите, които са се случили по-рано в по-висок свят, а това, което става в него, на свой ред е следствие от процес, произтекъл по-рано в още по-висок свят, и т.н. – до мястото, където всичките 4 параметъра – свят, време, душа и източник на съществуване, се сливат в единен източник на съществуване – в Твореца!

Това място се нарича светът *Ацилут*.

Обличането на Твореца в обвивките на световете *Ацилут, Брия, Йецира* (Неговото проявяване пред нас чрез осветяване, през намаляващите светлината екрани на тези светове) се нарича кабала – Устна Тора.

Обличането на Твореца в обвивката на нашия свят, света *Асия*, се нарича писмена Тора.

Извод – няма разлика между кабала и *Тора* на нашия свят. Източник на всичко е Твореца. С други думи, да учиш и да живееш според *Тора* или да учиш и живееш според кабала – зависи от духовното ниво на самия човек; ако човек духовно се намира на нивото на нашия свят, той вижда и възприема нашия свят и *Тора* като всички. Ако той духовно се извиси, ще види друга картина, т.е. обвивката на нашия свят ще падне и ще останат обвивките на световете *Йецира* и *Брия*. Тогава *Тора* и цялата действителност ще изглеждат за него по друг начин, така както виждат това постигащите света *Йецира*.

И Тора, която той ще види, от *Тора* на нашия свят, разказваща за животни, войни, предмети от нашия свят, ще се превърне в кабала – описание на света *Йецира*.

А ако човек се издигне още по-нагоре, в света *Брия* или в света *Ацилут*, ще види съвсем друга картина на света и неговото управление, съответстващи на неговото духовно състояние.

И няма разлика между *Тора* на нашия свят и кабала – *Тора* на духовния свят, а разликата е само в духовното ниво на хората, които я изучават.

И от двамата, четящи една и съща книга, единият ще види в нея историята на еврейския народ, а другият – картината на управлението на световете от усещания явно от него Твореца.

Намиращите се в състояние на пълно скриване на Твореца пребивават в света *Асия*. Затова всичко в света в крайна сметка им се вижда ужасно – светът е пълен със страдания, тъй като не могат да чувстват по друг начин, вследствие на скриването на Твореца от тях. А дори и да получат някакво удоволствие, то ще е след предшестващото го страдание.

И само при постигането на света *Йецира* от човека, Твореца частично му се разкрива, и той вижда управлението чрез награда и наказание, и възниква в него любов (зависима от наградата) и страх (от наказание).

Следващото трето стъпало – любов, независима от нищо, възниква като следствие от осъзнаването от човека на това, че Твореца никога не му е причинявал зло, а само добро. И това съответства на света *Брия*.

А когато Твореца му разкрива цялата картина на мирозданието и управлението на всички творения, у човека възниква абсолютна любов към Създателя, тъй като вижда абсолютната Му любов към всички създания. И това постижение го извисява на нивото на света *Ацилут*.

По такъв начин нашето отношение към Твореца е следствие от разбирането на Неговите действия и зависи само от това доколко Той ще ни се открие, тъй като ние сме създадени такива, че въздействията на Твореца ни влияят (на нашите мисли, качества, постъпки) автоматично и ние можем само да молим Твореца да ни промени.

Макар че всички действия на Твореца са абсолютно добри, от Него са създадени специално сили, действащи като че ли въпреки желанието на Твореца, предизвикващи критика на Неговите действия и затова наричащи се нечисти.

На всяко стъпало, от началото на нашия път и до неговия край, съществуват създадените от Твореца две противоположни сили – чистата и нечистата. Нечистата сила специално предизвиква в нас недоверие и ни отблъсква от Твореца. Но ако, въпреки това, ние се напрягаме в молбата си към Твореца да ни помогне, т.е въпреки тази нечиста сила ние укрепваме връзката с Твореца, тогава получаваме вместо нея чиста сила и се издигаме на по-високо стъпало. А нечистата сила престава да ни действа, тъй като е изпълнила вече своята роля.

Стремеж на нечистата сила от света *Асия* (първо стъпало) е да се тълкува всичко случващо се чрез отричане съществуването на Твореца.

Стремеж на нечистата сила от света *Йецира* (второ стъпало) е опит да се убеди човека, че светът се управлява не чрез награда и наказание, а произволно.

Стремеж на нечистата сила на света *Брия* (трето стъпало) е да се неутрализира в човека осъзнаването на любовта на Създателя към него, предизвикваща любов към Твореца.

Стремеж на нечистата сила на света *Ацилут* (четвърто стъпало) е да се докаже на човека, че не с всички творения, или не винаги, Твореца постъпва с чувство на безгранична любов, за да не се допусне появяването в човека на чувство на абсолютна любов към Твореца.

По такъв начин се вижда, че за изкачването на всяко духовно стъпало, за всяко извисяване, разкриване на Твореца и наслаждение от сближаването с Него, предварително трябва да победим съответстващата по мощ и характер обратна сила под формата на мисъл или желание, и само тогава можем да се изкачим още на едно стъпало, да направим още една крачка по нашия духовен път.

От по-горе казаното става ясно, че на цялата гама от духовни сили и чувства в четирите свята *Асия-Йецира-Брия-Ацилут* съответства гама от противоположни и паралелни сили и чувства – 4 нечисти свята *Асия-Йеци-*

ра-Брия-Ацилут. При това, напредването става само при редуването им – ако човек с усилие на волята преодолява нечистата сила, всички пречки, изпратени му от Създателя, молейки Създателя да се разкрие, за да може по този начин да намери сили да устои пред нечистите сили, мисли и желания, то в резултат на това той постига чисто стъпало.

При раждането всеки от нас се намира в състояние, в което изобщо не усеща Твореца. За да започнем да напредваме по описания ни път, е необходимо:

- Да почувстваме силно сегашното ни състояние като непоносимо
- Макар и не явно, да усетим, че Твореца съществува
- Да почувстваме силно, че зависим само от Твореца
- Да осъзнаем, че само Той може да ни помогне

Разкривайки макар и малко Себе си, Той може незабавно да промени нашите желания, да създаде в нас качествено нов разум. Появяването на силни желания незабавно предизвиква появяването на сили за тяхното постигане.

Единственото, което определя човека, са неговите желания. Тяхната сума е същността на човека. Нашият разум съществува, само за да ни помогне да постигнем онова, което искаме, т.е разумът не е нещо повече от помощен инструмент.

Човек преминава своя път поетапно, крачка след крачка, напредвайки, намирайки се ту под влиянието на нечистата (лява) егоистична сила, ту под влиянието на чистата (дясна) алтруистична сила. Преодолявайки с помощта на Твореца лявата сила, човек придобива свойствата на дясната.

Този път е като с две релси – лява и дясна, две сили – отблъскване и притегляне към Твореца, две желания – егоизъм и алтруизъм. Колкото по-далеко от началната точка на нашия път се намират, толкова тези две противоположности са по-силни.

Напредването е функция на уподобяването на Твореца – на подобие в желанията и в любовта. Любовта на Твореца е единственото Негово чувство към нас, от което произтича всичко останало – да прави за нас само добро, да ни доведе до идеалното състояние – а това може да бъде само състоянието, подобно на състоянието на Твореца – безсмъртие с неограничено от нищо наслаждение, породено от чувството на безкрайна любов към Твореца, излъчващ подобно чувство.

Тъй като постигането на това чувство е целта на творението, всички странични желания се наричат нечисти.

Целта, която си е поставил Твореца, е да ни доведе до състояние, подобно на Неговото – тази цел е задължителна за всеки от нас и за цялото човечество, независимо дали го желаем, или не.

Ние не можем да се стремим към това, тъй като, намирайки се в нашия свят, не виждаме онези велики наслаждения и избавянето от всички страдания, които ни носи сливането с Твореца.

Страданията ни се изпращат от Твореца, тъй като само по този начин Той може да ни бутне да вървим напред, да ни застави да променим нашата гледна точка, обкръжението, навиците и постъпките си, защото човек инстинктивно иска да се избави от страданията.

Не може да има наслаждение без предшестващото го страдание, не може да има отговор без въпрос, насищане без предшестващото го чувство на глад, т.е за получаване на каквото и да е усещане е необходимо предварително да се изпита противоположното на него. Затова, за да бъде почувствано влечение и любов към Твореца, е необходимо да се изпитат и противоположните чувства, такива като ненавист, отдалеченост по възгледи, навици, желания.

Не може да възникне никакво чувство на празно място – задължително трябва да има желание да се изпита това чувство. Както, когато човек първо трябва да се научи да разбира музиката, а след това – да я обикне. Не може некомпетентният да разбере радостта на учения, който след дълги усилия е открил нещо, към което се е стремил.

Желанието за нещо в кабала се нарича Съд *(кли)*, тъй като именно това усещане за липса е условие за наслада при запълването на съда и от неговата величина зависи величината на бъдещото наслаждение.

Дори в нашия свят ние виждаме, че не от големината на стомаха, а от желанието, от усещането на глад зависи големината на насладата от храната. т.е. именно степента на страданието от липсата на желаното определя големината на *съсъда* и по този начин големината на бъдещото наслаждение.

Наслаждението, изпълващото се желание да се наслади точно с него, се нарича светлина, защото дава на *съсъда* именно такова чувство за пълнота и удовлетворение.

Необходимо е предварително желание преди чувството на страдание от липсата на желаното, за да бъде *съсъдът* действително готов за приемане на изпълването, което така е очаквал.

Задачата на нечистите сили (желания) в творението, наречени *клипот*, се състои точно в това – да създадат в човека безкрайно по големина желание.

Ако ги нямаше желанията на *клипот*, човек никога не би поискал повече, отколкото е нужно на тялото му, и би останал на детско ниво на развитие. Именно *клипот* подтикват човека към търсене на нови наслаждения, тъй като създават в него все повече нови желания, изискващи удовлетворение, които принуждават човека да се развива.

Постигането на свойствата на света *Ацилут* се нарича възкресяване на мъртвите, тъй като с това той превежда на чистата страна всички свои бивши нечисти, т.е. мъртви желания. До света *Ацилут*, преминавайки по двете релси на пътя, човек само променя своите желания на противоположни, но не ги поправя на чисти.

Сега, влизайки в света *Ацилут*, той може отново да вземе своите минали желания и да ги поправи, и по такъв начин да се издигне още по-високо. Този процес се нарича „възкресяване на мъртвите" (желания). Разбира се, не става въпрос за нашето материално тяло – то, както и телата на всички останали създания, населяващи този свят, се разлага след излизането на душата от него, не представлявайки нищо особено без нея.

Ако в резултат на работата върху себе си човек постигне такова състояние, в което ненужните мисли не властват над него и не го отвличат от връзката му с Твореца, макар той да чувства, че те все още съществуват в него, такова вътрешно състояние се нарича Събота.

Но ако той отклони своите мисли и стремежи от Твореца сам, или слушайки страничните си мисли, ги допусне в себе си, това се нарича Нарушаване на Съботата. И той вече не смята тези мисли, получени отвън, за странични, а ги смята за свои и е убеден, че именно те са правилни, а не онези, които по-рано са го призовавали да върви след Твореца, без да се замисля.

Ако голям специалист в своя занаят попадне сред лоши работници, убеждаващи го, че е по-изгодно да се работи посредствено, а не да се влага цялата душа в работата, то като правило той започва да губи своето изкуство.

Но ако той се намира сред лоши работници с друга специалност, то това няма да му навреди, тъй като между тях няма никаква връзка, свързана с работата. Затова този, който иска действително да постигне успехи в своя занаят, трябва да се стреми да попадне в средата на специалисти, отнасящи се към своята работа като към изкуство.

Освен това, яркаta разлика между майстора и простия занаятчия е в това, че майсторът получава наслаждение от самата работа и нейния резултат повече, отколкото от заплащането за нея.

Затова желаещите да се извисят духовно трябва строго да проверяват в каква среда и сред какви хора се намират. Ако това са невярващи, то вие ще сте като специалисти от различни области – вашата цел ще е да се извисите духовно, а тяхната цел – да изпитат наслажденията на този свят. И затова не трябва да се опасявате от тяхното мнение. Дори ако за миг приемете тяхната гледна точка, в следващия момент ще разберете, че това мнение сте го получили от тях, и отново ще се върнете към своите цели в живота.

Ако тези хора са вярващи, но не се безпокоят особено за правилната цел при изпълнение на заповедите, предвкусващи наградата в бъдещия свят, и по тази причина изпълняват заповедите, тогава е необходимо да се предпазвате от тях. И колкото са по-близо до вашите цели и мисли, толкова по-далеч трябва да сте от тях.

А от тези, които се наричат „кабалисти", трябва да се бяга през глава, защото те могат, незабележимо за вас, да развалят вашето изкуство в новия за вас занаят...

Трябва да изглежда странно, че в хората, които целият свят нарича евреи, възниква въпросът кои са те. И самият въпрос, без да говорим за многобройните отговори, е подозрително неясен и с това кой трябва да се нарича евреин, и с това кой ги нарича така. Какво разбира кабала под думата йехуди (юдеин), иври (евреин), исраели (израилтянин), бней Авраам (деца на Авраам) и други названия в *Тора* за определена група хора?

Кабала представя мирозданието като състоящо се от два аспекта – Твореца и създаденото от Него желание за наслаждаване от Неговата близост. Това желание (като всяко от нашите желания, но съществуващо без телесна обвивка) да се насладим от близостта на Твореца като източник на безкрайна, абсолютна наслада, се нарича душа.

Причината и целта на творението е желанието на Твореца да даде наслаждение на душите. Стремежът на душата се състои в наслаждаване от Твореца. Желанието на Твореца и желанието на душата се изпълнява при тяхното сближаване, сливане.

Сливането, сближаването се осъществява по пътя на съвпадане на свойствата, желанията. Както, впрочем, и в нашия свят – близък наричаме човека, когото чувстваме такъв, а не този, който се намира на близко разстояние до нас. И както е в нашия свят – от колкото по-голямо разстояние става съединението, с колкото по-големи трудности се постига желаното, толкова по-голямо е наслаждението от съединението на желаното и полученото.

Затова Твореца поставя душата в крайно отдалечено от Него състояние – абсолютно Се скрива като източник на наслаждение.

Той поставя душата в тяло, в желанието да се наслади от всичко, което го обкръжава.

Ако, въпреки скриването на Твореца и пречещите желания на тялото, човек развива в себе си желание да се съедини с Твореца, той може, именно благодарение на съпротивлението на тялото, да постигне много пъти по-голямо желание да се наслади на Твореца, отколкото се е наслаждавала душата до обличането си в тяло.

Методиката, или инструкцията за присъединяване към Твореца, се нарича кабала, от глагола лекабел (да получа), да получа наслаждение от Твореца.

С помощта на думите и понятията от нашия свят, кабала ни разказва за действията в духовния свят.

В пасхалната агада (приказка) се разказва, че в началото нашите деди са били идолопоклонници, а след това Твореца е избрал един от тях – Авраам – иври, който дошъл при тях откъм реката *(ми евер)*. Оттук и думата евреин. (Думата „жид" няма корен в иврит и сигурно произлиза от глагола „очаквам" – идването на Машиаха.

Тъй като съгласно кабала всичко, което се говори в Тора, е разказано, за да обучи човека за пътя към целта на творението (думата „Тора" произлиза от думата „ораа" – обучение), то кабала вижда в тези думи следния смисъл: „В началото" – в началото на работата върху себе си, в началото на пътя на сближаване с Твореца, „нашите прадеди" – началното състояние на желанията на човека – „били идолопоклонници" – всички желания на човека са били насочени към наслажденията в този кратък живот, „а след това Твореца избрал един от тях" – от всички желания, човекът изведнъж е избрал желанието духовно да се извиси и да усети Твореца, „и му заповядал да се отдели от своето племе и да се засели на друго място" – за да усети Твореца, човекът трябва да отдели от всички свои желания само едно – желанието да усети Твореца и да се отстрани от другите.

Ако човек е в състояние да отдели едно от всички свои желания, да го отгледа и да живее само с това желание – да се съедини с Твореца, той преминава в друг живот, в сферата на духовните интереси, и се нарича иври (евреин).

Ако човек поставя за своя цел пълното сливане с Твореца, той вече, макар че още не е постигнал това, се нарича йехуди (юдей) – от думата ихуд (единство).

Ако човек иска да върви или върви право към Твореца, той се нарича Исраел, от думата исра (право) и Ел (Творец).

Това е истинският произход на тези думи и тяхното духовно значение. За съжаление, не съществува възможност точно да се опише в какво се състои разликата между тези имена, тъй като тогава щеше да се наложи да бъдат обяснени етапите на духовно извисяване, към всеки от които се отнася едно или друго име.

Сътворението на света включва в себе си неговото устройство и управление, за да може светът да съществува и да върви по установения план към целта, заради която е създаден.

20. Връщането към Твореца

За осъществяване на управлението свише и на свободата на избор в постъпките на човека са създадени две системи за управление – така, че на всяка положителна сила съответства равна на нея отрицателна сила – създадени са 4 положителни свята АБЕ"А, като по същия начин са създадени противоположните им 4 отрицателни свята АБЕ"А, при което в нашия свят – светът *Асия* – не се вижда разликата между положителната и отрицателната сила, между човека, духовно издигащ се към Твореца, и този, който изобщо не се развива духовно.

И сам човек не може да прецени правилно дали напредва, или стои на едно място, и не може да определи дали положителната или отрицателната сила на желанието действат върху него в този момент. Затова въодушевлението и чувството за увереност в истинския път е *лъжливо*, и като правило не е доказателство за правилността на избор на постъпките, на това, че избраният път е верен.

Но ако човек се намира в началото на своя духовен път, как може да напредва в желаната за целта на творението и за своето съществуване посока?

По какъв начин той, без явно и точно усещане и представа кое е добро и кое зло за неговата крайна цел, за неговото истинско и вечно благополучие, а не за изглеждащото временно удовлетворение, ще съумее да намери своя верен път в този свят?

Цялото човечество колективно греши и се заблуждава, избирайки теории за смисъла на съществуването и пътища към тези измислени цели. И дори намиращият се в началната точка на верния път няма никакъв видим ориентир, и всяка своя мисъл и желание той не е в състояние да определи като верни.

Как е могъл Твореца да ни сътвори такива – без каквато и да е помощ, в абсолютно безизходно и безпомощно състояние?

Дори нашият здрав разум подсказва, че е неразумно да се създава нещо с точна цел, а след това да се остави целият процес във властта на слепи и слаби създания. Разбира се, Създателят не би могъл да постъпи така, но ни е дал, очевидно, възможност при каквито и да е обстоятелства да намираме верния път.

И действително, има една много важна проверка за правилността на избрания път – и в това се състои помощта на Твореца! Тези, които вървят по пътя на нечистите, егоистични АБЕ"А, не постигат духовната цел и техните сили пресъхват, докато окончателно не се опрат в стената на безизходността, тъй като не се удостояват от помощта на Твореца под формата на разкриване пред тях на цялата картина на мирозданието. И обратно – тези, които вървят по пътя на чистите светове АБЕ"А, се възнаграждават с виждане и усещане на цялото мироздание като благословение от страна на Твореца и постигат висшата духовна цел.

И ето – единствената проверка в нашия свят (т.е. в нашето състояние) на това по какъв път да вървим, какви постъпки и мисли да избираме като необходими за постигането на целта, от всички мисли и желания, предлагани ни както от чистия свят *Асия*, така и от нечистия свят *Асия*.

По такъв начин разликата между вървящия по правилния път и заблудилия се се състои в това, че първият задължително трябва да бъде възнаграден с благословението на Твореца, състоящо се в това, че Твореца ще се разкрие пред него и ще се приближи към него.

Затова, ако човек вижда, че не му се разкриват тайните на Тора, значи неговият път е неправилен, макар и да е изпълнен с въодушевление, сили и въображение, не е постигнал вече духовните сфери. Това е съдбата на любителското занимание с кабала или с тайни философии.

Целият наш път на духовен възход по стъпалата на световете АБЕ"А представлява редуващо се върху нас влияние на онази сила, на стъпалото на която се намираме.

Всяка от тези сили се изобразява с определена буква от нашата азбука, т.е. всяка буква от нашата азбука символизира духовна сила, управляваща определено стъпало в световете АБЕ"А.

Само една сила е в състояние да спаси човека, т.е. да го избави от властта на егоистичните желания, и това е силата на благословението от Твореца, която се изобразява с буквата Бет. Съответно, противоположна на нея сила в нечистите АБЕ"А няма, защото благословението изхожда от единствения Творец и затова не може да има нищо противоположно на нея в нечистите светове АБЕ"А. И затова само с помощта на силата на благословението на Твореца съществува светът и само с нейна помощ може действително да се различава доброто от злото, по-точно – кое за човека е благо и кое за него е зло, да се отличават чистите сили от нечистите и да се преодоляват нечистите през целия път до постигане на целта на творението, точно определяйки самозалъгва ли се човек, или действително навлиза в духовните светове.

Всяка сила в системата на нечистите сили на злото съществува благодарение на това, че получава поддръжка от съответстващата й противоположна сила от системата на чистите сили, освен силата на благословението на Твореца.

И затова, от нито една сила не би могъл да бъде създаден светът, освен от силата на благословението на Твореца, която, без да намалява, се излъчва от Него, до най-ниското стъпало на световете – нашия свят – и затова е способна да поправи създанията, придавайки им сили да се поправят и да започнат да се издигат.

С помощта на такава сила е създаден светът, затова нечистите егоистични сили не могат нито да намалят нейното въздействие, нито да я използват, тъй като нечистите сили могат да пречат само там, където се чувства слабостта на чистите сили.

Затова подобна помощ е достатъчна за изясняване кои мисли в човека са чисти, а кои не, тъй като при отклоняване на мислите не към Твореца веднага изчезва силата на благословението.

Огласяванията-гласните на буквите *(некудот)* символизират излъчването на светлината, усещането за Твореца. Всяко усещане за Него, всяко духовно усещане, се градира – състои се от 10 сфирот, като започва от най-високата от тях (кетер), като огласовките са съответно: *1 – камац, 2 – патах, 3 – сегол, 4 – цере, 5 – шва, 6 – холам, 7 – хирик, 8 – кубуц, 9 – шурук,* 10 – без огласяване, т.е. съответства на малхут – последното, никога незапълващо се стъпало на усещането.

Понякога, в процеса по време на напредването към целта, човек изведнъж започва да изпитва чувство за собственото си нищожество и безсилие от това, че няма знания за *Тора* и не е в състояние да извърши никакви неегоистични действия, а всичките му мисли са насочени към преуспяване в този свят.

И той изпада в униние, казвайки си, че приближаването към Твореца е дадено само на особени личности, които по рождение имат особени сили и свойства, мисли и желания, съответстващи на тази цел, сърцето им се стреми към *Тора* и към работата върху себе си.

Но след това в него се появява чувството, че на всеки му е приготвено място редом с Твореца и че постепенно всички, в това число и той, ще се удостоят с духовните наслаждения от сливането с Твореца, че не трябва да се отчайва, а да вярва в това, че Твореца е всемогъщ и планира пътя на всеки от нас, води ни и чака нашата молба към Него за сближаване.

След това той си спомня, че вече не един път си е казвал това и, все едно, нищо не се е променяло. В резултат потъва в мисли за своето нищожество и собствената си слабост. Но ако му дойде мисълта, че това състояние му е изпратено от Твореца, специално за да го преодолее, и той с усилие на волята започне да работи върху себе си, изведнъж ще получи вдъхновение и сили от бъдещото състояние, към което се стреми.

Това означава, че светлината на неговото бъдещо състояние му свети отдалече, защото все още не може да свети вътре в него самия, тъй като неговите желания са още егоистични, а светлината (духовното наслаждение) не може да влезе и да свети (да създава наслаждение) в такива желания...

Творението е съсирек от егоистични желания и се нарича човек. Твореца е абсолютно алтруистичен. Затова връщането към Твореца, сливането с Твореца, усещането за Него не е нищо друго, освен съвпадане с Него по едни или други свойства. И това връщане към Твореца се нарича „тшува".

Човек може да твърди, че е направил „тшува", когато го потвърди самият Творец – с това, че той ще бъде в състояние постоянно да Го усеща, което ще му позволи постоянно да бъде мислено с Твореца и по такъв начин ще се откъсне от желанията на своето тяло.

Единствено самият човек чувства направил ли е той „тшува", и никой друг. И с помощта на силите, получавани от усещането за Твореца, човек е в състояние постепенно и напълно да се върне към Него, да промени своите егоистични желания на алтруистични, и колкото повече „лоши" желания е имал в началото на своя път, толкова по-голяма работа той може да извърши със себе си и в по-голяма степен да се слее с Твореца. Затова човек не трябва да съжалява за своите лоши качества, а само да моли за поправяне, и така всеки път, когато му идват мисли за собственото му нищожество.

Защото тези мисли се появяват в него заради отдалеченото усещане за Твореца и Твореца ги изпраща само на него, а не на останалите, а те от своя страна не се чувстват лоши, не осъзнават своя егоизъм, а напротив, твърдят, че са почти праведници, или фалшиво възкликват, че са грешници, защото е написано, че така трябва да се чувства човек.

Тези мисли се изпращат на човека от Твореца не за да страда и да изпада в униние, а за да отправи молба към Него, искайки освобождение от самия себе си, от своята природа. Всеки път, когато човек отново почувства своята слабост и вече е преминал през това усещане по-рано и му се струва, че не бива отново да повтаря вече преживяните от него усещания за падение, трябва да помни, че всеки път той преминава през нови поправяния, които се натрупват, докато Твореца не ги съедини.

Всички тези отрицателни усещания на отстраняване от Твореца, на недоволство от духовните пътища, на претенции от безизходността, човек изпитва в степента, в която е необходимо, за да бъде удостоен да стигне до усещането на висшите сили на Твореца и до наслажденията, изхождащи от Него. Тогава се отваря „Вратата на сълзите", защото само през нея може да се влезе в залите на Твореца.

Поразен от силата и устойчивостта на своя егоизъм, човек няма право да твърди, че Твореца му е дал малко сили да противостои на егоизма или че по рождение има малко способности, търпение и остър ум, че необходими условия не са му дадени свише и затова не може да се поправи и да постигне това, което на негово място може да постигне някой друг в света. И не трябва да твърди, че това е неговото страдание за минали грехове, че така му е предопределено от съдбата, или че се случва заради определени постъпки в минал живот.

И няма право да се отчайва и да безделничи, защото ако правилно използва своите малки сили и способности, той ще преуспее. А всички черти на характера и свойствата, които му е дал Твореца, дори най-низките и нищожните – всичко това ще му послужи днес или по-нататък, за да постигне своето предназначение – поправянето на своята душа.

Подобно на зърното, хвърлено в благодатна почва и получаващо нужните грижи – ще израсне и ще даде плодове.

Затова на човека са му необходими ръководител и подходяща почва – среда, за да могат всички негови качества да пораснат и да бъдат балансирани така, че всяко от тях, и всички заедно в съответната пропорция, да способстват за постигането на неговата главна цел.

Всички въпроси, възникващи в съзнанието на човека, ги изпраща Твореца и чака от човека правилния отговор. А отговорът на въпросите на тялото (разума), егоистичните въпроси от типа на „а за какво" е само един и той е над разбирането на тялото: „Това е желанието на Твореца, за да мога именно по този път аз да отида при Него".

Всички думи и съвети от *Тора* са само за това, как да се приближим до Твореца и да се слеем с Него, защото единственият ни недостатък е, че не чувстваме величието на Твореца. Едва започнали да се стремим към Него, ние вече искаме да Го усетим в своите чувства.

Но това е невъзможно дотогава, докато не получим екран *(масах)*, отразяващ светлината на Твореца, т.е. нямаме алтруистични съдове – чувства. А докато нямаме такива свойства, ние можем да получаваме само отдалеч усещането за Твореца, наричано *ор макиф* – Обкръжаваща светлина, която може да свети на човека, дори когато е още отдалечен по своите свойства от Твореца. Обкръжаващата светлина е винаги по-силна от вътрешната, получена с помощта на екрана, при наличието на определени алтруистични сили в човека, защото обкръжаващата светлина – това е самият Творец, а вътрешната светлина (душата) е само тази „част" от Твореца, която човек е успял да постигне, поправяйки своите свойства в една или друга степен.

Как човек може да получи светлината на Твореца в момента, в който още не е поправил своите свойства? Отговорът е прост – само за сметка на увеличаването на обкръжаващата го светлина, т.е за сметка на възвеличаването на Твореца в собствените си очи, на постоянния стремеж към усещането за Него, като източник на всичко, което става, за да може във всички случаи човек твърдо да осъзнае, че това, което става с него, е дело на Твореца и няма нищо друго в света.

Всички свои старания той трябва да насочи към това – в никакъв случай, при каквито и да е обстоятелства, да не започне изведнъж да мисли, че това, което става с него, е случайност или съдба, или следствие от негови минали постъпки, или воля и желание на други хора, а да се опита никога да не забравя Твореца.

В никакъв случай не трябва да интерпретираме някой текст от *Тора* според нашето разбиране, уподобявайки описанието на събитията в нашия свят. Например, както вече съм писал в предишните си книги, лъжецът Лаван, за когото се говори в *Тора* – това е най-високото ниво на изпълване на душата със светлината на Твореца, фараонът е символ на целия наш егоизъм.

В ТАНАХ се разказва за това, че дошъл в града човек на име Птахия и събрал около себе си празните хора, и всички заедно отишли в пустинята. Така че Птахия идва от думата лифтоах (да открия) – човек, който отваря очите на хората. Събрал около себе си „празните" хора, които чувствали пустота в своя живот, извел ги от града в пустинята – разкрил им пустинята на тяхното съществуване, както се казва в Теилим (Псалмите): *„Лех ахарай ба мидбар"* – върви, казва Твореца на човека, след мен по пустинята – с чувството, че твоят живот без духовни усещания е като изсъхнала пустиня без капка вода, така че най-малкият проблясък на спасение от усещането за нищожност да ти се стори като *„Маим карим ал нефеш аефа"* – Прохладен извор за уморената душа.

Най-важното наше сказание е за изхода от Египет от духовния плен на фараона – нашия егоизъм. „И ето, умря фараонът" – най-после човекът видял, че егоизмът не е в негова полза, че той го убива, принуждава го да загуби целия си живот. И умира в неговите очи този символ и принцип.

Но, докато човек не е осъзнал егоизма като свой единствен враг, смята живота и работата си в Египет (в плен на желанията на тялото) за добро свое състояние. Дори след това, от време на време (в духовните си падения) плаче „за гърнетата с месо и хляб", от които е имал достатъчно в Египет (обслужвайки собствения си егоизъм).

Докато още е бил жив (в сърцето), фараонът (егоизмът), царят (властелин на техните мисли и принципи) египетски, то по неволя всички мисли и постъпки са били диктувани от него, което и означава да се намираш в египетски плен *(Мицраим – от думата миц ра – концентрация на злото)*, в плен на всевъзможните егоистични желания. А самите ние не можем да разберем, че властта на нашата природа над нас е зло, докато Твореца не окаже на човека услуга – „и умря царят египетски" – и не даде на човека такива обстоятелства в живота, чрез които да осъзнае, че егоизмът е негов враг, и ще умре този символ на злото в него, и той веднага ще почувства, че не е в състояние повече така да съществува, работейки напразно.

И „нададоха вик синовете на Израел от тежката работа" – виждайки, че не могат да се помръднат без егоистична изгода за себе си, нямайки още духовна, алтруистична природа, „и стигна тази тяхна молитва до Твореца, и я чу Той" – само ако човек действително крещи от дълбините на своята същност – а това е възможно, само ако е стигнал до най-крайната точка на своето търпение и страдание – само тогава Твореца му помага, при това тази помощ идва неочаквано. Човек никога не може да знае коя капка от сълзите му ще бъде последна, просто всички сълзи трябва да са като последната, а помощта на Твореца *„Ешуат ашем кеерев аин"* се появява изведнъж и винаги неочаквано!

Много непосветени наричат книгата Зоар нравоучение на основата на кабала – *(мусар ал пи кабала)*, тъй като Зоар е написана на езика на заповедите, това, което е длъжен да прави човек. Ясно е, че коментирайки по този начин книгата Зоар, те се опитват да отрекат нейната тайна скрита същност, която в същата степен се намира във всяка книга на Тора, и свеждат цялата *Тора* до изпълняване на „желанието на Твореца да съблюдаваме заповедите". За какво да ги изпълняваме – този въпрос остава открит. По принцип, Твореца изобщо не ни е необходим, за да изпълняваме заповеди, а ако човек не се нуждае от Него – за какво е самият Създател? Авторите на Зоар са създали специално тази книга, разказваща единствено за строежа и действието на духовните светове, с научен, юридически поучаващ език, за да не остане в читателя никакво съмнение, че главното в *Тора* не е мъдростта, а „Даващият мъдрост", че главното в *Тора* и заповедите е човекът да почувства нужда от Твореца и да се приближи към Него с душевните си свойства.

Всички препятствия, които той среща по пътя на своето напредване към Твореца, за да влезе в духовните сфери, не са нищо друго освен знак за приближаване към Твореца, към вратата на духовния свят. Защото няма по-отдалечено състояние от Твореца от състоянието на човека, изобщо неподозиращ за съществуването на духовния свят или нямащ желание да го почувства.

А ако човек е почувствал, че е далеч от духовния свят, това означава, че Твореца му е дал усещане за неговото истинско състояние, подтиквайки го по този начин към сближаване. И ако у нас не възникваха подобни усещания на отдалеченост от Него, нямаше да имаме никаква възможност да започнем да се приближаваме към Него. Затова чувството на отдалеченост е признак за начало на сближаването.

И така, по целия път към Твореца човек постоянно усеща всевъзможни препятствия, които му пречат. Всъщност, това не е нищо друго, освен помощ от страна на Твореца, имаща за цел да събуди в нас негодувание, неудовлетвореност от сегашното ни състояние и отправяне на искане към Него за промяна.

А всички препятствия, които човек трябва да преодолее при своето духовно напредване, са нужни само за да свикне да се движи той по линията на отдалечаването, чувствайки, че се отдалечава от Твореца, осъзнавайки все повече своя егоизъм, но без това усещане да влияе на неговите действия, тъй като предварително знае, че това чувство е разкриване на неговото истинско състояние, че и по-рано се е намирал в състояние, не по-добро от сега, но не е знаел за това.

И така – дотогава, докато грижата за собственото му състояние не престане да го безпокои, а всички мисли и желания се сведат до желанието да се грижи не за собственото си състояние, а за това какъв изглежда в очите на Твореца. И това определя всички негови действия и мисли. А какво точно желае да види Твореца в човека, последният усеща само според степента на изучаване на кабала, и изпълнява указанията на *Тора* само в името на тази висша цел, и тогава цялата *Тора* се превръща в оръдие за сближаване с Твореца.

Докато човек не започне да съизмерва всички свои постъпки и мисли с желанието на Твореца, каквото и да прави, той ще го прави, като сравнява своите с желанията на другите хора, които подсъзнателно му диктуват своята воля, определяйки с това неговите мисли и постъпки. И никога човек не може да бъде свободен сам да прави каквото и да е – или му влияят нему подобните, определяйки неговото поведение и действия, или своите мисли и действия той определя в съответствие с желанията на Твореца, но никога човек не постъпва абсолютно свободно.

Скриването на Твореца от нас е в наша полза. Както в нашия свят всеки обект, който напълно не познаваме, привлича по-силно нашето внимание, отколкото познатият, така и скриването на духовния свят е необходимо, за да може човек да осъзнае важността му.

Макар че той никога не е в състояние да оцени величието на Твореца и духовните светове (частичната проява на Твореца), именно благодарение на скриването, в степента, в която Твореца му изпраща усещане за скриване и отдаденост, в него се събужда стремеж да усети Твореца, а така също и осъзнаване на важността на постигане на скритото.

От друга страна – големината на скриването се определя от неговата потребност за опознаване на скритото. И така – човекът постепенно придобива съзнание за важността на постигане на скритото от него, в такава степен, че му се струва, че е максимално отдалечен от това, което желае страстно.

Почестите, оказвани на човека, удовлетворяват неговото его и съответно нанасят вреда на душата му толкова, че великите праведници, които са станали известни и имат почитатели, смятат, че са получили известността на името си като наказание от Твореца.

Но онези велики, които Твореца желае да защити, за да не загубят те и най-малка част от своето духовно ниво, Той пази, като им изпраща ненавистници, завистници и противници на техните възгледи, готови по всякакъв начин да ги очернят, за да са равностойни почестите, даващи се поради страданията, които те трябва да изпитат от своите съвременници.

Колкото е тежко за човека, още не влязъл в духовните светове и не усещащ духовни сили и желания да удържа своите действия и мисли в нужната посока, толкова му е леко и естествено да постъпва в съответствие с природата на духовните светове, ако е получил духовни сили и е влязъл в духовните светове, ако е придобил другата, висша природа.

В момент на духовно падение изчезват всички предишни духовни постижения, желанието да служи на Твореца, да се слее с Него, да воюва със себе си и да бъде само в състояние на духовен полет.

Изчезва дори споменът и представата за това, че изобщо може да съществува такова желание като духовен подем. Ако това бъде дадено на някого, то само с висши мисли той може да се предпази от многобройните, макар и малки наслади на този свят. Обикновените хора, към които сега той отнася себе си, имат и други цели в този свят, освен духовните стремежи. И как може да има той, обикновеният човек, някаква връзка с Твореца, още повече – и възможността да се слее с Него. Дори самата мисъл за това сега му изглежда странна и далечна.

Именно за такива моменти е казано: „Там, където се намира величието на Твореца, там няма да намериш неговата скромност", защото Твореца е дал възможност на всяко от създанията да се слее с него. И когато човек отново след известно време се изправи духом, той трябва да не забравя тези случаи на духовни падения, за да може истински да оцени духовно възвишените състояния на стремеж към сливане с Твореца като личен, индивидуален подарък от Него. В такъв случай не възниква необходимост от състояния на духовно падение в бъдеще, тъй като по-рано е работил върху себе си и чрез издигане на вярата над разума, с учение и съблюдаване на установен ред на действия и мисли, човекът е създал в себе си духовен *съсъд* за постепенно духовно издигане.

Пътят на кабала

Желателният път за духовно извисяване е пътят на Тора. Независимо дали човекът иска, или не, го очаква пътят на страданията, ако няма друг метод за въздействие върху него, чрез който да постигне съвършенство.

Както вече бе казано, пътят на *Тора* се състои в това, че на човек се дава възможност свише да създаде в себе си необходимите за духовно израстване желания, показвайки му посредством неговото духовно извисяване, че духовната светлина е наслаждение, а нейното отсъствие – страдание. По този начин в човека се създава стремеж към светлината – към духовното извисяване и усещане на Твореца. Но без изпълването му с висша духовна светлина и нейното изчезване, не е възможно да се създаде желание за светлина. И с колкото повече светлина Твореца изпълва човека, а след това си я „взема", с толкова по-голяма сила човек пожелава тази светлина.

И този път се нарича Път на Тора, т.е. на светлината. Но има и път на страданията, когато човек в търсенето на пътища за бягство от непоносимите страдания, постигащи го в живота, а не от желание да си върне насладата, възбужда в себе си желание да се изпълни с духовна светлина, като живителен извор на неговото спасение... И двата пътя водят към една цел, но единият привлича с наслаждение и съвършенство отпред, а вторият подбутва отзад, принуждавайки човек към бягство от болката.

За да може човек да анализира външните въздействия и вътрешните усещания, в него са създадени два вида възприемане: горчиво и сладко – лъжливо, възприемано от сърцето, и истинско – възприемано от ума.

Духовното усещане е невъзможно да се усети в сърцето – това е абсолютно противоположно на неговата природа и затова се усеща като горчиво, а всяко собствено наслаждение се усеща като сладко. Затова работата над себе си за промяна на посоката на желанията, се нарича Работа на сърцето.

Работата на ума е друга, тъй като човек изобщо не може да разчита на собствения си разум и логика при анализа на случващото се, при това той по неволя е принуден да разчита на своя егоистичен природен разум, от който не е по силите му да се откъсне при осмисляне на онова, което се случва, защото по този начин е създаден от Твореца.

Затова има само един път – напълно да се откаже от естествения подход в осмислянето и да вярва в съветите на мъдреците, изложени в книгите по кабала и предавани от учителя, постигнал духовно ниво на познание.

Ако човек с помощта на Твореца е в състояние да направи макар и малък анализ чрез вярата, а не с разум, и да усети със сърцето си горчилката на егоизма, свише към него веднага ще постъпи духовното постижение на постигнатото ниво, озарение, сили.

След това Твореца му разкрива следващото, досега скрито, по-ниско егоистично стъпало на човека. Досега скрито – за да може човекът, усетил изведнъж цялата бездна на своя егоизъм, нямайки още сили да се справи с него, да не падне духом при вида на непосилното количество работа. Човек трябва да разбира, че целият световен егоизъм изначално се намира в него, но е скрит от него и постепенно се усеща в такава степен, в каквато Твореца му дава сили и способности да го поправя.

Затова този, който върви по духовните стъпала постепенно, преодолявайки „своя" разум, все повече с всяка стъпка напред се чувства неразбиращ и глупав, в сравнение с указанията на мъдреците в кабалистичните книги и с наставника-кабалист. В степента, в която принизява значимостта на „своя" ум, в същата степен му се дава висш разум, и в крайна сметка, вместо да стане по-глупав, отказвайки се да използва нашата земна, егоистична логика, той става по-мъдър от всички!

И затова този, който още не е постигнал висшия разум, не е променил своя анализ, не усеща сладост в неегоистичните мисли, вместо горчилка и истината на вярата – вместо лъжата на своя ограничен от природата на нашия свят разум, той може да върви напред, използвайки вече поправения анализ на своя учител, слушайки го за всичко и вървейки във всичко след него.

В това се и заключава съветът на *Тора* – да следва съветите на мъдреците. Ако поне един кабалист с истинско духовно възприемане в ума и сърцето поведе след себе си човечеството, всички ще могат да постигнат целта на творението не по пътя на страданията, а по лекия, безболезнен път на Тора! Но ако начело на народа, избран първи да измине този път, на когото на първо място разчита Твореца, от който и най-много преди всички изисква Твореца, стоят такива, които не разбират нищо от висшия замисъл и управление, тогава мъка и постоянни неуспехи ще бъдат нашата съдба.

Само по време на войни, катастрофи или други големи нещастия, когато ни се струва, че вече няма никакви решения на нашите проблеми, ние всички можем явно да видим ръката на Твореца и Неговата помощ. Но това е само в критичните моменти, в които попадаме, защото не желаем да опознаем и използваме кабалистичните знания за управление на мирозданието.

Защо хората се раждат с различни способности да усещат тънките въздействия и с различни способности разумно и логично да схващат същността на нещата? В какво е виновен човекът, че не му е дадено, че Твореца не го е създал като гениите и големите мислители или като богатите на чувства тънки натури? И изобщо, защо всички ние, раждайки се, не получаваме от Твореца равни начални умствени и духовни желания и способности?

Хората, родили се с големи желания, широко сърце и остър ум, се наричат в *Тора* умни, защото са способни да получат висшия разум. Противоположно на това се раждат други хора – ограничени в своите умствени и душевни възможности, тях *Тора* нарича глупави.

Но тъй като всяка душа има свое лично предназначение, заради което се е „спуснала" в този свят, никой от нас не трябва да се срамува, както от своите вродени качества – такива ги е създал във всеки от нас Твореца, така и от нашите лоши мисли – тях също ни ги изпраща Твореца. А за това как реагираме на лошите мисли – борим ли се с тях или сляпо им се подчиняваме, желаем ли да се поправим, всеки по силите на своите природни възможности, и какво правим за това – ето от какво трябва да се срамува човек и именно това го пита Твореца.

И все пак, по какъв начин глупакът може да постигне духовните висоти? Казал е Твореца: „Аз създадох мъдрите и аз създадох глупавите. И поместих мъдрите във всяко поколение, за да помогна с това на глупавите, за да могат, прилепяйки се с цялото си сърце към извисяващите се, и те да постигнат пълно сливане с Мен".

Но защо, все пак, са нужни глупаците на света? Та те са абсолютно мнозинство в сравнение с няколкото мъдреци в света? Цялата работа е в това, че за всяко духовно свойство е необходим свой отделен носител. Именно хората с ограничени духовни способности са носители на егоизма. А мъдреците, желаещи безкраен духовен подем в служба на Твореца, след завършване на поправянето на своя егоизъм се нуждаят от работа над егоизма на глупаците. Тъй като, заради постоянния им подем, те трябва постоянно да се подхранват с „чужд" егоизъм и да го поправят, като по такъв начин се издигат.

И затова всички се нуждаят един от друг. Но тъй като масите могат да дадат на мъдреца само своя нищожен егоизъм (желания за малките, преходни наслаждения на нашия свят), то на всеки мъдрец в света му се падат милиарди глупци. Постъпвайки в съответствие с указанията на мъдреците, ако глупаците съзнателно вървят след мъдреца, всички могат да постигнат целта на своето съществуване – абсолютното сливане с Твореца.

Макар че духовната работа по извисяването на алтруизма над егоизма става в сърцето, а по възвисяването на вярата над твърденията на разума става в ума, всичко това се отнася към отказа на човека да използва своите, дадени му от природата по рождение разум и желание да се самонаслади и да се самоутвърди. Дори работейки вече с алтруистични цели, човек все пак предпочита да вижда и да знае на кого дава и кой получава плодовете на неговия труд – и в този случай той няма нищо, освен вяра в съществуването на Твореца и в това, че Той получава плодовете на неговите усилия.

И тук осмислянето на единствеността на Твореца според принципа „Няма никой друг, освен Него", като изпращащ всичко, което може да се усети и възприеме, създаващо именно такъв ход на мислене в нас, водещо именно до такива изводи и решения, помага на човека да намери правилния поглед върху всичко, което става, и върху корекцията на своите желания и мисли, в съответствие със замисъла на Твореца.

Цялата *Тора* говори само за Твореца, за Неговите действия, затова и се нарича *Тора* с Имената на Твореца, подобно на това как името на човека ни говори за кого именно става въпрос, така всяка дума в *Тора* – това е Името на Твореца, тъй като изразява негово определено действие, казва ни какво в дадения момент ни изпраща Той.

А за нас в *Тора* се говори като за част от Твореца, която Той е отдалечил от себе си, придавайки ѝ егоизъм. Затова душата на човека се състои от две противоположни части – божествена, която проявява своите желания да усеща Твореца (в някои от нас) и тогава човек започва да търси нещо духовно, за да изпълни себе си, а с това, от което другите се наслаждават и изпълват, той вече не е в състояние да се удовлетвори. Втората част на душата – усещаната в пълна степен наша, специално създадена, егоистична природа – желанието да завладеем всичко, всичко да узнаем, да направим, да видим резултата от своите действия, т.е. във всичко и в цял обем да видим своя „аз".

Тази егоистична част на нашата душа е самото творение, единственото, което е създадено, тъй като алтруистичната част на душата е част от самия Творец. Вземайки за Себе си своето желание и придавайки му допълнителен егоизъм, Той е отделил от Себе си тази част и тя започнала да се нарича душа – съществуващо отделно от Него творение. И се нарича творение именно затова, защото в нея има част от новото новосъздадено свойство – нейния егоизъм, който не е съществувал по-рано, тъй като в самия Творец такова желание няма.

И в *Тора* се говори само за този обект – душата, състояща се от част от Твореца и част от новосъздаденото егоистично чувство „всичко да получи в себе си", а не за тяло, състоящо се от плът и кости, защото то, като всички тела, е животинско и неговата съдба е като на всички животни – да изгние и да се разпадне отново в елементите на този свят.

А ние усещаме себе си като тяло, защото не усещаме нашата душа. Но в степента, в която човек започва да чувства душата си, той все по-слабо усеща своето физическо тяло, неговите желания, неговите болки, тъй като душата все повече говори в него. По-напредналите изобщо не чувстват желанията на своето тяло, тъй като слушат само това, което им казва душата – частта от Твореца в него. И затова под думата „тяло" разбират себе си, своите душевни желания, своята придобита същност, а не телесните желания, които практически не усещат.

Тора говори не за нашето физическо тяло, за килограмите тъкани и кости, а за двата стремежа на душата – за желанието на божествената част към усещането за Твореца, за сливането с Него и за желанието на егоистичната част към самоудовлетворение, самонасищане, усещане на себе си, вместо на Твореца. И двете желания се наричат в *Тора* тяло – или тяло егоистично, тяло физическо – тяло от нашия свят, тъй като само на нашия свят е свойствен егоизмът, или тяло духовно, тъй като алтруистичните желания – това са желанията на Твореца, свойствени на духовния свят.

Винаги и във всичко *Тора* говори за това какво става в тези или в други случаи с нашата душа, с нашите желания, как ги променя Твореца и как ние можем да ги променяме, по-точно да молим Твореца да ги променя, защото ние сами не сме в състояние да го направим.

Но най-главното за начинаещия е той, въпреки непрекъснато възникващите най-различни мисли и желания, със силата на волята си, упорито да улавя и задържа мисълта, че те идват от Твореца, че тези, най-различни и понякога най-низки мисли и желания, му изпраща Твореца. И Той прави така, за да може човекът, въпреки тези пречки, да не губи връзката с Него, поддържайки в себе си вярата, че всички тези мисли и желания му се изпращат от Твореца, за да може, борейки се с тези пречещи му мисли, да укрепва своята вяра, усещане, че всичко изхожда от Създателя.

И укрепвайки в себе си това убеждение, той може да постигне състояние, когато това усещане постоянно да живее в него, въпреки увеличаващите се пречки, които непрекъснато ще му бъдат изпращани от Твореца, именно за укрепване на това чувство в него. И в това постоянно чувство на вяра във всесилността на Твореца ще влезе тогава усещането за

Неговото присъствие в човека, Твореца ще „се облече" в самия човек и това ще определи всички негови мисли и желания – той ще стане част от Него.

Човек трябва да усети, че именно чувството на отдалеченост от Твореца е онова необходимо чувство, с помощта на което, вътре в което, той ще може след това да усети Твореца.

Именно тези две чувства се наричат в кабала кли – *Съсъд* и ор – светлина – това е желанието на човека да усети Твореца, което постепенно се ражда в него под въздействието на пречещите мисли и желания, специално отвличащи от мислите за Твореца и Неговата единственост, и затова принуждаващи човека със сила на волята да увеличава силата на своята вяра и да поддържа мислите за Твореца.

Светлината – това е вече отговор на желанието на човека да усети Твореца, когато сам Твореца „се облича" в това желание на човека – светлината влиза в *съсъда*.

Редът на духовното израстване е такъв, че човек се пробужда към желанието за духовност, към усещането за Твореца, към потребността да познае себе си, само под действието на светлината, когато чувства живота, въодушевлението от сближаването с духовните усещания, чувства се по-съвършен.

Но след това започват да го посещават странични мисли, и под тяхното въздействие той пада от това ниво и се връща към своите обикновени желания и мисли.

След известно време в него възниква съжаление за неговите преходни и нищожни грижи и мисли, и то ражда горчилка и гняв срещу себе си, а понякога и срещу Твореца, защото му изпраща отблъскващи го от духовното мисли и желания.

И като отговор на горчивото чувство на съжаление за своето духовно състояние, човек получава свише светлина, чувство на сближение с Висшия, усещането, че е готов да даде всичко за това чувство на близост на Твореца, за чувствата на безопасност, увереност, безсмъртие, усещани от него при приближаването към абсолютното и вечно съвършенство, излъчвано от Твореца.

И човек не се срамува за своите предишни постъпки и мисли, и от нищо не се плаши в този свят, тъй като чувства в този момент своята безсмъртна душа като част от вечния Творец – във всичко той е съгласен с Твореца и във всичко оправдава Неговите действия със създанията и е готов, отказвайки се от своя разум, да следва своя Създател. Това чувство, явяващо се вследствие от запълването на човека със светлината на Твореца, го прави абсолютен роб на духовните усещания. Но отново след известно време възниква в него странична мисъл... и така, постепенно, от многото последователно посещаващи го, пречещи мисли и идващите след тях усещания за духовен подем, в него се ражда толкова цялостно чувство за искане на духовното, че той получава постоянната светлина на Твореца.

Рав Барух попитал своя дядо Баал Шем Тов: „Известно е, че в далечните времена желаещите да постигнат Твореца постоянно са се подлагали на ограничения, а ти си ги отменил в съответствие с казаното, че всеки, подлагащ се доброволно на лишения, е нарушител на *Тора* и трябва да отговаря за това. Тогава кое е главното в работата на човека над себе си?" Отговорил му Баал Шем Тов: „Аз дойдох в този свят, за да покажа друг път – човек трябва да се стреми да овладее три неща: любов към Твореца, любов към народа, любов към Тора. И тогава няма да има необходимост от доброволни лишения."

Възможността да се благодари на Твореца вече сама по себе си е благо, дадено ни от Него. Милосърдието на Твореца се състои в това, че ние можем да Го обичаме, а Неговата сила е в това, че можем да се боим от Него.

В какво се състои причината за това, че човек, стремящ се да се приближи към Твореца и чувстващ, че вече е близък до Него, изведнъж, в някаква степен, усеща отдалечаване? Отговорът на Баал Шем Тов е: „Това е подобно на обучението на детето да ходи: него го подкрепят и то, извършвайки няколко стъпки, се приближава към баща си, но бащата, желаейки да научи сина си самостоятелно да ходи, се отдалечава, докато синът не се научи да ходи".

Казал е Баал Шем Тов: „Работата на човека над себе си се състои в постоянната, до последен дъх, борба с егоизма и вместо него всеки път да внасяме на неговото място Твореца.

Твореца, подобно на велик властелин, седи в центъра на своя дворец. Той е построил много стени и препятствия по пътя към Себе си, разхвърлял е между стените на Своя дворец богатство, раздава почести и постове на тези, които преодоляват препятствията.

Човек, получавайки ги, се успокоява. Но само този, който се отказва от всичко, желаейки да бъде редом с Твореца, се удостоява да влезе при Него".

Както е необходимо преходно състояние между зърното и кълна, израстващ от него, състоянието на пълното разлагане на зърното, на абсолютното му изчезване, така и дотогава, докато човек не постигне пълното отрицание на своя „аз", той няма да може да получи нова духовна природа. Твореца е сътворил „аз"-а на човека от „нищо", затова, за да се слее с Твореца, е необходимо човек да се върне от състоянието „аз" в „нищото". Затова се казва, че Спасителят (Машиах) се е родил в деня на разрушаването на Храма. И така всеки път, когато човек стига до състояние на пълно отчаяние, прави извода, че „всичко е прах и суета на суетите".

Именно от такова състояние започва новото стъпало на неговото духовно израстване, защото той може да се отрече от всичко.

Магид от Межрич, велик кабалист от миналия век, е казал: „Има десет правила за духовна работа. Три правила могат да се научат от бебето:
- Радва се от нищо.
- Дори минута не е спокойно.
- Това, което иска, го иска с всички сили.

Седем правила могат да се научат от крадеца:
- Работи през нощта.
- Това, което не е успял да постигне тази нощ, се старае да постигне в следващата.
- Предан е на своите другари.
- Рискува, за да придобие дори незначителни неща.
- Не цени това, което е откраднал, и го продава за грошове.
- Получава побои, но не се успокоява.
- Вижда в своята работа преимущество и не желае да я смени".

И е добавил: „За всеки катинар има ключ, но ако катинарът не поддава, смелият крадец го разбива".

Твореца обича човека, разбиващ своето сърце, за да влезе в дома Му.

Когато човек достигне изкачване по духовната стълба, само тогава той изглежда нищожен в собствените си очи и може да се преклони пред Твореца, усещайки, че нищо не иска – нито собствено духовно спасение, нито духовно извисяване, нито безсмъртие, а само Твореца.

По време на духовно падение, на човек му се струва, че Твореца се скрива и му е трудно да се задържи във вярата за Неговото съществуване и управление. Но ако човек чувства, че Твореца се скрива от него, то това вече не е скриване на Твореца, а състояние, от което Той очаква усилията на човека за сближаване с Него.

Твореца се нарича Място (*маком*) именно защото човек трябва да влезе в Него с цялото свое същество, за да може Той да го обкръжава и да стане място за неговото пребиваване. (Както вече бе отбелязано, ние се намираме в океана от светлина на Твореца и трябва да постигнем това.)

По време на молитва човек трябва постоянно да контролира в какво влага внимание и сили – в четенето на текста и точното съблюдаване на реда на всеки откъс, в задълбоченото разбиране на имената и изучаване на съчетанията на буквите (*цируфим*), на точното произнасяне на думите, на строгото следене на намеренията на мисълта (*каванот*) по особен молитвеник, или се опитва да извърши главното – да насочи своето сърце към сливане с Твореца. Главното намерение е молба за усещане на Твореца! Онези, които четат молитвата, знаят, че Твореца съществува, но само този, който моли за способност да усети Твореца, само той Го постига.

21. Поправяне на егоизма

Цялата *Тора* е предназначена за унищожаване на нашия егоизъм. Затова заповедта „Възлюби ближния" е естествено следствие от сливането с Твореца, защото няма никого, освен Него, и когато човекът постига цялото това творение, в това число и нашия свят, те се обединяват в неговото усещане за единствения Творец. От това става ясно как са могли праотците да съблюдават цялата Тора, преди още да я получат.

Изискването за физическо изпълняване на заповедите се обуславя от необходимостта за поправяне на „неживото" ниво на душата на човека. Този, който изпълнява заповедите поради това, че така е възпитан *(бе тмитут)*, се намира на духовно „неживото" ниво, на което не се усеща връзката с Твореца.

Следствието от духовното извисяване се проявява още и в това, че човек започва да обича дори най-злите си врагове и ненавистниците на всички народи. Затова най-голямата работа се състои в молитвата за своите врагове.

Когато започнали да нападат Раби Леви Ицхак от Бердичев за неговата огромна работа по обучаване в правилно служене на Твореца, дошли слухове за това до Раби Елимелех от Лиженск.

Той казал: „На какво да се учудваме! Това се случва постоянно! Ако го нямаше това, нито един народ не би могъл да ни пороби".

Има два периода на борба с егоистичните желания – отначало човек се устремява след тях, а когато започва да бяга от тях, забелязва, че те непрекъснато го преследват.

Отричащ единството на Твореца *(кофер)* се нарича онзи, който още не усеща, че Твореца и всичко, което става в света и с нас самите, е абсолютно едно и също.

Раби Ихиел Михал (Магид ми Злочив), кабалист от миналия век, живял в много голяма бедност. Неговите ученици го попитали: „Как можеш да произнасяш благословения към Твореца, че ти е дал всичко необходимо *(ше аса ли кол цархи)*?" Той отговорил: „Мога да благославям Твореца, който ми е дал всичко, защото очевидно именно бедността ми е необходима за сближаването с Него, затова ми я дава."

Няма нищо, което повече да отрича властта на Твореца от унинието. При това всеки човек изпада в такова чувство по всевъзможни причини: страдания, осъзнаване на собственото безсилие, отсъствие на желаното и т.н. Не е възможно да се приемат удари и да се усеща чувство на радост от тях, без да се осъзнава необходимостта и великата полза от тях, когато всеки удар се приема като лекарство. Единствената тревога на човека трябва да бъде защо се тревожи. За страданията, казвал Раби Моше от Коврин, трябва да се каже, че не са лоши, защото в света няма лошо, а са горчиви, защото това е истинският вкус на лекарството.

Необходимо е най-сериозно усилие да се приложи за „излекуване" на чувството на униние, тъй като следствието на вярата е чувството на радост и само с придобиване на вяра човек може да се спаси от унинието. Затова на казаното в Мишна: „Човек е длъжен да благодари за лошото", незабавно Талмудът добавя: „Длъжен е да го приеме с радост, защото няма зло в света!"

Тъй като човек постига само онова, което влиза в неговите чувства, а не остава отвън, то и Твореца ние постигаме според Неговото въздействие върху нас.

Затова всички наши усещания, отричащи единствеността на техния източник, ни се дават именно за да могат като резултат да изявят и да дадат възможност да се почувства единствеността на Твореца. Казано е, че след преминаването на морето са повярвали в Твореца и са запели. Само вярата дава възможност да се възпява.

Ако човек смята, че е в състояние чрез работа върху себе си да се поправи, той е длъжен да провери своето отношение към вярата във всемогъществото и единствеността на Твореца, защото само чрез Него, чрез молитва за промяна, е възможно да промени нещо в себе си.

„Светът е сътворен, за да се наслаждава човекът – *Барати олам кедей леитив*". Олам (свят) произхожда от думата елем, алама – скриване. Именно чрез усещане на противоположността на скриването и разкриването, човек постига наслаждение.

И в това е смисълът на казаното: „Сътворил е помощ против теб – *езер ке негдо*".

Егоизмът е сътворен в помощ на човека: постепенно в борба с него, човек придобива необходимите за духовното усещане органи на чувствата. Затова пречките и страданията трябва да се възприемат от човека с пълно осъзнаване за тяхната цел – да го принудят да помоли за помощ Твореца, за да го спаси от страданията. Тогава егоизмът и всичко неприятно се превръщат в „Помощ срещу теб" – срещу самия егоизъм.

Може по друг начин да си представим как егоизмът стои „срещу нас", вместо Твореца, засенчвайки Го, скривайки Го от нас, както е казано: „Аз стоя между Твореца и вас" – „аз"-ът на човека стои между него и Твореца. Затова и съществува заповед в началото „Да помниш какво ни е направил Амалек", а след това „да изтриеш всички спомени" за него.

Не трябва да търсим в себе си пречещите мисли, а първото, което възниква в сърцето и мислите на човека в момента на пробуждането, което е необходимо, за да се свърже с Твореца. В това се състои помощта на пречките, връщащи човека към мислите за Твореца. Затова най-голямото зло е, че човек забравя за Твореца.

Колкото егоизмът принуждава човека да съгреши, толкова той го принуждава да бъде прекален „праведник" – и в двата случая човек се отклонява от истината. Колкото човек може да се представя за праведник пред околните, толкова понякога, без да усеща, че се самозалъгва, той е убеден, че наистина е праведник.

Раби Яков Ицхак от Люблин (Хозе ми Люблин) е казал: „Аз повече обичам грешниците, които знаят, че са грешници, отколкото праведниците, които знаят, че са праведници. Но грешниците, които се мислят за праведници, никога няма да намерят истинския път, защото дори на прага на ада им се струва, че са ги довели тук, за да спасяват другите".

Целта на истинския кабалист е неговият ученик да се бои и уважава Твореца повече, отколкото самия него, да вярва в Твореца повече, отколкото в него, да зависи от Твореца повече, отколкото от него.

Раби Нахум от Рожин, кабалист от миналия век, заварвайки учениците си да играят на шашки, им разказал за сходството между правилата на тази игра и духовните правила:

„Първо, забранено е да се правят два хода едновременно.
Второ, може да се върви само напред, но не и назад.
Трето, стигналият до края има право да върви,
както иска, по свое желание".

Ако човек подозира, че хората говорят за него, той е заинтересован да ги слуша. Желаното, което е скрито, се нарича тайна. Ако човек чете *Тора* и чувства, че там се говори за него, това значи, че е пристъпил към изучаването на тайната *Тора (Торат анистар)*, където се говори за него, но това е все още тайна за него. А според степента на духовното си напредване, той узнава какво се говори в *Тора* именно за него, и тя от тайна става открита, явна (Торат анигле). Който изучава *Тора* без въпроси за себе си, не усеща в нея тайната или вече явна нейна част. *Тора* му изглежда като история или набор от юридически закони. Казано е в Талмуд: „Цялата *Тора* говори само за настоящето".

От гледна точка на егоизма, няма нищо по-странно и противоестествено, нереално и глупаво от това да се „продадеш" в робство на Твореца, да унищожиш в себе си своите мисли и желания и да се предоставиш на Неговата воля, каквато и да е тя, не знаейки я предварително.

Такива нелепи се струват на човека духовните му желания по време на отдалечаването му от Твореца. И обратното, щом той почувства духовен подем, веднага се съгласява с това състояние, без каквато и да е съпротива и критика на разума. И вече не се срамува от своите мисли и постъпки, насочени към това да се отдаде в робство на Твореца.

Тези противоположни състояния се дават специално на човека, за да може да усети, че спасението от егоизма е свръхестествено и става само по волята на Твореца.

Човек се намира в състояние на неудовлетвореност, защото сравнява своето сегашно състояние с миналото или с надеждите си и страда от отсъствието на желаното. Но ако знаеше какви огромни наслади може да получи и не ги получава свише, щеше да страда несравнимо повече. Той обаче се намира в неведение спрямо духовните наслади и не чувства тяхното отсъствие. Затова най-главното е да усети Твореца, а след това – дори ако това усещане изчезне, за него вече ще бъде съвсем естествено да се стреми отново да Го усети. Теилим, 42: „Както сърната, която се стреми към извора, така и моята душа се стреми към Тебе, Твореце".

Стремежът да се усети Твореца се нарича „*лаким Шхинта ми афра*" – стремеж да се „*повдигне*" Шхина от праха – усещането за Твореца от пепелта – най-ниското в нашите очи състояние, когато всичко в нашия свят ни изглежда по-ценно от усещането на Твореца.

Изпълняващите заповедите, поради съответното възпитание, което също е желание на Твореца, правят същото като тези, които желаят да постигнат Твореца. Цялата разлика е в усещането на самия човек. Но това е най-главното, защото желанието на Твореца е творенията да се наслаждават на Неговата близост.

За да излезе от автоматичното изпълняване на заповедите и да стане самостоятелно действащ, човек е длъжен точно да осъзнае какво е получил, благодарение на възпитанието и обществото, и кои стремежи са негови собствени.

Например, човек е получил възпитание по системата „Мусар", която твърди, че нашият свят е нищо. В такъв случай духовният свят представлява само малко повече от нищо. Кабала казва на човека, че този свят, както се и усеща, е пълен с наслаждения, но духовният свят, светът на усещане на Твореца, е несравнимо по-прекрасен. По такъв начин духовното изглежда не само повече от нищото, а е повече от всички наслаждения в нашия свят.

Човек не може да застави себе си да желае да достави удоволствие на Твореца, както Той създава наслаждение за нас, защото в него няма такива желания (*келим де ашпаа*), но трябва да се старае да разбере *„към кого"* трябва да се стреми. Това е проверка за истинността на стремежите към Твореца, тъй като при искрено желание за Твореца, всички останали мисли и желания изчезват, както светлината на свещта изчезва в светлината на факлата.

До появяването на усещането на Твореца, всеки човек се усеща единствен в света. Но тъй като само Твореца е единствен, защото само Той е в състояние да дава на целия свят, а ние сме абсолютно противоположни на това желание, то при първото усещане за Твореца човек придобива, макар и временно, същите свойства. И това се нарича *„ки нер бифней авука"*.

Всичко, което човек трябва да постигне в този свят, е да живее в него според закона на духовния свят.

Да бъде постоянно свързан (*давук*) с Твореца означава да вярва, че всичко лошо, което чувства, също излиза от Твореца, изпратено е от Него.

Има Творец и творение – човек, който не усеща Твореца, а само „вярва" в съществуването и единствеността на Твореца, в това, че само Твореца съществува и управлява всичко (думата „вярва" е в кавички, защото вярата в кабалистичния смисъл озна чава именно усещане за Твореца).

Единственото, което желае човек, е да получи наслаждение. Такъв го е създал Твореца. И това е целта на творението, желанието на Твореца. Но човек трябва да се наслаждава по същия начин, както и Твореца.

Всичко, което някога е ставало, става или ще става с всеки от нас, всичко добро и лошо, предварително се планира и ни се изпраща от Твореца. В края на поправянето *(Гмар Тикун)*, ние ще се убедим доколко то е било необходимо за нашето благо.

Но докато всеки от нас се намира по пътя на своето поправяне, този път се възприема от нас като дълъг, хилядолетен, горчив, кървав и необичайно болезнен, и колкото и подготвен да е за следващия удар човек, щом усети върху себе си някакво отрицателно въздействие, забравя, че то също произлиза от тази единствена в света сила, от която излиза всичко. А той – човекът, представлява само материал в ръцете на Твореца и започва да си представя, че е самостоятелно действащо лице, и за причина за неприятните обстоятелства смята себеподобните, а не Твореца.

Затова най-важното, на което трябва да се научим в този свят, е просто предварително да разбираме, че всичко произлиза само от Твореца, да не се поддаваме на пречещите чувства и мисли по време на най-трагичните събития, да не започнем изведнъж да мислим „самостоятелно", като че ли всичко, което става с нас в дадения момент, произлиза от нам подобните, а не от Твореца, че изходът от случилото се зависи от хората или обстоятелствата, а не от Твореца.

Но трябва да се научим на това само от своя опит. И по време на обучение човек забравя за причината на случващото се с него – че всичко е с цел да израсне, а забравяйки, той изпада в измамното усещане за отсъствие на управлението и пълното скриване на Твореца.

Този процес протича по следния начин: Твореца дава на човека знание и усещане, че само Той, Твореца, управлява света, а след това изпраща на човека плашещи, пълни с неприятни последствия жизнени обстоятелства.

Неприятните усещания така обземат човека, че той забравя кой и с каква цел му изпраща тези удари. От време на време, в процеса на този „експеримент", на човек се дава възможност да осъзнае защо това се случва с него, но при увеличаване на неприятните въздействия това усещане изчезва.

Но дори когато човек изведнъж „си спомни" кой и защо му изпраща такива страдания, той не е в състояние да убеди себе си да ги отнесе към Твореца и да моли само Него за спасение, а макар да знае, че това идва от Твореца, търси самостоятелно пътища за своето спасение.

Подобни усещания може умозрително да се представят в следната картина:

По пътя на човека към Твореца се намира нечиста, отвличаща, плашеща сила или мисъл и човекът е длъжен да си пробива път към Твореца през нея, за да се съедини с Него.

Човек се намира редом с Твореца, като дете в ръцете на майка си, а страничните сили искат да го отнемат от Него, за да престане той да Го чувства и да усеща Неговото управление. Твореца като че ли поръчва на човека да пази нещо важно от своя враг, врагът напада и човекът отчаяно воюва с него.

В края на борбата на човека с неговия враг на него му става ясно, че е воювал само с пречките, изпращани от самия Творец, с цел обучение и извисяване. В резултат на тази вътрешна борба човек получава знания за себе си и за управлението и любовта към Твореца – виждайки в края на борбата с каква цел са му изпращани преди това всички препятствия от Твореца.

Възпитанието на човека трябва да се състои не в принуда и потискане, а в развиване на навици, необходими за изработване в него на критика на своите вътрешни състояния и желания. Правилното възпитание трябва да включва в себе си обучение на навици за мислене, обратно на традиционното възпитание, което си поставя за цел да създаде в човека автоматични постъпки и реакции за бъдещето. Целта на възпитанието трябва да се състои във формирането на навици постоянно и самостоятелно да се прави анализ и оценка на собствените, независими и ненатрапени отвън или от възпитанието действия.

По какъв начин човек може да стигне до истината? Егоистично истината се усеща като горчилка, болка, а кой ще се съгласи да има подобни усещания?

Човек получава живителна сила и енергия от наслажденията, почестите и завистта. Например, ако е облечен в скъсани дрехи, той се срамува от това, че другият е облечен красиво. Но ако и другият е облечен в скъсани дрехи, то това усещане на срам ще остане наполовина. Затова се казва *„общото нещастие е наполовина успокоение"* (*царат рабим, хаци нехама*).

Ако човек получаваше удоволствие само от един от трите източника, той не би могъл да се движи напред, да се развива духовно. Например, ако имахме стремеж само към наслаждение, без стремеж към почести, човекът щеше да ходи гол в горещо време, защото не би изпитвал срам.

Стремежът към почести, към високо положение в очите на обществото може да бъде намален, ако цялото общество съкрати своите потребности, като например по време на сериозни изпитания и войни. Но в стремежа си да изпита наслаждение или да намали страданията, човек не е толкова зависим от мнението на околните, като например, зъбите няма да го болят по-слабо, ако и друг страда от зъбобол. Затова работата „заради Твореца" трябва да се гради въз основа на наслажденията, а не на почестите, иначе човек може да се успокои и да спре по средата на пътя.

Казва се *„завистта на учените увеличава знанията"*. Човекът няма желание за почести, но защо почитат друг, а не него. Затова полага усилия в науката, за да не уважават друг повече от него. Тези стремежи увеличават знанията. Така е и сред начинаещите – виждайки, че другите стават в зори да се занимават, човек също заставя себе си да стане, въпреки че в душата си желае никой да не става рано, защото тогава и на него няма да му се налага да става рано.

Ако човек знаеше, че всички негови мисли не му принадлежат, а идват от околните, той би могъл да се бори с тях, но обществото ни действа по такъв начин, че ние усещаме получаваните от него мисли и желания като свои. Затова е важно какво общество си избира човек, какви са целите и идеалите на кръга, в който той живее.

Но ако човек желае да бъде под влияние и да получава мисли само от определен кръг хора, най-сигурният начин е да бъде сред тях, а още по-сигурно е да им прислужва, да им помага, защото нисшият може да получи от висшия. Именно затова в групата от съмишленици в учението е необходимо да се смята, че всички са по-поправени и по-знаещи от самия теб.

Това се нарича Придобивка от „авторите" *(ми пи софрим)*, тъй като той получава от общуването. При това, намирайки се сред други хора, в работата и в къщи, желателно е изучаващият мислено да бъде със съмишлениците от своята група и тогава никакви странични мисли няма да проникнат в човека с измама и няма да започне да разсъждава като съседите, жена си и колегите.

Стремеж към духовни свойства

(Начинаещият абсолютно не може да разбере кой в нашия свят е истински кабалист, а кой лъжлив, защото всички му казват едни и същи истини за работата над себе си и за необходимостта от отказ от егоизма. Но тези думи са като светлината на Твореца, заливаща всичко, като светлина без *съсъд*. Т.е. говорещият може да произнася най-проникновени думи, но да не разбира техния вътрешен смисъл, нямайки келим, усещане на тази светлина).

Много по-трудно от непосредственото получаване на знания от учител, е да получиш мисли и свойства от книгите на авторкабалист, което се нарича „Ми сфарим", защото ако иска да получи мислите на автора, човекът трябва да вярва, че авторът е голям кабалист. И колкото по-високо е неговото мнение за автора, толкова повече от неговите мисли ще разбере.

От хиляди, постигнали Твореца, само на Раби Шимон Бар Йохай (РАШБИ), на Раби Ицхак Ашкенази (АРИ) и на Раби Йехуда

Ашлаг (Баал Сулам) е било дадено разрешение да пишат за кабала на език, разбираем за непосветените, т.е. за още непостигналите усещане за духовните стъпала. Останалите кабалистични книги използват образи, разбираеми само за влезлите вече в духовния свят, и затова са неподходящи за начинаещите.

При помощта на тези две средства – подбрано общество и избрани книги, човек постепенно постига самостоятелно мислене (до този момент той се намира в положението на всички съществуващи на тази земя – желае да бъде самостоятелен, но не може, „роце ве ло яхол").

Казано е, че завистта, насладата и желанието за почести извеждат човека от този свят (кина, таава ве кавод моциим адам мин аолам). Смисълът на изречението е, че тези три вида човешки желания са причина за това, че човек се принуждава да действа, макар и не от добри подбуди, но те го заставят да се променя, да расте, да желае да постигне все повече, докато не разбере, че истинската придобивка е придобиването на духовния свят – и да поиска да излезе от нашия свят и да влезе в духовния.

Затова е казано, че тези три желания „извеждат" човека от този свят (в духовния, бъдещ свят). В резултат на натрупването на знания и разум, човек започва да разбира кое е най-ценното и колко струва, за да се постигне то. По такъв начин, от желание „за себе си", достига до желанието „заради Твореца" *(ми ло лишма ба лишма)*.

Цялото творение е стремеж да се наслаждава или страдание от отсъствието на наслаждението, излизащо от Твореца. За насладата са необходими две условия: имало е наслаждение и е изчезнало, оставяйки впечатление, спомен *(решимо, от думата рошем – запис)*.

Съществуват няколко типа нечисти, отвличащи сили, наричани *клипот* – черупки, люспи, и това название определя тяхното предназначение. Тези сили:

1. Защитават духовно чистите сили (самия плод под люспата) от проникването на вредители в духовното – още неподготвени, които биха могли да навредят и на себе си и на другите, овладявайки духовното;

2. Създават пречки пред тези, които наистина желаят да овладеят плода. В резултат на борбата с тях човек придобива необходимите знания и сили да преодолее обвивката, става достоен да вкуси самия плод.

В никакъв случай не трябва да се смята, че изпращаните на човека мисли срещу Твореца, Пътя и Вярата не са изпратени от Самия Него. Само Твореца е единствената сила – включвайки човека – която действа в цялото творение, а на човека му остава само ролята на активен наблюдател: да почувства върху себе си цялата гама от сили и всеки път да се бори с мислите за това, че тези сили не идват от Твореца. На този, на който Твореца не изпраща пречещи в изучаването на кабала и в работата над себе си мисли, той не е в състояние да се движи напред.

Основните *клипот* – *клипат мицраим (Египет)* не дават желание да се върви напред по духовния път. Клипат нога (сияйна) дава усещане, че и така е добре, че няма смисъл да се напредва. Човек усеща своето състояние като спящо, но със сърцето си не е съгласен с него *(ани яшена ве либи ер – аз спя, но сърцето ми бодърства)*.

Истинските кабалистични книги, особено книгите на Баал Сулам, са написани по такъв начин, че изучаващият ги вече не може да се наслаждава от сиянието на *клипат нога*, след като разбере целта на творението.

Но на тези единици, които Твореца избира да ги приближи към себе си, Той изпраща Страданията на любовта *(исурей ахава)*, страдания в тяхното състояние, за да се стремят да излязат от него и да напредват към Твореца. Този вътрешен стремеж на човека, усещан като свой, се нарича Натиск отвътре *(дахав пними)*.

Действието *(маасе)* на човека се нарича „открито" *(нигле)*, защото за всеки, който вижда, е ясно какво е направил и не може да има друга трактовка.

Посоката на мислите, Намерението *(кавана)* на човека се нарича „скрито" *(нистар)*, защото може изобщо да не бъде такова, каквото си го представя страничен наблюдател, и дори не такова, за каквото човек говори, имайки предвид своите намерения.

Понякога човек и сам не знае какво го подтиква към една или друга постъпка, т.е. какви са истинските му вътрешни подбуди, дори от човека е скрито неговото намерение, а не само от околните. Затова кабала се нарича тайна част на Тора, Тайна мъдрост *(хохмат нистар)*, защото това е наука за намерението, за това как да стане намерението на човека насочено към Твореца. И това трябва да бъде скрито от всички, понякога и от самия изпълнител.

Необходимо е да се вярва, че всичко, което става в света, става по волята на Твореца, управлява се от Него, изпраща се от Него и се контролира от Него. Има такива, които твърдят, че нашите страдания всъщност не са страдания, а награда. Това е справедливо само по отношение на онези праведници, които са в състояние да отнесат всички обстоятелства и техните последствия към управлението на Твореца. Само в този случай, когато човек е в състояние да върви с вяра в справедливостта на Висшето управление, въпреки най-големите изпитания – проклятията се превръщат в благословение. А в изпитанията, в които човек не е в състояние да върви над своя разум, той пада духовно, защото само в истинската *„вяра над разума"* може да бъде намерена опора. Падайки от вярата в своя разум, човекът вече трябва да чака помощ. Но който е в състояние да премине през тези изпитания, се издига, тъй като именно изпитвайки страдания – с помощта на тези изпитания увеличава силата на своята вяра. И затова за него изпитанията и страданията се превръщат в благословения.

Истинската молба трябва да излиза от цялата дълбочина на сърцето, което означава, че цялото сърце трябва да е съгласно с това, което иска да каже на Твореца. Да каже не с думи, а с чувства. Само това, което става в сърцето на човека, Твореца чува. Твореца чува дори повече, отколкото сам човек би искал да каже, тъй като разбира всички причини и всички чувства, които самият Той изпраща. И нито едно създание не може да избяга от набелязаната крайна цел – да пожелае духовни свойства.

Но какво да стори човек, ако чувства, че не желае в достатъчна степен да се раздели с удоволствията на този свят и усеща, че като че ли напълно трябва да изостави своите близки, семейство, целия пълен с живот свят и неговите малки радости, всичко, което егоистичните желания така красиво рисуват в неговото въображение? И какво може да направи той, ако, молейки Твореца за помощ, в същия момент разбира, че не желае Твореца да му помогне, да чуе неговата молитва?

Затова е нужна особена подготовка и осъзнаване на жизнената необходимост от придобиване на свойствата на алтруизма. А тези желания постепенно узряват в човека под действието на усещането за отдалеченост от духовните наслаждения и спокойствието, които отдалеч го привличат.

И това прилича на онзи случай, когато поканилият гости трябва да се погрижи за това те да имат апетит за онези ястия, които той им е приготвил. И освен това, в началото на трапезата трябва също така да се погрижи и да им поднесе такива предястия, които да предизвикат у гостите апетит. И само след това той може да им предложи това, което е приготвил, а без такава подготовка гостите няма да почувстват насладата от угощението, колкото и вкусно и обилно да е то.

Още повече, ако става въпрос за предизвикване на апетит към противоестествени, непривични ястия – насладата от алтруизма!

Потребността от сближаване с Твореца се ражда постепенно в човека, под действието на усилията, прилагани от него именно в състояния на крайна отдалеченост от духовното спасение, от собствената опустошеност и тъмнина, когато той се нуждае от Твореца за лично спасение, да го измъкне Твореца от създаваните от Него безизходни ситуации, да му помогне свише. И ако човек действително се нуждае от помощта на Твореца, това е признак, че е готов да получи помощ, създал е в себе си „апетит" за получаване на именно тези наслаждения, които Твореца му е приготвил, и в степента, в която изпитва страдания, той е способен в същата степен да изпита наслаждение.

Но ако човек трябва да преживее страдания и в същата степен, в която страда – да приеме наслаждение, то първо това е път на страданията, а не път на Тора. И второ, защо в такъв случай да моли Твореца за каквото и да е? Трябва просто да премине през страданията, докато самото тяло не поиска да се избави от тях в пълна степен – толкова, че да извика към Твореца с такава сила, че Той да бъде принуден да го спаси.

Отговорът е прост – молитвата, дори и ако не е чистосърдечна, все едно, подготвя човека за освобождение, защото в нея човекът обещава на Твореца, че след получаване на духовни сили ще ги приложи, за да запълни липсващия в него в този момент необходим стремеж към духовното. В това се състои и великото спасение на молитвата. Молба с подобно обещание се приема от Твореца и вместо по пътя на страданията, човек напредва по пътя на Тора. Затова в никакъв случай човек не трябва да се съгласява със страданията, дори ако е уверен, че те му се изпращат от Твореца и вярва, че всичко, изпратено от Всевишния, е за негово благо. Твореца очаква от човека не покорно получаване на страдания, а тяхното предотвратяване, за да не се налага да подтиква човека със страдания отзад, а да му придаде стремеж да върви напред с вярата, че за своето благо той е молил Твореца за духовен напредък.

И ако чувства, че в него няма истинско желание за това, той все едно моли Твореца да му даде и желание, и вяра в силата на молитвата, моли за желание да отправя молби към Твореца, за това, което му липсва.

Нашата душа, „аз"-ът на всеки от нас, се намира в съвършено състояние от момента, в който Твореца, създавайки ни, е решил какво трябва да бъде то. Това състояние може да се определи като състояние на абсолютен покой (тъй като всяко движение е предизвикано от желание за придобиване на по-съвършено състояние) и абсолютно наслаждение (тъй като желанията, създадени в нас от Твореца, се удовлетворяват напълно).

За да се постигне това състояние, ние трябва да придобием желание за постигане на Твореца, т.е. да поискаме да променим своите настоящи стремежи на съвършени, алтруистични. Алтернатива няма: *„Така казва Твореца: ако не стане по ваше желание, то Аз ще поставя над вас жестоки властници, които със сила ще ви принудят да се върнете при Мен"*.

Във всеки от нас съществуват едновременно и двете – нашето настоящо и нашето бъдещо – съвършени състояния, но сега ние изпитваме усещане само за нашето сегашно, а да преминем в „бъдещото" състояние е възможно в един миг – променяйки нашата природа от егоистична, материална – на алтруистична, духовна. Твореца може да сътвори това чудо с всеки от нас във всеки следващ миг, защото тези две състояния съществуват едно временно, само че едното от тях ние възприемаме сега, а съвършеното, съществуващо паралелно – не усещаме, макар че се намираме в него, тъй като по свойства-желания ние не му съответстваме, както казва Твореца: *„Не може Аз и вие да съществуваме на едно място"*, тъй като сме противоположни в своите желания.

И затова всеки от нас има и двете състояния, или както това се нарича в кабала – две тела. Нашето физическо тяло, в което се намираме в настоящия момент в кабала, е прието да се нарича Материална обвивка, а нашите желания и свойства се наричат в кабала Тяло, тъй като именно в тях се намира нашата душа, частта от Твореца. Ако в сегашното ни състояние нашето тяло представлява чисто егоистични желания и мисли, то в него може да се всели само микроскопично малка част от нашата истинска душа, така нареченият нер дакик – Искрица от Голямата светлина, която ни дава живот.

Второто, паралелно съществуващо тяло – това е нашето духовно тяло, засега неусещано от нас – нашите бъдещи алтруистични желания и свойства, в които се намира цялата наша душа – тази част от Твореца, която в бъдеще, в края на поправянето ни, ще усетим.

Свойствата и на егоистичното, и алтруистичното тяло, тяхната жизнена сила се делят на чувства и разум, съответно усещани от нас в сърцето и в съзнанието. Само че в егоистичното тяло това е желанието да получим със сърцето и да осъзнаем с ума, а в алтруистичното тяло това е желанието да се отдадем със сърцето и да вярваме с ума.

Ние не сме в състояние да променим нито едно от тези тела – духовното е абсолютно съвършено, а нашето сегашно е абсолютно непоправимо, защото така е създадено от Твореца. Но съществува още едно – трето, промеждутъчно, средно тяло – постоянно променящо свише в нас желанията и мислите, които трябва да се опитваме да поправяме и да молим Твореца за тяхното поправяне. По такъв начин ние съединяваме нашето средно тяло, наричано клипат нога, с нашето духовно тяло.

И когато съединим всички негови, постоянно обновяващи се желания и мисли с духовното тяло, нашето егоистично тяло ще се отдръпне от нас и ние ще придобием духовното. А след това самият Творец ще промени всички свойства на егоистичното тяло с противоположни, и целият ни първороден егоизъм ще се преобрази в абсолютен алтруизъм.

Във всички жизнени ситуации трябва да се опитваме да гледаме на всичко, което става, чрез Твореца – че Той стои между мен и всички останали, през Него аз наблюдавам всичко в света и себе си също. И всичко, което се възприема от мен, произлиза от Него, и всичко, което излиза от мен, отива право при Него, и затова всичко наоколо – това е Той, както се казва: *„Отпред и отзад се намираш Ти и си сложил върху мен Своята ръка“*. Всичко, което съществува в мен, всичко, което мисля и чувствам, е от Теб, всичко е диалог с Теб.

Най-ужасното преживяване е усещането на абсолютна бездна *„аярат малхут“*, поразяваща със своята разтворила се право под краката тъмнина на безизходността, страха, липсата на каквато и да е опора, абсолютно изчезване на обкръжаващата светлина, даваща ни усещане за бъдещето, за утре, за следващия миг.

Всички по-малко ужасни усещания произтичат от това чувство и са негови аспекти. Всички те се изпращат на човека от същия източник – малхут, създадената от Твореца празна душа, всяка част от която всеки от нас е длъжен да запълни със светлина. Всички усещания за тъмнина, изпитвани от човека, произлизат от нея. Да се преодолее това ужасно чувство на неопределеност е възможно само с вяра в Твореца, с усещането за Него. И с тази цел се изпращат от Твореца всички страдания.

Цар Давид като олицетворение на всички наши души, във всеки ред на своите псалми, описва състоянието на душата, нейните усещания на всички етапи на възхождението. Поразително е какво трябва да преживее човек, преди да разбере, осъзнае и намери правилния път, тъй като никой не е в състояние да му подскаже следващата крачка – само по необходимост, след като се препъне в предишното, той избира правилното действие.

И колкото повече нещастия ни се сипят върху главата, толкова по-бързо се появява възможност да израснем духовно, както се казва: *„Щастлив е този, когото преследва Твореца"*.

Не трябва да знаеш следващата своя крачка, своето бъдеще, не случайно в *Тора* има забрана *„не врачувайте, не гадайте"* – духовното израстване става с израстването на вярата, защото онова, което човек изпитва в даден момент, и всичко, което ще се случи в следващия миг – всичко идва от Твореца, и всичко се преодолява само чрез приближаване до Него, по необходимост, тъй като нашата природа не желае да Го признае като наш властелин.

Това, че знае своето бъдещо състояние, или увереността, че го знае, отнема на човека възможността със затворени очи да премълчи и приеме всяка неочаквана проява на Висшето управление като вярна, справедлива, което е възможно само ако се приближава към Твореца.

Всички наши последователни състояния на духовен възход са описани в *Тора* на езика на бита от нашия свят.

Както вече знаем, в творението има само две свойства – алтруизъм и егоизъм, свойството на Твореца и свойството на неговото създание. Кабала говори за преминаването на духовните стъпала с езика на откровените, преките чувства, както е в тази част на книгата, или с езика на сфирот – физико-математическо описание на духовните обекти.

Този език е универсален, компактен и точен. Той е разбираем по своя външен вид за начинаещите, на него те могат да си говорят, да се разбират един друг така, както се говори за отвлечени действия, за абстрактни духовни обекти. Постигащият самите духовни стъпала може да изрази също на този „научен" език своите действия и чувства, тъй като самата светлина, която той постига, носи в себе си информация за действието и за наименованието.

Но да предаде своите чувства, усещанията за някоя духовна степен, кабалистът може само на този, който е преминал това стъпало, друг няма да го разбере – подобно на човек от нашия свят, който не е преживял определено чувство и не го познава по аналогия с подобно, приличащо на него чувство – той няма да бъде в състояние да ви разбере.

Има две последователни степени на поправяне на егоизма – изобщо той да не се използва, да се мисли и да се действа с намерение само да се „отдава", без каквато и да е мисъл за собствена полза от резултатите на своите действия. Когато човек вече е в състояние изцяло да действа по такъв начин, той преминава към втората степен – започва, използвайки постепенно егоизма си, да го включва на малки порции в своите алтруистични действия и мисли, поправяйки го по този начин.

Например, човекът дава на другите всичко, което има, без да получава нищо от никого – това е първата степен на развитие. Ако той е в състояние да постъпва така във всичко, то за да има възможност още повече да отдава, той заработва или получава от богатите и пропускайки през себе си голямо богатство, го дава на другите. Колко ще получи той от другите, зависи от това – ще може ли да отдаде всичко, което получава, без да бъде съблазнен от многото пари, минаващи през ръцете му, тъй като в това състояние той използва своя егоизъм – колкото повече получи, толкова повече ще може да отдаде. Но ще може ли да отдаде всичко? Количеството на преминаващите през него суми определя нивото му на поправяне.

Първата степен се нарича поправяне на творението (на егоизма), а втората се нарича цел на творението – егоизмът да се използва в алтруистични действия, за алтруистични цели. Именно за тези две степени на нашето духовно развитие се говори в Тора. (Но както желанията, така и наслажденията, за които се говори в Тора, са милиарди пъти повече от всички наслаждения, взети заедно, в нашия свят).

Тези две степени се намират в постоянен конфликт, тъй като първата напълно отрича използването на егоизма, неговото поправяне, а втората го използва в малки, съответстващи на силата на съпротивление количества, с цел неговото поправяне. Затова действията в тези две състояния са противоположни, макар целта и на двете да е алтруистична. И в нашия свят човекът, който отдава всичко, е противоположен в своето действие на човека, който получава, за да отдава.

Много противоречия и спорове, описани в Тора, сега ще станат по-разбираеми. Например, противоборството между Шаул и Давид, където Шаул – това е продажбата на Йосеф, спорът и противоречията в решенията на школите на Шамай и Хилел, на Машиях Бен Йосеф (Ари бил негов кабалист) и Машиях Бен Давид, и др., почти всички спорни въпроси и войни, тълкувани от непосветените като стълкновения между народи, колена, семейства, егоистични личности.

След известно време, след като човек увеличи усилията си в работата над себе си – в обучението, в стремежа към духовни усещания – в него възниква необходимост да усети резултата, струва му се, че след свършената работа, в сравнение със заобикалящите го негови съвременници, е заслужил Твореца да му се разкрие, Тора, която изучава, да стане за него явна и да усети наслажденията на духовните светове.

В крайна сметка той вижда, че става точно обратното: чувства, че сякаш се връща назад, а не напредва в сравнение с онези, които изобщо не се занимават с кабала. И вместо да усети Твореца и Той да го чуе, все повече се отдалечава от Него и чувства, че това отдалечаване от духовните постижения и понижаването на духовните стремежи е пряко следствие от неговото обучение.

И възниква в него законният въпрос – наблюдавайки изучаващите обикновената Тора, той вижда, че те чувстват своето съвършенство в сравнение с другите, а той с всеки изминал ден все повече вижда как става все по-зле в своите желания и мисли, и все повече се отдалечава от онези духовни, добри желания, с които е дошъл в кабала! Колко по-добре би било, ако въобще не бе започвал заниманията с кабала! И изобщо, пропилял е цялото това време!

Но от друга страна, той вече чувства, че единствено тук е истината и решението на неговите въпроси, което създава допълнително напрежение: не може да остави кабала, защото то в нея е истината, но няма нищо общо с нея и се отдалечава от нея, а в своите желания се намира по-ниско от всеки от неговите съвременници.

И му се струва, че ако друг човек беше на неговото място, Твореца отдавна щеше да му е отговорил и до го е приближил към Себе си, и този човек нямаше като него да се труди напразно, с обида към Твореца, защото Той не го зачита. А е възможно Твореца изобщо да не реагира на неговите действия.

Работата е в това, че такива чувства преживява само онзи, който се намира в процес на истинска духовна работа над себе си, а не този, който седи над Тора, само за да разбере простия ѝ смисъл и изпълняването на заповедите. Тъй като желаещият да се издигне иска да постигне такова духовно състояние, когато всички негови стремежи, мисли и желания няма да се определят от неговите лични интереси. Затова свише му дават да осъзнае какви са всъщност неговите мисли и от какво се определят всички негови действия.

И ако, преминавайки през страданията, открива в себе си целия този огромен егоизъм, вижда колко е отдалечен от най-незначителното духовно свойство, той все пак преминава успешно изпитанието и е в състояние, въпреки всичко преживяно, да мълчи в сърцето си, да разкрие своята любов към Твореца, а не да моли за награда за своите усилия и страдания, и ако, въпреки мъките, тези състояния са му по-скъпи от животинските наслаждения и спокойствие, тогава той се удостоява да усети духовния свят.

Обикновено, когато човек започне да навлиза в истинската работа над себе си, веднага започва да чувства пречки и препятствия по пътя към усещането на духовното, под формата на всевъзможни странични мисли и желания, под формата на загуба на увереност в правилността на избрания път, губи настроение при усещането на своите истински желания, за разлика от онези, които седят и учат *Тора* заради знание и механично изпълняване.

И това става, защото проверяват човека свише, има ли действително в него истинско желание да разбере истината, колкото и тя да е противоестествена и срещу неговата егоистична природа, колкото и болезнено да е – да се откаже от обичайния си личен комфорт, в името на Твореца. И в същото време не проверяват обикновения човек, и той се чувства много комфортно в своя обичаен живот и смята, че бъдещият свят му е осигурен, защото изпълнява заповедите на Тора. По този начин той има и този, и бъдещия свят, предварително се радва на бъдещата награда, предвкусва я, тъй като смята, че тя му се полага, защото изпълнява желанията на Твореца, и защото Твореца е длъжен да му плати в този и в бъдещия свят. Тогава неговият егоизъм нараства много пъти повече в сравнение с егоизма на този, който не вярва, който не изисква награда от Твореца, нараства и неговата самоувереност и чувството за превъзходство в сравнение с всички, които „не са приближени" към Твореца.

Но Твореца не проверява човека, за да узнае в какво състояние се намира, тъй като знае това и без каквито и да е проверки, защото самият Той ни дава тези състояния. То ни се дава, за да осъзнаем къде се намираме духовно. Създавайки в нас желания за земни наслаждения, Твореца отблъсква недостойните и дава на онзи, който иска да приближи към Себе си, възможност, преодолявайки препятствията, да се приближи към входа на духовния свят.

За да почувства човекът ненавист към егоизма, Твореца постепенно отваря очите му за онзи, който е негов истински враг, който не му позволява да влезе в духовните светове – докато чувството на ненавист не се развие до такава степен, че той напълно да се откъсне от егоизма.

Всичко, което се намира извън тялото на човека, е самият Творец, тъй като основа на творението е усещането за собствения „аз" във всеки от нас. Тази илюзия за собствения „аз" се нарича творение и се усеща само от нас. Но освен това усещане за собствения „аз", съществува само Твореца. Затова нашето отношение към света и към всеки от околните не е нищо друго, освен отношение към Твореца. Ако човек привикне към такова отношение към това, което го заобикаля, той ще възстанови пряката си връзка с Твореца.

Няма никого, освен Твореца. Кой е този „аз"? „Аз", това е чувството за себе си, за своето съществуване, каквото всъщност няма, но по желание на Твореца някаква Негова част се чувства така, защото е отдалечена от Твореца, и Той се скрива от нея. Но с все по-силното усещане на Твореца тази част, усещаният от мен „аз", започва все повече да чувства, че тя все пак е част от Твореца, а не самостоятелно същество. Стадиите на постепенното усещане на Твореца се наричат Светове или сфирот. Като правило, човек се ражда без каквото и да е усещане за Твореца и приема за действителност онова, което вижда около себе си.

Такова състояние се нарича „Нашият свят".

Ако Твореца желае да приближи човека – той започва от време на време, не явно, да усеща наличието на Висша сила, още не я вижда със своето вътрешно зрение, а само отдалече, отвън го осветява нещо, носещо му чувство на увереност, на празничност и вдъхновение. Твореца може отново да се отдалечи, отново да не може да бъде усетен.

Това се възприема от човека като връщане в първоначалното състояние – той изцяло забравя за това, че някога е бил убеден в съществуването на Твореца и някак си Го е чувствал. Или Твореца се отдалечава по такъв начин, че човекът чувства отдалечаването на духовното присъствие и като следствие от това – падане на духа. Това усещане Твореца изпраща на онзи, който желае да приближи още повече към Себе си, тъй като възникналото в човека усещане за тъга по изчезналото прекрасно чувство го заставя да се опита да върне това усещане.

Ако човек полага усилия, започне да се занимава с кабала, намери истински учител, тогава Твореца ще редува състоянията, като ту още повече ще му се разкрива, под формата на усещания за духовен подем, ту ще се скрива, подтиквайки го с това да търси изход от състоянието на падение.

И ако човек, с усилие на волята, е в състояние да преодолее сам неприятното състояние – скриването на Твореца, той получава подкрепа свише под формата на подем и вдъхновение. Ако пък той не се опита със свои сили да излезе от това състояние, то Твореца може Сам да се приближи към него, а може и да го остави (след няколко опита да подтикне човека сам да се движи към Него) в състояние на пълна липса на усещането за Него.

22. Духовно развитие

Всичко, което искаме да знаем за нашия свят, може да се определи като резултат на творението, или, както го наричат изследователите – Закони на природата. Човекът се опитва да повтори някои детайли от природата в своите изобретения, онова, което е научил за нея, т.е. опитва се да повтори действията на Твореца на по-ниско ниво и с по-груб материал.

Дълбочината на познанието на човека за природата е ограничена и макар тази граница постепенно да се разширява, до ден днешен, например, за тяло на човека се приема неговото материално тяло. А при такова твърдение няма никаква разлика между хората – тъй като индивидуалността на всеки се определя именно от неговите духовни сили и свойства, а не от формата на нашето тяло.

Затова може да се каже, че всички тела, въпреки тяхното голямо количество, от гледна точка на творението, представляват сами по себе си само едно тяло, тъй като няма индивидуална разлика между тях, която би ги отличила едно от друго.

Затова, за да разбере себеподобните и целия заобикалящ го свят, за да знае как да се отнася към всичко, което е извън неговото тяло, за човека е достатъчно да навлезе дълбоко в себе си, да разбере себе си. Ние така и действаме, защото сме създадени именно по този начин – да постигаме онова, което влиза в нас отвън по-точно, нашите реакции на въздействие отвън.

Затова, ако човек не се отличава от другите по нищо духовно, а всички негови различия са стандартни, в рамките на вариациите на чисто животинските свойства на нашите материални тела, то той все едно, че не съществува, тъй като, нямайки собствено индивидуално различие от другите, сякаш се намира вътре в едно тяло, олицетворяващо всички наши тела.

По друг начин, това може да бъде казано така: всичко, по което хората могат да се различават един от друг – това е душата, и ако нея я няма, то и този човек не трябва да се смята за индивидуално съществуващ. И колкото повече са духовните различия в индивида, толкова по-важен и значителен е той, а ако изобщо ги няма, то и него го няма, той не съществува.

Но веднага, щом се появи в него и най-малката духовна разлика – този миг, това духовно състояние се нарича раждане, тъй като в него за първи път се е появило нещо лично, нещо, по което именно той се различава от общата маса тела. Тоест раждането на индивидуалността става посредством индивидуалното духовно отделяне от общата маса.

Подобно на посаденото в земята зърно, и тук протичат два противоположни процеса – разлагане и развитие. Пълно освобождаване от предхождащата изходна родителска форма. И докато не я отхвърли напълно, няма да се освободи от своя физически вид, няма да може от физическо тяло да се превърне в сила.

Докато не премине всички тези състояния, наречени раждане на плода отгоре надолу, не може да се роди в него първата духовна сила отдолу нагоре, за да започне да расте и да достигне нивото и формата на Онзи, който го е родил.

Подобни процеси протичат в неживата, в растителната, в живата – животинска природа и в човека, макар и в различни външни форми.

Кабала определя духовното раждане като първото проявяване на най-нисшето свойство на най-нисшия духовен свят в човека, на излизането му от границите на „нашия" свят на първото най-ниско духовно стъпало. Но за разлика от земното новородено, духовно роденият не умира, а постоянно се развива.

Човек може да започне да се опознава само от момента на самоосъзнаването, но не по-рано.

Например, ние не помним себе си в миналите състояния, в момента на оплождането, на раждането, още по-малко преди тях. Постигаме само нашето развитие, но не и предшестващите го форми.

Кабала описва всички предшестващи стадии на творението, започвайки от състоянието на съществуване на Единия Творец, създаването на обща душа от Него – на духовно същество, постепенното духовно спускане на световете отгоре надолу до най-ниското духовно ниво – последното стъпало на нисшия духовен свят.

Кабала не описва всички следващи стадии (постигането на човека от нашия свят на най-ниското стъпало на духовния свят и неговото по-нататъшно изкачване отдолу нагоре, до постигане на крайната цел – връщане в изходната точка на творението), тъй като изкачването става по същите закони и стъпала, по които е станало и слизането на душите, и всеки постигащ трябва самостоятелно да усети върху себе си тези стадии на духовно раждане, до своето окончателно пълно духовно израстване.

Но достигайки в края на растежа абсолютно поправено състояние на своите първоначални качества, всички души, връщайки се към Твореца, се съединяват с Него до абсолютно неделимо състояние, поради пълното сходство – дотолкова, като че ли не съществуват, както е било до тяхното създаване.

С други думи, по същите 125 стъпала на своето слизане отгоре надолу, от Твореца до нас, душата трябва да се изкачи отдолу нагоре, от момента на нашето духовно раждане – до пълното сливане с Твореца.

В Кабала първото долно стъпало се нарича Раждане, последното най-горно – Окончателно поправяне, а всички промеждутъчни стъпала се обозначават с наименованията на места или лица от Тора, или с кабалистични символи – с имена на сфирот или светове.

От всичко, което беше казано по-горе, става ясно, че човек не е в състояние да опознае напълно мирозданието, и себе си в него, без цялостна представа за целта на творението, на акта на творението, на всички стадии на развитие – чак до края на творението. А тъй като човекът изследва света само отвътре, то той е в състояние да изследва само онази част от своето съществуване, която осъзнава. И затова няма възможност напълно да опознае себе си.

Нещо повече, познанието на човека е ограничено, тъй като опознаването на обекта става основно чрез изследване на отрицателните свойства, а човекът не е в състояние да види недостатъци в себе си! Работата е в това, че нашата природа автоматично, независимо от нашето желание, ги изключва от съзнанието ни, изважда ги от нашето полезрение, тъй като усещането на тези недостатъци предизвиква в човека чувство на огромна болка, а нашата природа, нашето тяло автоматично избягва подобни чувства, бяга от тях.

И само кабалистите, работещи над поправянето на своята природа с цел постигане свойствата на Твореца, постепенно разкриват в себе си недостатъците на собствената си природа в степента, в която са в състояние да поправят себе си.

Само тогава техният разум, тяхната природа, им позволява да видят тези недостатъци, тъй като тези черти на характера вече преминават през поправяне, т.е. като че ли вече не принадлежат на човека.

И не може в самоизследването да му помогне онова, което той вижда в себеподобните, което в основни линии са само отрицателни свойства, тъй като природата автоматично избягва отрицателните усещания, човекът не е в състояние да пренесе върху себе си отрицателното, което открива в другите, нашето тяло никога няма да ни позволи да усетим в себе си същите отрицателни качества.

И обратното, именно затова усещаме отрицателните качества на другия, защото това ни доставя удоволствие! И затова може смело да се твърди, че няма в света човек, който да познава себе си. Кабалистът, постигащ в пълна степен истинската природа на човека, неговия корен, го постига в първоначално създадения обем, наречен душа.

Както бе казано по-горе, за да е истинско постигането на творението, е необходимо то да бъде изследвано отгоре надолу, от Твореца до нашия свят, а след това – отдолу нагоре.

Пътят отгоре надолу се нарича последователно слизане на душата в нашия свят или Въплъщение на душата *(ибур)* – по аналогия с нашия свят, където зародишът се заражда в тялото на майката от семето на бащата. Докато в човека не се прояви неговото последно, най-ниско стъпало, където напълно се откъсва от Създателя, както плодът от родителите, както зърното, напълно загубващо своята първоначална форма, той не става физически самостоятелен организъм.

Но, както в нашия свят, така и в духовния, продължава да бъде напълно зависим от своя източник, докато с негова помощ не стане самостоятелно духовно същество.

Раждайки се духовно, човекът се намира в най-отдалечения от Твореца стадий на духовно развитие и започва постепенно да постига стъпалата за издигане към Твореца.

Пътят отдолу нагоре се нарича собствено постижение и издигане, стадии на духовно израстване по законите на духовните светове, както новороденото в нашия свят се развива по неговите закони. При това, всички стъпала на неговото развитие отдолу нагоре съответстват точно на стъпалата на слизане на душата му – от Твореца, в нашия свят, отгоре надолу.

Затова в Кабала се изучава слизането на душата, а стъпалата на издигането всеки извисяващ се трябва да постигне самостоятелно, иначе няма да може да израсте духовно. Ето защо, в никакъв случай не трябва да се пречи на ученика, да му се налагат духовни действия – те трябва да бъдат продиктувани от собственото му осъзнаване на случващото се.

Само тогава той ще може да изследва и поправи в себе си своите качества. Именно затова на кабалистите е забранено да си предават един на друг информация за своите лични усещания.

Поради това, че двата пътя отгоре надолу и отдолу нагоре са абсолютно сходни, постигайки един от тях – пътя отдолу нагоре, може да бъде разбран и пътят отгоре надолу. По такъв начин, в хода на собственото развитие, идва разбирането за своето предходно, до раждането, състояние: че програмата на творението слиза в нашия свят отгоре надолу, висшето стъпало ражда по-ниското, и така – чак до нашия свят, където програмата се заражда в човека от нашия свят, в някакъв момент в един от неговите животи.

Но духовно развиващият се трябва, според степента на своето израстване, да добавя от себе си своите лични усилия, да внесе личните си действия в творението, заради неговото развитие и завършване. И тези действия се заключават само в пълното повторение на процеса на творението, тъй като човекът не може да измисли нещо, което го няма нито във физическата, нито в духовната природа. Всичко, което ние правим, не е нищо друго, освен взети от природата патенти и идеи. Затова, целият път на духовно развитие се заключава само в стремежа напълно да повторим заложеното в духовната природа на Твореца.

Както вече бе посочено в първата част на тази книга, всички творения в нашия свят и всичко, което ги заобикаля, е създадено в съвършено съответствие с необходимите за всеки вид условия. Както в нашия свят природата е подготвила надеждно и подходящо място за развитие на плода, а с появяването на новороденото възбужда в родителите потребност да се грижат за него, така и в духовния свят – до духовното раждане на човека всичко се случва без неговото знание и намеса.

Но едва пораснал, човекът веднага започва да се сблъсква с трудностите и неуредиците, с необходимостта да полага усилия за своето съществуване. И с възмъжаването постепенно в него започват да се проявяват все повече отрицателни качества. Така и в духовния свят – с духовното израстване на човека се разкриват все повече отрицателни свойства на неговата природа.

И това е специално сътворено и подготвено от Твореца – чрез природата, както в нашия, така и в духовния свят, за да доведе човека до необходимото ниво на развитие, за да осъзнае той, чрез непрестанните лишения, че само „обиквайки ближния като себе си" може да постигне щастие, тъй като отново ще се окаже в състояние на равновесие с действията на природата отгоре надолу.

И така е във всичко, в което човекът открива „грешки" на природата и „недовършено" от Създателя. Именно в тези качества, той сам трябва да допълни своята природа, да поправи своето отношение към обкръжаващото го, обиквайки всички и всичко извън себе си, като самия себе си, в съответствие със спускането по духовните стъпала отгоре надолу, и в този случай той напълно ще съответства на Твореца, с което ще постигне целта на творението – абсолютното наслаждение.

И това е по силите ни, и в никакъв случай Твореца няма да се откаже от своя план, защото той е за нас, с желание абсолютно да ни наслади, чрез създаденото от Него. А нашата задача се състои само в това, изучавайки свойствата на духовното спускане отгоре надолу, да се научим да постъпваме така и при нашето издигане отдолу нагоре.

Струващото ни се противоестествено, изискващо се от нас чувство на любов към себеподобните (към „ближния" е неуместна дума, тъй като ние обичаме близките си, защото са ни скъпи) предизвиква в нас, както и всяко друго алтруистично чувство и всякакъв отказ от егоизма, чувство на вътрешен натиск *(иткабуц)* върху нашия „аз". Но ако човек е в състояние да пренебрегне своите интереси, т.е. да ги съкрати, то в освободилото се от егоизма духовно място той може да получи Висша светлина, извършваща в него действие на изпълване и разширяване.

Тези две действия заедно се наричат Движение на живота или Душа, и затова вече са в състояние да предизвикат в следващите действия съкращаване и разширяване. И само по такъв начин духовният *съсъд* на човека може да получи в себе си светлината на Твореца или своята душа, и разширявайки я, да се извисява.

Съкращаването може да бъде извършено заради външно въздействие или под действието на вътрешните свойства на самия *съсъд*.

В случай на съкращаване под действието на болезнено принуждаваща, оказваща натиск външна сила, природата на съда го принуждава да възбуди в себе си сили на противодействие на съкращението и да се разшири, да се върне в първоначалното си състояние и да се отдалечи от това външно въздействие.

Когато съкращаването е извършено в самия съд, то той не е в състояние да се разшири сам до първоначалното състояние. Но ако светлината на Твореца влезе и напълни съда, последният е в състояние да се разшири до предишното си състояние. И тази светлина се нарича Живот.

Самият живот е неговото осъзнаване, което може да бъде постигнато само посредством предварителни съкращавания, тъй като човекът не е в състояние да излезе извън своите духовни граници, в които е създаден.

А да се съкрати за първи път, както бе казано по-горе, човек е в състояние само под въздействие на принуждаващите го да направи това външни сили или отправяйки молитва към Твореца за помощ от висшите сили. До получаването на първата помощ – на живот в своята душа, в човека няма сили сам да извърши подобно противоестествено душевно действие. И докато не самият човек, а външната сила го принуди да се „свие", той се смята за нежив, тъй като само живата природа се определя като способна на самостоятелно движение.

Мирозданието може да бъде описано достъпно и разбираемо с помощта на понятията от кабала. Кабала разделя целия строеж на света на две понятия: Светлина *(ор)* и Съсъд *(кли)*. Светлината – това е наслаждението, а съдът е желанието за наслаждение. Когато наслаждението влиза в желанието за наслаждение, то придава на това желание определен стремеж да се наслади именно с него.

Без светлина, съдът не знае от какво иска да се наслади, затова самият *съсъд* никога не е самостоятелен и само светлината му диктува вида наслаждение, т.е. мислите, стремежите, всички негови свойства, и затова важността и духовната ценност на *съсъда* се определят изцяло от напълващата го светлина.

И нещо повече, колкото по-голямо желание има в съда, толкова той е „по-лош", тъй като повече зависи от светлината, по-несамостоятелен е. Но от друга страна, колкото е „по-лош", той е в състояние да получи по-голямо наслаждение. Но израстването, развитието, зависят именно от големите желания. И това противоречие се дължи именно на противоположните свойства на светлината и *съсъда*. Наградата за нашите душевни усилия е познанието на Твореца, но именно нашият „аз" скрива Твореца от нас.

Тъй като желанието определя човека, а не неговото физиологично тяло, то с появяването на всяко ново желание сякаш се ражда нов човек. По такъв начин трябва да се разбират *гилгулей нешамот* – кръговратът на душите – с всяка нова мисъл и желание човек се ражда отново, тъй като неговото желание е ново.

По този начин, ако желанието на човека е като на животно, се казва, че неговата душа се е вселила в животно, ако желанието му е възвишено – се казва, че той се е превърнал в мъдрец. Само така трябва да се разглежда кръговратът на душите. Човек е в състояние да почувства явно върху себе си колко противоположни са неговите възгледи и желания в различните периоди от време, като че ли това не е един човек, а различни хора.

Но всеки път, когато усеща своите желания, ако те са действително силни, той не може да си представи, че може да бъде в друго, съвсем противоположно състояние. И това е така, защото, като част от Твореца, душата на човека е вечна. И затова във всяко свое състояние той си представя, че ще се намира в него вечно. Но Твореца свише променя душата му – в това се състои кръговратът на душите, умира миналото състояние и „се ражда нов човек".

И също в своите духовни полети, вдъхновения и падения, радости и депресии, човек не е в състояние да си представи, че може да премине от едно състояние в друго: намирайки се в състояние на духовно въодушевление, не може да си представи как може да се интересува от нещо друго в света, освен от духовното постижение. Както мъртвият не може да си представи, че има такова състояние като живот, така и живият не мисли за смъртта. И всичко това е заради божествеността, а оттам и вечността на нашата душа.

Цялата наша действителност е специално създадена така, че да може по всякакъв начин да ни се пречи да постигнем духовните светове, и хиляди мисли постоянно ни отвличат от целта. И колкото повече човек се опитва да насочи мисълта си към духовно действие, толкова повече стават пречките. А срещу всички пречки има само една помощ – в лицето на Твореца. И в това се състои причината на тяхното сътворение – в търсенето на пътища за спасение, да бъдем принудени да се обърнем към Твореца.

Както, когато храним малките деца. За да изядат това, което искаме, ги отвличаме от главното, от храната, разказвайки им приказки; така и Твореца, за да ни доведе до доброто, е принуден да облече алтруистичната истина в егоистични причини, заради които ние ще пожелаем да усетим духовното. А след това, усетили го, сами ще поискаме именно тази духовна храна.

Целият път на нашето поправяне е построен на принципа на сливане с Твореца, на съединението с духовните обекти, за да приемем от тях техните духовни свойства. Само при контакт с духовното можем да получим от него. Затова е толкова важно наличието на учител и другари по цел: в чисто битовото общуване може постепенно, без да усети човек, а затова и без пречки от страна на тялото, да започне да получава духовни желания. При това, колкото по-близко се стреми да бъде човек до хора, които издигат духовната цел, толкова по-голяма е вероятността да се поддаде на въздействието на техните мисли и желания.

Тъй като за истинско усилие се смята само онова, което е насочено срещу желанията на тялото, по-лесно е то да бъде извършено, ако има пример, и много го извършват, дори и ако това им се струва противоестествено. (Мнозинството определя съзнание то: там, където всички ходят разголени, да допуснем, в банята или в примитивно общество – не е необходимо никой да полага усилия, за да се освободи от дрехите). Но и групата другари, и учителят – това са само спомагателни средства. При напредването по духовната стълба Твореца прави така, че човек да бъде принуден да се обърне за помощ само към Него.

Защо има Тора, която е в писмен вид и устна? Отговорът е прост: писмената *Тора* дава описание на духовните процеси, които се осъществяват отгоре надолу и само за това се говори в нея, макар че тя използва езика на повествованието, историческите хроники и юридическите документи, езика на пророчествата и кабалистичните знания.

Но главното, заради което е дадена Тора, е за духовен възход на човека отдолу нагоре до самия Създател, а това е индивидуален път за всеки, в зависимост от свойствата и особеностите на неговата душа. Затова всеки човек постига възхода по стъпалата на духовните светове по своему. И това индивидуално разкриване на *Тора* отдолу нагоре се нарича устна Тора, защото да се даде единен неин вариант за всеки е невъзможно, а и ненужно – човек трябва сам, с молитва *(устно)* към Твореца да я постигне.

Кабала обяснява, че масах – екранът на духовното тяло – парцуф, с помощта на който парцуф получава светлината

– Тора, се намира на духовно ниво, наречено уста – пе. Оттук и названието на получаваната светлина – *Тора* ше баал пе, устна Тора. Кабала обяснява по какъв начин да се изучава – да се получи тази Тора.

Всички усилия, извършвани от нас в процеса на обучение и работа над себе си, са нужни само за да почувстваме цялата си безпомощност и да се обърнем за помощ към Твореца. Но човек не може да оцени своите действия и да моли за помощ Твореца до момента, в който не почувства необходимост от тази помощ.

И колкото повече учи и работи над себе си, толкова по-големи са претенциите му към Твореца. Макар че в крайна сметка помощта идва от Твореца, без нашата молитва ние няма да я получим. Затова онзи, който желае да се придвижи напред, трябва да приложи усилия във всевъзможни действия, а за този, който седи и чака, е казано: „*Глупакът седи със скръстени ръце и се самоизяжда*".

Усилие се нарича всичко, което човекът прави, въпреки желанието на тялото, независимо от това какво е действието. Например, ако човек спи, въпреки желанието на тялото – това също е усилие. Но основният проблем е в това, че човек мисли за възнаграждение за усилието, а за да се отърве от егоизма, е необходимо да се стреми да извърши безвъзмездно усилие и да моли Твореца да му даде сили за това, защото нашето тяло не може да работи, без да получи награда.

Но, както обичащият своят занаят специалист мисли по време на работа за нея, а не за възнаграждението, така и обичащият Твореца желае да получи сили да потисне своя егоизъм, да бъде по-близо до Твореца, така както иска Създателят, а не за това, че вследствие близостта с Него ще получи безкрайно наслаждение.

В този случай, когато човек не се стреми към възнаграждение, той е постоянно щастлив, защото колкото по-големи усилия може да положи с помощта на Твореца, толкова повече радост ще има и за него, и за Твореца. И затова като че ли постоянно получава награда.

Ако човек чувства, че му е тежко да работи със себе си и не изпитва от работата никаква радост – това е признак, че още не е излязъл от егоизма, не е преминал от масата на обществото към единиците в света, които работят за Твореца, а не за себе си. Но това чувства само онзи, който разбира колко тежко е да се извърши и най-малкото усилие не за себе си, и той вече се намира на пътя между масите и кабалистите.

Но да се даде възпитание на масите в истински вид е невъзможно, тъй като те не са в състояние да приемат противоестествените закони на работа без възнаграждение.

Затова възпитанието на масите е построено въз основа на възнаграждаване на егоизма. И затова не им е тежко да изпълняват заповедите в най-строгата им форма и дори да търсят допълнителни усложнения. Но този предварителен етап – да бъде просто вярващ – е необходим за всички. И затова, както пише великият РАМБАМ, в началото учат всички, като малки деца, т.е. обяснява им се, че това е в полза на егоизма, като възнаграждение в този и бъдещия свят, а след това, когато от тях израснат единици, когато поумнеят и разберат истинския смисъл на творението от учителя, постепенно могат да бъдат обучавани на методиките за излизане от егоизма.

Възнаграждение се нарича това, което човек желае да види в резултат на своите усилия, а усилията могат да бъдат в съвършено различни области на дейността. Не бива да се работи без възнаграждение, но може да се промени самото възнаграждение – егоистичното удоволствие на алтруистично. Например, няма разлика в наслаждението на детето от неговата кукла и на възрастния от постигането на Тора. Цялата разлика е в облика на наслаждението, в неговата външна форма. Но за да се смени тя, трябва, както е и в нашия свят, да порасне. И тогава, вместо към куклата, ще се появи стремеж към Тора, вместо егоистичния облик на наслаждението – ще се появи алтруистичен.

Затова съвсем нелепо е да се твърди, както често може да се чуе от разни „умници", че *Тора* проповядва въздържане от наслажденията. Точно обратното, по закона на *Тора* назир – човек, който се отказва от някои видове наслада, е длъжен да направи жертвоприношение – нещо като глоба за това, че не използва всичко, което Твореца е дал на човека.

Целта на творението е именно в това, да се насладят душите с абсолютно наслаждение, а то може да бъде само в алтруистична обвивка. Кабала ни е дадена, за да можем с нейна помощ да се убедим, че е необходимо да променим външния вид на нашето наслаждение, за да може истината да ни се стори сладка, а не горчива, както е в настоящия момент.

Да променяме външния вид на наслаждението в течение на нашия живот ни принуждават възрастта или обществото. Няма в речника ни дума, определяща наслаждението, а има само думи, описващи в какъв вид, в каква дреха, от какво го получаваме – от храна, природа или играчки. И стремежа към наслаждение ние описваме според вида на неговата дреха, например „обичам риба".

А изучаващите *Тора* могат да определят вида на наслаждението с въпроса – важна ли е за човека самата *Тора* или е важен Този, който му дава Тора. Важна ли е за него Тора, защото произлиза от Твореца, т.е. важен ли е за него самият Творец, или най-важно е изпълняването на указанията на Твореца и съответното получено възнаграждение.

Цялата сложност е в това, че има кратък и лек път за постигане на духовното състояние, но нашият егоизъм не позволява да се върви по този път. Ние избираме, като правило, тежкия и безизходен път, който ни е продиктуван от егоизма, след много страдания се връщаме в изходната точка и едва след това тръгваме по правилния път. Краткият и лек път се нарича „*път на вярата*", а тежкият и дълъг – „*път на страданията*". Но колкото и тежък да е изборът на път чрез вярата, толкова по-леко е да се върви по него.

Препятствието, под формата на изискване на нисшия разум – най-напред да се разбере, а след това да се изпълнява, се нарича камък на препятствието, или просто камък – „евен". В този камък всички се препъват. Цялата *Тора* говори само за една душа, душата на всеки от нас и нейния възход към целта. В *Тора* се разказва, че когато натежали ръцете (вярата) на Моше *(Моше от глагола лимшох – да се измъкнеш от егоизма)*, той започнал да губи битката с враговете (с тези, които е считал за врагове – със своите егоистични сили и желания). Тогава старейшините (неговите мъдри мисли) го поставили (принизил своя разум) върху камъка (над егоизма) и вдигнали неговите ръце (вярата), и поставили камъка под тях (издигнали вярата по-високо от изискванията на егоистичния здрав разум), за да победи Израел (стремежът към духовното извисяване).

Или се разказва, че нашите отци са били идолопоклонници (първоначалните стремежи на човека са егоистични и работят само за своето тяло), че те са били бежанци (Цион от думата еция, както и думата цион, която говори за това, че заради ециет – излизането от егоизма, получават Тора).

В света на начинаещия кабалист има само две състояния – или страдания, или усещане за Твореца. При това, дотогава, докато човек не е поправил своя егоизъм и не може да обърне всички свои мисли и желания в полза на Твореца, той възприема своя свят само като източник на страдания.

Но след като е заслужил да усети Твореца, вижда, че Той изпълва със Себе си целия свят и целият свят представлява поправени духовни обекти.

Но той може да види света такъв, само ако е придобил духовно зрение. И тогава всички минали страдания ще му се сторят необходими и приятни, защото са преминали през поправяне в миналото.

Но най-важното, което човекът трябва да знае, е, че има владетел на света и всичко в света се случва само по Негово желание, макар че тялото, по воля на Твореца, постоянно ще твърди, че всичко в света е случайно.

Но въпреки гласа на тялото, човек трябва да вярва, че след всички негови действия в света следват награда или наказание.

Например, ако изведнъж почувства желание да се извиси духовно, трябва да осъзнае, че това не е случайно, а е награда за неговите добри постъпки в миналото, защото е молил Твореца да му помогне да постъпва добре, но е забравил за това, тъй като не е придавал значение на своята минала молитва, защото не е получил веднага отговор на нея от Твореца.

Или човек си казва, че ето сега, когато е усетил духовното извисяване, вече няма други грижи, освен да мисли само за висшето, тогава трябва да разбере, че Това състояние му е изпратено от Твореца като отговор на неговата молба.

С това той сега потвърждава, че е в състояние да работи сам и от неговите усилия зависи неговият духовен напредък, а не от Твореца.

А също така, ако по време на обучението изведнъж започне да усеща онова, което изучава, трябва да разбере, че това също не е случайно, а Твореца му дава тези състояния. И затова по време на обучението трябва да постави себе си в зависимост от желанията на Твореца, за да укрепне вярата му във висшето управление. И по този начин той става нуждаещ се от Твореца и с това в него се появява връзка с Твореца, което в бъдеще ще доведе до сливане със Създателя.

А също така е необходимо да осъзнае, че има две противоположни сили, действащи върху човека:

– Алтруистичната твърди, че всичко в света е осъществяване на желанията на Твореца, всичко е за Него.

– Егоистичната твърди, че всичко в света е създадено за човека и само заради него.

И макар че винаги побеждава висшата алтруистична сила, този път се нарича дългият път на страданията. А има и кратък път, наричан пътят на Тора. И стремежът на човека трябва да бъде да съкрати максимално своя път, доброволно да приеме процеса на поправяне, иначе по неволя, чрез страдания, ще стигне дотам, че Твореца все пак ще го принуди да приеме пътя на Тора.

Най-естественото чувство на човека е любовта към себе си, което наблюдаваме в най-откровен вид в новородените и децата. Но не по-малко естествено е породеното от любовта към себе си чувство на любов към друго създание, което подхранва с безкрайни вариации изкуството, поезията, творчеството. Няма научно обяснение на любовта и пораждащите я процеси.

Всички ние неведнъж сме се сблъсквали с такъв естествен процес в нашия живот, като проявяване на взаимно чувство на любов, разцвет на това чувство и, колкото и странно да е – упадък. При това, в случаите на взаимна любов, колкото тя е по-силна, толкова по-бързо отминава.

И обратното, колкото по-малко обича единият, толкова по-силно понякога е чувството на другия, а ако изведнъж почувства ответното чувство, пропорционално на това намалява неговата любов. И този парадокс се наблюдава в примери за различен тип любов – между половете, между родители и деца и т.н.

Нещо повече, може дори да се каже, че ако единият проявява голяма любов, той не дава възможност на другия да се стреми към него и по-силно да го заобича. Т.е. проявата на силна любов не позволява на любимия да отговори с пълната сила на своите чувства, а постепенно превръща чувството на любов в ненавист. И това става, защото престава да се страхува от загубата на любящия, усещайки неговата безкрайна сляпа любов.

Но, ако дори в нашия свят, рядко ни се удава егоистично да обичаме някого, не е трудно да си представим, че алтруистичната любов е абсолютно непознато и недосегаемо за нас чувство.

И именно с такава любов ни обича Твореца, но Той скрива своето чувство дотогава, докато не придобием свойство да отговорим с пълна и постоянна взаимност.

Докато човек не усеща абсолютно никакво чувство на любов към себе си, той е готов на всякаква любов. Но щом почувства и се насити с това чувство, тогава започва, според степента на насищане, да избира и да желае само необикновени по сила на усещането чувства. И в това се състои възможността за постоянен стремеж към увеличаване силата на любовта към Твореца.

Постоянната, неугасваща взаимна любов е възможна само в случай, че тя не зависи от нищо в света. Затова любовта на Твореца е скрита от нас и се разкрива постепенно в усещанията на кабалиста, в степен, равна на неговото избавяне от егоизма, който е причина за угасването на чувството на взаимна любов в нашия свят.

За да ни даде възможност да разширим границите на своето чувство, усещайки постоянно все по-разкриващото се чувство на любов на Твореца, ние сме създадени егоисти, тъй като можем, именно чувствайки любовта на Твореца, да поискаме да се съединим с Него, за да се избавим от егоизма като от общ враг. Може да се каже, че егоизмът е трети в триъгълника на творението (Твореца, ние и егоизмът), позволяващ ни да изберем Твореца.

Още повече, причината за творението, всички действия на Твореца, крайната цел на творението и всички Негови действия, както и да ги възприемаме, се основават именно на чувството за абсолютна и постоянна любов. Светлината, излъчвана от Твореца, е построила всички светове и е създала нас, микродоза от нея е в нашите тела, и това е всъщност нашият живот, напомнящ за нашите души след поправянето, това именно е чувството за Неговата любов.

Причината за нашето сътворение е естественото желание на добротата да твори добро, желанието да обича и да създава наслаждение, естественото желание на алтруизма (затова и невъзприемано от нас), желанието ние – като обект на любовта – в пълна степен да усещаме Неговата любов и да се наслаждаваме на нея и на чувството на любов към Него, защото само едновременното усещане на тези две противоположни в нашия свят чувства ни дава онова съвършено наслаждение, което е било цел на Твореца.

Цялата наша природа обозначаваме с една дума – егоизъм. Една от ярките прояви на егоизъм е усещането на собствения „аз". Всичко може да преживее човек, освен чувството за собствено унижение. За да избегне унижението, той е готов да умре. В каквито и да е обстоятелства – в бедност, в поражение, в загуба, в измяна и т.н., ние се опитваме да търсим и винаги намираме странични, независещи от нас причини и обстоятелства, които са ни „поставили" в такова положение.

Защото иначе не можем да се оправдаем нито пред себе си, нито пред другите, което нашата природа няма да позволи, няма да позволи да се унижим, тъй като с това се унищожава самото творение – усещаният от нас „аз". И по тази причина унищожаването на егоизма е невъзможно по естествен път, без помощта на Твореца. И доброволно можем да го заменим само ако издигнем в нашите очи, над всичко в света, целта на творението.

23. Духовна работа

Това, че човек моли Твореца за духовни постижения, а не за разрешаване на всевъзможни житейски проблеми, говори за слабост на вярата в силата и могъществото на Твореца, за неразбиране, че всички житейски проблеми ни се дават само с една цел – да се опитваме да ги решаваме сами, но едновременно с това да молим Твореца да ги реши, с пълна вяра, че тези проблеми сме ги получили от Него, за да развием в нас вярата в Неговото единство.

Ако човек е уверен, че всичко зависи само от Твореца, той трябва да моли Твореца. Но не за да се избави от проблемите, а за да използва това като възможност да бъде зависим от Твореца. Затова, за да не излъже себе си с каква цел го прави, той трябва едновременно с молбите сам, като всички околни, да се бори с проблемите.

Духовното падение се дава отгоре, заради последващото го духовно израстване, и тъй като се дава свише, идва при човека мигновено, проявява се в един момент и почти винаги заварва човека неподготвен. А излизането от него – духовният подем – става бавно, като оздравяване, защото човек трябва много силно да почувства това състояние на падение и да се опита сам да го преодолее.

Ако в моменти на духовен подем той е в състояние да проанализира своите лоши качества, да присъедини лявата линия към дясната, то ще избегне много духовни падения, ще ги прескочи някак си. Но това не всички го могат, а само тези, които са в състояние да вървят по дясната линия – да оправдават, въпреки егоистичните страдания, действията на Твореца.

И това е подобно на показаното в *Тора* правило за задължителната война *(милхемет мицва)* и доброволната война *(милхемет решут)*: задължителната война против егоизма е и доброволна, ако човек е в състояние и има желание сам да добави свои те усилия.

Вътрешната работа над себе си върху преодоляването на егоизма, за извисяването на Твореца, за вяра в Неговото управление, трябва да бъде тайна на човека, както и всички състояния, през които той минава. И не може един да показва на друг как трябва да се постъпва. А ако вижда в околните прояви на егоизъм, той трябва да приеме това за своя сметка, защото в света няма никого, освен Твореца, т.е. това, което вижда и чувства човек, е Висшето желание той да вижда и чувства по този начин.

Всичко около човека е създадено, за да може постоянно да го води към необходимостта да мисли за Твореца, да моли Твореца за промяна на материалното, физическото, общественото и други състояния на творението. Казано е, че *Тора* е дадена само на тези, които се хранят с манна *(ло натна Тора еле ле охлей ман)*, т.е. тези, които са в състояние да молят Твореца (в кабала молитвата се нарича МА"Н), те и ще получат *Тора* – Висшата светлина.

Човекът има безкрайно много недостатъци, източникът на които е един – нашият егоизъм, желанието да изпитаме наслаждение, стремежът във всяко свое състояние да имаме комфорт. Сборникът от наставления (мусар) говори за това как човекът трябва да се бори с всеки недостатък и научно обосновава своите методи.

Кабала въвежда дори начинаещия в сферата на действие на духовните сили и човек усеща върху себе си по какво се различава от духовните обекти. По такъв начин изучава себе си – какъв е и какъв трябва да бъде. Отпада всякаква необходимост от светско възпитание, което, както ясно виждаме, не дава очакваните резултати.

Наблюдавайки в самия себе си борбата на двете начала – егоистичното и духовното, човек постепенно принуждава своето тяло да пожелае да замени своята природа с духовна, своите качества с качествата на Твореца, без външен натиск от страна на наставниците. Вместо поправяне на всеки от нашите недостатъци, както предлага системата „Мусар", кабала предлага на човека да поправи само своя егоизъм, като основа на цялото зло.

Миналото, настоящето и бъдещето човек усеща в настоящето. В нашия свят възприемаме само сегашно време, но в три различни усещания, които нашият мозък разполага по своята вътрешна линия на времето и ни дава такава представа.

На езика на кабала това се определя като различни влияния на светлината – наслаждения. Наслаждението се усеща от нас в даден момент и ние го наричаме настояще. Ако неговото вътрешно, непосредствено въздействие върху нас е отминало, наслаждението си е отишло и то вече ни свети отдалеч, отдалеч го усещаме, това създава в нас усещането за минало.

Ако излъчването на напусналото ни наслаждение се прекрати, не се възприема от нас, ние напълно забравяме за неговото съществуване. Но ако отново ни светне отдалече, ще стане подобно на забравеното минало, което сме си спомнили.

Ако светлината-наслаждение никога не е била възприемана от нас и изведнъж започне да свети в нашите сетивни органи отдалеч, това се възприема от нас като бъдеще, светлина на увереността.

По такъв начин, настоящето се възприема като вътрешно получаване, усещане на светлина, информация, наслаждение, а миналото и бъдещето се възприемат от нас като далече светеща светлина на наслаждението. Но във всеки случай, човек не живее нито в миналото, нито в бъдещето, а само в настоящия миг – той усеща разни видове влияние на светлината и затова ги възприема като в различни времена.

Човек, нямайки наслаждение в настоящето, търси от какво би могъл да го получи в бъдещето, чака да дойде следващият миг, носещ друго усещане. Но нашата работа върху себе си се състои именно в това – да въвлечем външното далечно осветяване вътре в нашите чувства сега, в настоящия момент.

Две сили действат върху нас: страданията ни бутат отзад, а наслажденията ни устремяват и теглят напред. Като правило, не е достатъчна само една сила, само предчувствието за бъдещото наслаждение, защото, ако за това трябва да положим усилия, то на нас могат да не ни позволят да тръгнем напред или мързелът на нашето тяло, или страхът, че и това, което имаме, ще го загубим, че ще останем без това, което имаме днес. Затова е нужна и сила, побутваща ни отзад – усещането за страдания в нашето състояние.

Във всички постъпки, в техния корен, има само една постъпка – стремежът към наслаждение. Извършилият я обикновено не се хвали с това, че не е могъл да се въздържи, оказал се е по-слаб от външната примамка. И само с наслаждението от гнева човек се гордее открито, защото по този начин потвърждава, че е прав, иначе не би могъл да се гордее. И ето, тази гордост мигновено го хвърля надолу. Затова гневът е най-силната проява на егоизма.

Когато човек преживява материални, телесни или душевни страдания, той не трябва да съжалява, че Твореца му е дал такова наказание, а ако не съжалява – това не е наказание, тъй като наказанието е усещане за болка и съжаление за своето състояние, което той не може да понесе – страдания заради насъщния, заради здравето и т.н. А ако не чувства болка от своето състояние, значи не е получил още наказанието, което му изпраща Твореца. Тъй като наказанието е поправяне на душата, не усещайки наказание, изпуска възможността да се поправи.

Но усещащият наказание, ако е в състояние да помоли Твореца да го избави от тези страдания, ще направи още по-голямо поправяне в себе си, отколкото ако бе преживял страданието без молитва.

Защото Твореца ни дава наказания не така, както се дават наказанията в нашия свят, за лошите ни постъпки, т.е. не за това, че не сме се вслушали в Него, а за да почувстваме необходимост от връзка с Него, да се обърнем към Него, да се приближим до Него.

Затова, ако човек моли Твореца да го избави от наказанието, това не значи, че моли Твореца да го избави от възможността да се поправи, защото молитвата, връзката с Твореца, е несравнимо по-силно поправяне от пътя на усещане на страданията.

..."Не по своя воля си се родил, не по своя воля живееш, не по своя воля умираш". Ние виждаме, че така става в нашия свят. Но всичко, което се случва в нашия свят, е следствие на това, което става в духовния. Само че няма между тези светове пряка аналогия – подобие.

Затова: Не по своя воля (против желанието на тялото) ти се раждаш (духовно, получаваш първите духовни усещания), тъй като при това се откъсваш от собствения „аз", с който нашето тяло никога не се съгласява доброволно. Получавайки свише духовни органи за действие и възприемане (*келим*), човек започва духовно да живее, да усеща своя нов свят. Но и в това състояние той върви против желанието на тялото да изпита удоволствие от духовните наслаждения и затова *„против своята воля ти живееш"*.

„Не по своята воля умираш" – значи, че по неволя, приемайки участието в нашия всекидневен живот, той го усеща като духовна смърт.

Във всяко поколение, кабалистите със своя труд и книги по кабала създават все по-добри условия за постигане на целта – приближаване към Твореца. Ако до великия Баал Шем Тов само единици в света са постигали целта, то след него, благодарение на извършената от него работа, висшата цел вече са могли да постигнат просто големи учени на Тора. А Баал Сулам е извършил такава работа в нашия свят, че днес всеки желаещ може да постигне целта на творението.

Пътят на *Тора* и пътят на страданията се отличават по това, че по пътя на страданията човек върви дотогава, докато не осъзнае, че е по-бързо и по-лесно да се върви по пътя на Тора. А пътят на *Тора* се състои в това, че предварително, още преди да усети страданията, човек си представя тези страдания, които е преживял и които могат да му се стоварят отново, и вече няма нужда да преживее нови страдания, защото миналите са му били достатъчни, за да осъзнае какви трябва да бъдат правилните действия.

Мъдростта се състои в това – да се направи анализ на всичко, което се случва, да се осъзнае, че източник на нашите нещастия е егоизмът, и да се действа така, че да не се попада отново на пътя на страданията от егоизма, а с доброволно отказване от него да се приеме пътят на Тора.

Кабалистът чувства, че целият свят е създаден само за него, за да му служи за постигане на целта. Всички желания, които той получава от околните, само му помагат в напредването, тъй незабавно се отказва от използването им за свое благо. Виждайки отрицателното в околните, човек вярва, че ги вижда така, защото самият той все още не е свободен от недостатъци, и като резултат от това знае какво още трябва да поправи в себе си. По такъв начин целият обкръжаващ свят е създаден да служи за напредването на човека, тъй като му помага да вижда своите недостатъци.

Само от усещането на дълбочината на своето духовно падение и от чувството за безкрайна отдалеченост от страстно желаното човек може да усети чудото, което е извършил с него Твореца, извисявайки го от нашия свят до Себе си, в духовния свят. Какъв огромен подарък е получил той от Създателя! Само от низините на своето състояние човек може да оцени полученото и да отговори с истинска любов и жажда за сливане.

Има открита част на Тора, изпълнението на която е задължително за всички и се вижда от всички околни. И има тайна, т.е. скрита от околните част на *Тора* – цели, преследвани от човека при изпълнение на Тора, неговите мисли и желания. В писмената *Тора* не бива нищо да се добавя, а трябва да се изпълнява, както е казано, но в устната *Тора* има постоянна възможност за подобряване на намеренията при изпълнението, и нея всеки я пише сам в сърцето си, и всеки път отново...

Невъзможно е да се придобие някакво знание без предварително усилие, което на свой ред ражда в човека две следствия: разбиране на необходимостта за познание, пропорционално на приложените усилия, и осъзнаване на това, какво именно трябва да познае. По такъв начин, усилието ражда в човека две необходими условия: желание в сърцето и мисъл, умствена готовност да осъзнае и да разбере новото – в ума, и затова усилието е необходимо.

От човека се изисква само полагане на усилия и само това зависи от него, но самото знание се дава отгоре, и на неговото слизане отгоре човек не е в състояние да влияе. При постигане на духовните знания и усещания човек получава свише само това, за което моли, т.е. за което е вътрешно готов. Но нали да молиш Твореца, за да получиш нещо, значи да използваш своите желания, своето его? На такива желания Твореца не може да отговори с духовно извисяване на човека! И освен това, как може човекът да моли за нещо, което никога не е усетил?

Ако човек моли да го избавят от егоизма, от източника на неговите страдания, моли да му бъдат дадени духовни свойства, макар че не знае какво представляват те, преди да ги е получил, Твореца му дава този подарък.

...Ако кабала говори само за душевната работа на човека в неговите ум и сърце, твърдейки, че само от тях зависи нашето духовно предвижване, то какво отношение има към целта на творението изпълняването на религиозните ритуали?

Тъй като всичките заповеди на *Тора* са описание на духовните действия на кабалиста във висшите светове, то изпълнявайки ги физически в нашия свят, макар че това никак не влияе на духовните светове, човек физически изпълнява волята на Твореца. Разбира се, желанието на Твореца е да издигне духовно творение то до своето ниво. Но предаването на учението от поколение на поколение, подготовката на почвата, от която могат да израснат единици велики по дух, е възможна само при изпълняване на определена работа от масите.

Както е и в нашия свят – за да израсне един велик учен, са необходими всички останали. Защото, за предаване на знанията от поколение на поколение, е необходимо да се създадат определени условия, да се създадат учебни заведения, където да се възпитава и бъдещият велик. По този начин, всички участват в неговите постижения, а след това могат да ползват плодовете от труда му.

Така и кабалистът, получил също като неговите връстници възпитание, в обстановка на механично изпълняване на заповедите и обикновена вяра в Твореца, продължава своето духовно израстване.

Докато неговите връстници остават на детско ниво в духовното развитие. Но и те, както и цялото човечество, без да осъзнават, участват в неговата работа и затова без да разбират, ще получат част от духовното, което е придобил, а след това, също неосъзнато, ще се поправят в неосъзнатата част на своите духовни свойства, за да може впоследствие, вероятно след няколко поколения или кръговрати, сами да стигнат до осъзнато духовно извисяване.

Дори за учениците, дошли да се занимават с кабала, кой за общи знания, кой в името на духовното извисяване, е казано: *„хиляди влизат в училището, но един излиза към светлината"*. Но всички участват в успеха на този един и получават от участие то си своя дял от поправянето.

Влизайки в духовния свят и поправяйки своите егоистични свойства, кабалистът отново се нуждае от околните – намирайки се в нашия свят, той събира от околните техните егоистични желания и ги поправя, помагайки на всички останали в бъдеще също да пристъпят към съзнателна духовна работа.

При това, ако обикновен човек може с нещо да помогне на кабалиста, дори прислужвайки му механично, по този начин това му позволява да включи своите лични желания в поправянията, извършвани от кабалиста.

Затова в *Тора* е казано, че прислужването на мъдреца е пополезно за ученика, отколкото обучението, защото обучението включва егоизма и използва нашия земен разум, а прислужването се извършва от чувство за вяра във величието на кабалиста, което ученикът не може да осъзнае и по тази причина неговото служене е по-близко към духовните свойства, а значи е и по-продуктивно за ученика.

Затова за онзи, който е бил по-близо до своя учител, повече от другите му е прислужвал, има по-голяма вероятност за духовно извисяване. Затова в *Тора* е казано, че тя не се предава по наследство, а само от учителя на ученика.

Така е било във всички поколения, включително до последното, което духовно е дотолкова паднало, че дори неговите предводители предават своите знания по наследство, тъй като техните знания се намират на телесно ниво. Който живее в духовна връзка с Твореца и с учениците си, той предава своето наследство само на този, който може да го приеме, т.е. на своя най-близък ученик.

Когато човек усеща пречки в своя стремеж към Твореца, за какво той трябва да моли Твореца:

– За това Твореца да отстрани тези пречки, които са изпратени от Него, и тогава човекът ще може по-нататък да се справи със свои сили и няма да му потрябват по-големи духовни сили от тези, които има;

– За това Твореца да му даде по-силно желание към духов-ното постижение, осъзнаване на важността на духовното извисяване, и тогава пречките няма да могат да го спрат по пътя към Него.

Човек е готов да даде всичко на света за живота си, ако той му е скъп. Затова той трябва да моли Твореца да му даде вкус към духовния живот, и тогава никакви пречки няма да го уплашат.

Духовното означава желанието да даваш и да използваш желанието за наслаждение само там, където с негова помощ може да изпитат наслаждение други. Желание за самонаслаждение отсъства в духовните обекти. Материалното е полярно противоположно на духовното.

Но ако няма никакъв контакт, т.е. общи свойства между духовното, алтруизма и материалното, егоизма, как може да бъде поправен егоизмът? Духовната светлина, способна да придаде на егоизма алтруистични свойства, не може да влезе в егоистичното желание. Та нали нашият свят не усеща Твореца, именно защото светлината на Твореца влиза в обекта според степента на съответствие между свойствата на светлината и обекта. И само светлината на Твореца, постъпвайки в егоистичния съд, може да го превърне в духовен. Друг път няма.

Затова е сътворен човекът, който в началото се намира под властта на егоистичните сили и получава от тях свойства, отдалечаващи го от духовното. Но след това попада под влияние на духовните сили и постепенно, работейки над своята духовна точка в сърцето, с помощта на кабала, той поправя желанията, които е получил от егоистичните сили.

24. Вяра

Името на Твореца АВА"Я означава Неговата светлина, преди да е получена от човека, т.е. светлината сама по себе си, и затова се нарича писмена Тора, *Тора* в този вид, в какъвто е излязла от Твореца.

Името на Твореца АДН"Й означава светлината, която може да бъде постигната от човека и се нарича Устна Тора, защото преминава по пътищата на духовното възприятие – зрение (четене), слух и осмисляне.

В *Тора* пише как Авраам казал, че Сара е негова сестра, а не жена, страхувайки се, че ще го убият, за да я завладеят. Тъй като кабала гледа на целия свят като на един човек, защото само заради облекчаване на постигането на крайната цел душата се е разделила на 600 000 части, то Авраам е олицетворение на вярата в нас.

Жената е това, което принадлежи само на мъжа, в противоположност на сестрата, забранена само за брата, но не и за всички останали. Авраам е видял, че останалите свойства на човека, освен него, освен вярата, не са в състояние да вземат Сара – Тора, целта на творението, за основа на своя живот и с това ще убият и вярата, пленени от красотата на целта на творението, желаейки да получат в своите егоистични чувства вечни блага. Затова е казал, че целта на творението може да бъде възприета и от останалите свойства на човека, че за всички хора тя е позволена, защото е негова сестра и до поправянето могат да ползват *Тора* за своя изгода.

Онова, което отличава всички духовни светове от нашия, е, че всичко, което се намира в духовните светове, е част от Твореца и е придобило вид на духовна стълба, за да облекчи духовния подем на човека. Но нашият егоистичен свят никога не е бил част от Твореца, той е сътворен от небитието и при въздигането на последната душа от нашия свят в духовния – нашият свят ще изчезне. Затова всички видове човешка дейност, всичко, което е произведено от материала на нашия свят, е обречено на изчезване.

Въпрос: Първото творение е получило цялата светлина и се е отказало от нея, за да не изпитва чувство на срам. Как такова състояние може да се смята за близко до Твореца, след като неприятното усещане означава отдалечаване от Твореца?

Отговор: Тъй като в такова духовно състояние миналото, сегашното и бъдещето се сливат в едно цяло, творението не е изпитвало чувство на срам, защото е решило със своите желания да постигне това състояние на сливане с Твореца, а решението и неговият резултат се усещат веднага.

Увереността, чувството за безопасност са следствие от въздействието на Обкръжаващата светлина (*ор макиф*), усещане за Твореца в настоящето. Но тъй като в човека още не са създадени подходящи поправени свойства, Твореца се усеща не във вид на Вътрешна светлина (*ор пними*), а във вид на Обкръжаваща светлина.

Увереност и вяра са сходни понятия. Вярата е психологическа готовност за страдание. Няма препятствие пред желанието, освен недостига на търпение да се положат усилия и умората. Затова силен е този, който чувства в себе си увереност, търпение и сили да страда, а слабият, чувствайки липса на търпение към страданията, се предава още в самото начало под натиска на страданията.

За да се постигне усещането за Твореца, са нужни ум и сила.

Известно е, че за постигане на онова, което ценим високо, се изисква да бъдат приложени много усилия и да се изпитат много страдания. Сборът от усилията определя в нашите очи ценността на придобивката. Степента на търпение свидетелства за жизнената сила на човека.

Затова до 40-годишна възраст човек има сила, а след това, с намаляването на жизнените сили, намалява и неговата способност да вярва в себе си, докато увереността и вярата в себе си не изчезнат напълно в момента на напускането на този живот.

Тъй като кабала е Висша мъдрост и вечна придобивка, за разлика от всички останали придобивки в този свят, естествено е, че тя изисква най-големи усилия, защото „купува" света, а не нещо временно. Постигайки кабала, човек постига източника на всички науки в техния истински, напълно открит вид. Дори само това може да даде представа за степента на изискваните усилия, тъй като ние знаем колко усилия трябва да се положат за усвояването на една наука в нашите нищожни рамки на нейното разбиране.

Наистина, свръхестествени сили за усвояването на кабала човек получава свише и с тяхна помощ той придобива достатъчно сила и търпение за страданията по пътя на усвояването на кабала. И се появяват в него увереност в себе си, и жизнени сили сам да се стреми да постигне кабала. Но за преодоляване на всички препятствия без явна (незабелязано Твореца поддържа живота на всеки) помощ от Твореца не може да мине.

Силата, определяща готовността на човека за действия, се нарича Вяра. Макар в началото на пътя, поради липса на алтруистични свойства в човека, той да няма способности да почувства Твореца, се появява усещане за наличието на висш всесилен управляващ света, към който той понякога – в моменти на абсолютна безпомощност, инстинктивно – се обръща, въпреки атеистичното възпитание и мироглед.

Това особено свойство на нашето тяло е предвидено от Твореца, за да можем от нашето състояние на абсолютно скриване на Твореца да започнем постепенно да Го откриваме за себе си.

Ние виждаме как поколения от учени ни разкриват тайните на природата. Ако човечеството приложеше подобни усилия в разкриването на Твореца, Той би ни се разкрил в не по-малка степен от тайните на природата, защото всички пътища на търсене от страна на човечеството преминават през усвояването на тайните на природата на света. Но нищо не се чува за учени, изследващи смисъла на целта на творението; напротив, като правило те отричат Висшето управление.

Причината е в това, че Твореца е вложил в тях силата на разу ма и способност само към материални търсения и изобретения. Но от друга страна, именно затова в нас е заложена от Твореца инстинктивна вяра, въпреки всички науки. Природата и вселената се представят пред нас по такъв начин, че отричат наличието на Висше управление, и затова ученият не притежава природната сила на вярата.

Допълнителна причина за това е, че обществото очаква от учения материални резултати от неговия труд и той инстинктивно се подчинява на това. И тъй като най-ценните вещи в света се намират в минимално количество и се откриват с труд, а разкриването на Твореца е най-трудното от всички открития, ученият автоматично избягва неуспеха.

Единственият път човек да започне да постига Твореца се състои в това, че въпреки мнението на мнозинството, той трябва да създаде в себе си чувство за вяра. Силата на вярата не е по-голяма от другите сили в природата на човека, защото всички те са следствие от светлината на Твореца. Но особеното в тази сила е това, че тя е в състояние да доведе човека до съприкосновение със Създателя.

Постигането на Твореца е подобно на придобиването на знания – отначало човек работи над изучаването и постигането им, а след като ги постигне, ги прилага. И както винаги, в началото е трудно, а плодовете събира онзи, който е постигнал целта, излязъл е в духовния свят – с безгранично наслаждение от усещането за Твореца, той постига абсолютното знание за всички светове и за онези, които ги населяват, за кръговрата на душите във всички времена – за състоянията от началото на творението до неговия край.

25. Процесът на съгласяване с Твореца

Алтруистичното действие се определя от отблъскването на личното наслаждение, под формата на осъзнаване величието на целта на творението, на излизането от егоизма. То се състои в това, че на дошлото във вид на духовна светлина наслаждение човекът слага ограничение, екран *(масах)*, отблъскващ наслаждението обратно към източника. С това човек доброволно ограничава възможността за наслаждение и затова е готов сам да определя причината за нейното приемане – не за да наслади своя егоизъм, а заради целта на творението, тъй като Твореца желае неговото наслаждение и той, наслаждавайки се, доставя удоволствие на Твореца и само заради това се наслаждава.

При това, степента на наслаждение човекът определя в съответствие със силата на волята да противостои на прякото наслаждение от светлината, а се наслаждава от това, че доставя удоволствие на Твореца. В такъв случай действията на човека и тези на Твореца съвпадат, и човек допълнително усеща огромна наслада от съвпадането на своите свойства със свойствата на Твореца, от величието, силата, могъществото, абсолютното знание, безпределното съществуване.

Степента на духовна зрелост се определя от големината на екрана, който човекът може да издигне на пътя на егоистичното наслаждение – колкото по-голяма е силата на противодействие на личните интереси, толкова по-високо е духовното стъпало и получаваната „заради Твореца" светлина.

Всички наши органи на осезание са построени по подобен начин – само при контакт на идващата звукова, зрителна, обонятелна и др. информация с нашите органи на чувствата възниква усещане и възприемане. Без съприкосновението на сигнала с ограничението на пътя на тяхното разпространение не може да стане тяхното усещане и възприемане. Естествено, на същия принцип действат и всички измерителни уреди, защото законите на нашия свят не са нещо повече от следствия на духовните закони.

Затова, както проявяването на ново явление в нашия свят, така и първото разкриване на Твореца и всяко допълнително усещане за Него зависят само от величината на границата, която човек е в състояние да създаде. Тази граница в духовния свят се нарича *съсъд*, кли. А се постига не самата светлина, а взаимодействието ѝ с границата на нейното разпространение, производна от нейното влияние върху духовното кли на човека. Както и в нашия свят, ние постигаме не самото явление, а резултата от неговото взаимодействие с нашите органи на чувствата или с нашите прибори.

На някаква част от себе си Твореца е дал създаденото от Него егоистично желание за наслаждение. Вследствие на това, тази част престанала да усеща Твореца и усеща само себе си, своето състояние, своето желание.

Тази част се нарича душа. Тази егоистична част се намира в самия Творец, защото само Той съществува и няма място, което да не е запълнено от Него, но тъй като егоизмът усеща само свои те желания, той не усеща Твореца.

Целта на творението се състои в това, със свои сили, по свой избор, тази част да предпочете да се върне при Твореца, отново да стане подобна по свойства на Него.

Твореца напълно управлява довеждането на тази егоистична част до сливане с Него. Но това управление отвън не се усеща. Желание на Твореца е проявата (с Неговата скрита помощ) на желание да се сближи с Него вътре в самия егоизъм. За да облекчи тази задача, Той е разбил егоизма на 600 000 части. При това, всяка от тях решава задачата за отказване от егоизма постепенно, с последователното му осъзнаване като зло, в процес на многократно получаване на егоистични свойства и страдание от тях.

Всяка от тези 600 000 части на душата се нарича душа на човека. Периодът на съединяване с егоизма се нарича човешки живот. Временното прекъсване на връзката с егоизма се нарича съществуване във висшите духовни светове. Моментът на получаване на егоистични свойства от душата се нарича раждане на човека в нашия свят. Всяка от 600-те хиляди части на общата душа трябва, в резултат от последователни сливания с егоизма, да предпочете пред него свойствата на Твореца и да се слее с Него, въпреки наличието на егоизъм в нея, т.е. още намирайки се в човешкото тяло.

Постепенното съвпадане по свойства, постепенното приближаване на свойствата на душата към Твореца се нарича духовен подем. Духовният подем се извършва по стъпала, наречени сфирот *(сфира)*.

Духовната стълба се състои от 125 стъпала, сфирот – от първоначалното, най-егоистично състояние, до последното стъпало на подобие на Твореца.

Всички 25 сфирот представляват завършен етап, наречен „свят". В резултат, освен нашето състояние, наречено „нашия свят", има още 5 свята. По такъв начин ние виждаме, че целта на егоистичната част е да постигне свойствата на Твореца, намирайки се в нас, в този свят, за да можем въпреки нашия егоизъм, именно в този свят да усетим Твореца във всичко и в себе си.

Желанието за сливане – това е естествено, изначално създадено, т.е. не изискващо никакви предпоставки и изводи знание за необходимостта от сливане с Твореца. Това, което в Твореца е волево желание, в Неговото творение действа като естествен задължаващ закон, тъй като Той е създал природата според своето намерение и всеки закон на природата е Неговото желание да вижда такъв ред.

Затова всички наши естествени инстинкти и желания изхождат непосредствено от Твореца, а всички изискващи равносметка знания и изводи са плод на нашата дейност.

Ако човек желае да постигне пълно сливане с Твореца, той трябва сам да доведе своето желание до инстинктивно знание, сякаш то е получено от него, с неговата природа от Твореца.

Законите на духовните желания са такива, че няма място за половинчати, за частични желания, в които има съмнения или място за странични желания. Затова Твореца се вслушва само в молба, която идва от самата дълбочина на чувствата на човека, съответства на пълното желание на духовния *съсъд*, на това ниво, на което се намира човекът. Но процесът на създаване на подобна молба в сърцето на човека върви бавно и се натрупва незабелязано за човека, извън неговото разбиране. Твореца съединява всички малки молитви в една и при получаване на окончателната, необходима сила на молбата за помощ, помага на човека.

Така човекът, попадайки в сферата на действие на светлината на Твореца *(ейхал)*, веднага получава всичко, защото Даващият е вечен и не прави сметки, зависещи от времето и жизнените кръговрати. Затова и най-малкото духовно стъпало дава пълно усещане за вечното. Но тъй като човек и след това преживява духовни подеми и падения, той се намира в обстоятелства, наричани свят, година, душа, защото движещата се, незавършила своето поправяне душа, се нуждае от място за движение, наричано „свят", и сборът от нейните движения се усеща като време, наречено година.

Дори най-ниското духовно стъпало вече дава усещане за пълно съвършенство дотолкова, че човек само с вяра над разума постига, че неговото състояние е просто „духовни отпадъци" от по-високо духовно стъпало. И дори само повярвал в това, той може да се издигне по-високо, на онова духовно ниво, в което е повярвал и е издигнал в своите очи повече, отколкото своето усещане за съвършенство.

Нашето тяло до такава степен действа автоматично, по навик, според законите на своята егоистична природа, че ако човек постоянно си повтаря, че желае само духовно извисяване, то в края на краищата той така силно ще го пожелае, че тялото му, посредством такива упражнения, ще приеме това желание като природно (навикът е втора природа).

В състоянието на духовно падение, следва да се вярва в казаното: *„Исраел е в изгнание, Твореца е с тях."* (*Исраел ше галут, Шхина имахем*). Когато човек е в апатия и чувство за безизходица, му се струва, че и в духовното няма нищо привлекателно, че всичко се намира на нивото, на което се намира той сега. Затова трябва да вярваме, че това е негово лично усещане, защото той е в духовно изгнание (*галут*) и по тази причина Твореца също отива в изгнание в усещанията на човека, не се усеща.

Светлината, разпространяваща се от Твореца, преминава през четири стадия до създаване на егоизма. И само последният, пети стадий (*малхут*) се нарича творение, защото усеща своите егоистични желания да се наслади от светлината на Твореца. Затова първите четири стадия са свойства на самата светлина, с които тя ни създава. Най-високото свойство, свойството на първия стадий, желанието да наслади бъдещото творение, се приема от нас за свойство на Твореца.

Егоистичното творение (петият стадий на развитие) желае да противостои на своята егоистична природа и да бъде подобно на първия стадий. То се опитва да го направи, но това му се отдава отчасти.

Егоизмът, способен макар и в някоя своя част да противоречи на себе си, и да бъде подобен по действие на първия стадий, се нарича . Егоизмът, който може да бъде подобен на втория стадий, се нарича (свят) олам *Ацилут*.

Егоизмът (част от петия стадий), който вече не може да бъде подобен нито на първия, нито на втория стадий, а само на третия, се нарича (свят) олам *Брия*.

Егоизмът (част от петия стадий), който няма сили да противостои на себе си, за да бъде подобен или на първия, или на втория, или на третия стадий, а може само да бъде подобен на четвъртия стадий на развитие на светлината, се нарича (свят) олам Йецира.

Останалата част от петия стадий, която няма сили да бъде подобна на нито един от предишните стадии, а може само пасивно да се съпротивлява на егоизма, да се предпази от получаването на наслаждение и не повече от това (действие обратно на петия стадий), се нарича (свят) олам *Асия*.

Във всеки от световете има пет подстъпала, наричани *парцуфим – кетер, Хохма, бина, зеир аннин и малхут. Зеир аннин се състои от 6 подсфирот – хесед, гвура, тиферет, нецах, ход, есод.*

След създаването на петте свята е бил създаден нашият материален свят, намиращ се по-ниско от света *Асия*, и човекът в него. В човека е заложена малка порция егоистично свойство от пети стадий. Ако човек, в своето духовно развитие, се издига отдолу нагоре вътре в световете, то частта егоизъм, която се намира в него, а също всички тези части от световете, които той е използвал за своя подем, стават подобни на първия стадий, на свойството на Твореца. Когато целият пети стадий стане подобен на първия, всички светове ще стигнат до целта на творението *(Гмар Тикун).*

Духовен корен на времето и мястото е отсъствието на светлина в общата душа, където духовните подеми и падения дават усещане за време, а мястото на бъдещото запълване със светлина от Твореца дава усещане за пространство в нашия свят.

Върху нашия свят последователно влияят духовни сили и дават усещане за време, поради промяната на своето влияние. Тъй като два духовни обекта не могат да бъдат като един, отличавайки се по своите свойства, то те действат един след друг, най-напред по-висшият, а след него по-нисшият и това дава в нашия свят усещането за време.

За успешната работа по поправяне на егоизма в нас, са сътворени три инструмента – чувства, разум и въображение.

Духовният материал и формата – материалът представлява сам по себе си егоизъм, а неговата форма се определя от противостоящите му сили, по аналогия с нашия свят.

Наслажденията и страданията се определят от нас като добро или лошо. Но духовните страдания са единственият източник за развитие и духовно напредване на човека. Духовното спасение е съвършенство, получено въз основа на силни отрицателни усещания, възприемани като сладостни. Тъй като лявата линия се връща към дясната, с което самите нещастия, страдания и натиск се превръщат в радост, наслаждения и духовен простор. Причината е в това, че във всеки обект съществуват две противоположни начала – егоизъм и алтруизъм, усещани като отдалечаване от и приближаване към Твореца. За това има много примери в *Тора* – жертвоприношението на Ицхак, жертвоприношенията в храма и пр. (жертвоприношения – курбан от от думата каров – сближаване).

Дясната линия представлява самата същност на духовния обект, докато лявата линия е само онази част от егоизма, която той може да използва, присъединявайки я към своите алтруистични намерения.

26. Опознаване на духовния свят

Много мастило е изписано от философите в дискусии за непознаваемостта на Твореца. Юдаизмът като наука, основаваща се на личния експеримент на кабалистите, обяснява – как можем да говорим за познаваемостта на Твореца, след като не Го познаваме? Дори това определение говори за някаква степен на познание. Затова, преди всичко, трябва да се изясни какво се подразбира под понятието непознаваемост или понятието безграничност – по какъв начин можем да твърдим, че разбираме тези категории.

Ясно е, че ако говорим дори за познаването на Твореца, ние подразбираме само възприемането от нашите чувствени органи и разум на онова, което изследваме, подобно на изследванията от нашия свят. Освен това, тези понятия трябва да са достъпни за всеки от нашия свят, подобно на всяко друго познание, а по тази причина, в това познание трябва да има нещо напълно осезаемо и реално, възможно за възприемане от нашите органи на чувствата.

Разликата между опознаването на духовните обекти и Твореца и опознаването на обекти от нашия свят се състои в преместването на границите на усещането. Най-близката граница на възприемане е в органите на дактилните усещания, когато ние непосредствено докосваме външната граница на изследвания обект. При слуховото усещане, вече изобщо нямаме допирни точки със самия обект, а осъществяваме контакт чрез промеждутъчен, предаващ трети обект, например – с въздуха, който има контакт с външната граница на изследвания обект, гласовите връзки на човека или колебаещата се повърхност, предаваща ни звуковата вълна.

По същия начин и духовните органи на чувствата се използват за усещане на Твореца. Усещането за съприкосновение, подобно на дактилното с външната граница, се нарича пророческо видение, а усещането, осъществяващо се чрез посредничеството на някаква среда, осъществяващо на свой ред контакт с външната граница на онова, което може да бъде постигнато, подобно на слуховото усещане, се нарича пророчески слух.

Пророческото зрение се смята за явно знание (както в нашия свят ние желаем да видим и смятаме това за пълно постигане на обекта), защото имаме непосредствен контакт със светлината, излъчваща се от самия Творец.

Пророческият слух (гласът на Твореца) се определя от кабалистите като непостижим, за разлика от пророческото зрение, подобно на това, как ние чуваме звуковите вълни, тъй като усещаме сигналите на промеждутъчния духовен обект при неговото съприкосновение с външната граница на Твореца.

Вълните, както и в случая с пророческото зрение, се възприемат вътре в нашето съзнание като звукови.

Кабалистът, заслужил пророческо постижение на Твореца, отначало Го възприема със своето физическо зрение или слух и Го осмисля, при това осъзнаването на видяното му дава пълно опознаване, а възприетото с помощта на слуха му дава осъзнаване на непознаваемостта.

Но както в нашия свят, дори само слухът е достатъчен за усещане на свойствата на познаваемия обект (даже слепият по рождение прекрасно усеща много от свойствата на обкръжаващите го хора), така и духовното познание с помощта на слуха е достатъчно. Защото вътре в постъпващата духовна слухова информация се намират скрити всички останали свойства...

Заповедта за опознаване на Твореца се свежда до усещането за Него в човека, въз основа на духовното зрение и слух, до такава степен, че на него да му стане абсолютно ясно, че се намира в пълен зрителен и слухов съзнателен контакт с Твореца, което се нарича лице в лице.

Творението и управлението стават благодарение на две противоположни явления: скриване на мощта на Твореца и постепенното Негово разкриване в онази степен, в която творенията могат да Го усетят в своите поправени свойства. За това в иврит има име на Твореца *„Маацил"*, от думата *„цел"* – сянка, и *„Боре"* от думите *бо ре* – ела и виж. От тези думи съответно са произлезли имената на световете *Ацилут* и *Брия*.

Ние не сме в състояние да осъзнаем истинската картина на сътворението, а само онази, която усещаме с нашите чувства, както материални, така и духовни. Всичко съществуващо в нашите понятия се дели на пустота и наличност, макар учените мъже да твърдят, че няма такова понятие като пустота. И действително, това понятие е извън нашето разбиране, защото дори липсата на нещо ние трябва да възприемаме със своите чувства.

Но ние можем да усетим пустота или отсъствие на каквото и да било, ако си представим отношението, съществуващо в този свят към нас след нашата смърт. Но дори и в нашия живот, в този свят, ние усещаме същата картина – че всичко, което се намира извън нашето, сякаш отсъства и въобще не съществува.

Истината е, че е тъкмо обратното – именно това, което се намира извън нас, е вечно и съществуващо, и само ние сме нищо, и изчезваме в нищото.

Тези две понятия в нас са абсолютно неадекватни, защото нашето усещане ни казва, че всичко съществуващо е свързано с нас и съществува само в тези рамки, с нас и в нас, а всичко, което е извън нас, няма никаква ценност. Но обективният разум твърди обратното, че ние сме нищожни, а всичко наоколо е вечно.

Разбиране на по-висшите духовни нива

Безкрайно малката порция Висша Светлина, намираща се във всички обекти на неживата и жива природа, определяща тяхното съществуване, се нарича малка свещ *(нер дакик)*.

Забраната да се разкрива тайната на *Тора* произлиза от опасението, че може да се прояви пренебрежение към кабала. Защото непостижимото предизвиква уважение и представлява ценност. Такава е природата на човека, че ако е бедняк, цени стотинката, а за притежателя на милион тази сума губи своята предишна ценност и той цени само два милиона, и т.н.

Така е и в науката – всичко, което е непостижимо, предизвиква уважение и представлява ценност, но щом бъде постигнато, веднага се загубва ценността на постижението и започва преследване на все още непостигнатото. И по тази причина целият свят е създаден за тези, които се стремят да постигнат тайната на Твореца.

Усещащите и постигащи излъчваната от Твореца Висша Светлина (*ор Хохма*) в никакъв случай не постигат самия Творец, Неговата същност. Но не бива да се греши, че постигащите духовните стъпала и тяхната светлина постигат само светлината, защото кабалистът не може да постигне и най-малкото духовно стъпало, ако не е постигнал в съответна степен Твореца и Неговите свойства спрямо нас.

В нашия свят ние опознаваме нашите познати по техните действия и прояви спрямо нас и другите. След като сме се запознали с действията на човека, с проявите му на доброта, завист, злоба, отстъпчивост и т.н. спрямо различни лица, ние можем да твърдим, че го познаваме; така и след като кабалистът постигне всички действия и прояви на Твореца в тях, Той му се разкрива в абсолютно постижим вид посредством светлината.

Ако стъпалата и излъчваната от тях светлина не носят в себе си възможност за постигане на „самия" Творец, ние ги наричаме нечисти *(клипа, ситра ахра)*. („Самият" – има се предвид, както и в нашия свят, че ние получаваме представа за някого по неговите действия и при това не изпитваме потребност да опознаем още нещо, тъй като това, което е непостижимо за нас, не предизвиква интерес и потребност да го постигнем).

Нечистите сили *(клипа, ситра ахра)* – това са сили, властващи над човека, за да не му позволят напълно да се наслади на всяко идващо наслаждение, а да може да се удовлетвори с малко; за да си каже, че му е достатъчно това, което знае, както обелват обвивката на плода и оставят най-главното – самия плод. Затова, поради действията на тези нечисти сили, непозволяващи да се разбере скритият смисъл в Тора, разумът на човека не може да проумее смисъла на работата в името на Твореца

В духовния обект светлината, запълваща неговата горна част *(до табур)* се нарича минало, запълващата долната част *(сиюм)* се нарича сегашно, обкръжаващата, още не влязла, но очакваща своя ред да се разкрие светлина, се нарича бъдеще.

Ако човек е паднал духовно, увеличили са се неговите егоистични желания, в неговите очи пада значението на духовното, но духовното падение той получава специално отгоре, за да разбере, че се намира все още в духовно изгнание, което ще го подтикне към молитва за спасение.

Изгнание (галут) е духовно понятие. Материално, човек се чувства в галут по-добре, отколкото в Израел – толкова, че отново желае да се върне в галут. Защото не може да има освобождение, Връщане от галут *(геула)* на физическото без духовното. Затова ние и днес още се намираме в галут, за което свидетелстват нашето отстъпване пред съседите, бягството на младежта от страната и нашата жажда да подражаваме на целия свят.

Но няма да намерим спокойствие, докато не издигнем над всичко нашето висше предназначение – духовното освобождение, както на нас самите, така и на целия народ, и на цялото човечество.

Галут – това не е физическото поробване, което са изпитали всички народи в течение на своята история. Галут е поробване на всеки от нас от нашия най-зъл враг – егоизма, при това толкова префинено, че човек не разбира, че постоянно работи за този господин, за външната сила, вселила се в нас и диктуваща ни своите желания. А ние, като невменяеми, не осъзнаваме това и с всички сили се опитваме да изпълняваме нейните изисквания. Наистина, нашето състояние е подобно на състоянието на душевноболен, който възприема причуващите му се само на него гласове за заповеди или за свое истинско желание, и ги изпълнява.

Истинският наш *галут* – това е изгнание от духовното, невъзможност да бъдем в контакт, да чувстваме Твореца и да работим за Него. Именно усещането за този *галут* трябва да бъде условие за изход, за освобождение от него.

Поначало, тялото е съгласно да изучава кабала и да полага усилия в усвояване на духовното, защото вижда определена изгода в духовните знания, но когато започне по малко да осъзнава какво значи истинската работа „заради Твореца" и трябва да моли за своето избавление, той отблъсква такова спасение, убеждавайки се, че няма да преуспее в подобна работа. И отново става роб на своя разум, т.е. връща се към идеалите на материал ния живот.

Спасение от такова състояние може да има само в действието по пътя на вярата над знанието *(емуна лемала ми даат)*.

Но духовното падение означава, че е изгубена вярата. Чрез допълнително разкриване на егоизма, Твореца дава възможност на човека да положи допълнително усилие и по този начин да увеличи вярата. Предишното ниво на неговата вяра не е изчезнало, но спрямо новата работа той го приема като падение.

Нашият свят е създаден подобно на духовния, само че от егоистичен материал. От околния свят можем много да узнаем – ако не за свойствата на духовните обекти, то за техните взаимни връзки по аналогия с нашия свят.

И в духовния свят има понятия: свят, пустиня, селище, страна, Израел. Всички духовни действия (заповеди) могат да се извършват на всяко ниво, дори още да не е постигнато нивото Израел, освен заповедите за любов и страх. Те се разкриват само след постигане на нивото Ерец Исраел.

Вътре в нивото Ерец Исраел има подниво, наречено Йерушалаим, от думите *ира (страх)* и *шалем (съвършен)* – желание да се усети трепет пред Твореца, помагащ да се освободим от егоизма.

27. Етапи на поправяне

Човекът по неволя изпълнява действията за поддържане на живота на тялото. Например, дори да е болен и да няма желание да приема храна – се насилва, знаейки, че без тази работа няма да бъде здрав. Но то става благодарение на това, че в нашия свят наградата и наказанието се виждат от всички и затова всички изпълняват законите на природата.

Но въпреки че нашата душа е болна и може да оздравее само от изпълняване на алтруистични усилия, човек, не виждайки явни награда и наказание, не е в състояние да накара себе си да се заеме с лечението. Затова излекуването на душата изцяло зависи от вярата на човека.

Долната половина на по-високия духовен обект се намира вътре в горната половина на по-ниския (*АХА"П де елион се намира вътре в Г"Е де тахтон*). В долния обект, екранът се намира в неговите „очи" (*масах в никвей ейнаим*). Това се нарича духовна слепота (*стимат ейнаим*), защото в такова състояние вижда, че и по-високият обект има само половина – АХА"П. Получава се, че екранът на долния скрива от него по-високия обект.

Ако по-високият обект предаде своя екран на по-ниския, по този начин ще се разкрие на по-ниския, който започва да вижда по-високия така, както последният вижда себе си. От това по-долният получава състоянието „пълен" (*гадлут*). Долният обект вижда, че по-високият се намира в „голямо" състояние и осъзнава, че предишното му скриване е било, за да го видят „малък" (*катнут*), по-високият е осъществявал това специално в полза на по-ниския, по този начин по-ниският получава усещане за значението на по-висшия.

Всички следващи състояния, които човек изпитва по своя духовен път, приличат на болест, която Твореца му изпраща и от която Сам след това ще го излекува. Но това, което човек възприема като болест, безнадеждност, безсилие и безизходица, приемайки тези състояния като воля на Твореца, се превръща в стадии на поправяне и приближаване към сливането с Твореца.

Веднага щом светлината на Твореца влиза в егоистичното желание, то веднага се прекланя пред нея и е готово да се преобразува в алтруизъм.

(Не веднъж бе казано, че светлината не може да влезе в егоистичното желание, но има два вида светлина – светлина, идваща за поправяне на желанията, и светлина, носеща наслаждение – в дадения случай става дума за светлината, носеща поправяне).

А тъй като светлината влиза в желанията, те се променят в противоположни. Така най-големите ни прегрешения се превръщат в заслуги. Но това става само при условие, че се връщаме заради любовта към Твореца *(тшува ми ахава)*, когато можем да получим цялата светлина на Твореца не заради себе си *(гар де Хохма)*, само тогава нашите минали действия (желания) стават *съсъди* за получаване на светлина.

Но такова състояние не може да настъпи преди всеобщото поправяне *(Гмар Тикун)*. А преди това е възможно да бъде получена само част от светлината на Твореца *(вак де Хохма)*, не заради себе си, а според принципа на средната линия *(кав емцаи)*.

Има няколко вида получаване: получаване чрез милостиня, подарък, със сила (искайки, считайки, че му се полага). Получавайки милостиня, човек се срамува, но иска. Подаръците не се искат, а се дават на онзи, когото обичат. Със сила иска този, който не смята, че получава милостиня или подарък.

Така се чувстват в своите искания праведниците, изисквайки от Твореца като дълг, който им се полага, който е предназначен за тях още при замисъла на творението, и затова е казано: *"небесното царство праведниците вземат със сила"*.

Авраам (дясната линия, вярата над разума) вързал и бил готов да принесе в жертва *Ицхак* (лявата линия, разума, контрола над своето духовно състояние), за да може постоянно да се движи само в дясната линия. Вследствие на това се издигнал до средната линия, включваща в себе си и двете. Защото има голяма разлика в това, върви ли човек само с вяра над разума.

Обикновената вяра – това е неконтролирана вяра и се нарича вяра под разума. Но вярата над разума е възможна само след анализ на своето състояние. И ако човек, виждайки, че не е постигнал нищо, все пак предпочита да вярва, че има всичко, и така до най-критичното състояние *(месирут нефеш)*, това се нарича вяра над разума, защото той изобщо не приема доводите на своя разум, и тогава се удостоява със средната линия.

Има три линии на духовно поведение – дясна, лява и тяхното съчетание – средна, но ако човек има само една линия, тя не бива да се нарича нито дясна, нито лява, тъй като само наличието на двете противоположни линии показва коя от тях е дясна и коя лява.

Има просто права линия, наричана чувство за съвършенство, по която върви цялата вярваща маса, т.е. единен път, по законите на който човек се възпитава, а след това през целия си живот действа. И всеки точно знае, в съответствие със своите разчети, колко усилия трябва да положи, за да почувства, че е направил в *Тора* това, което трябва, изпълнил е своя дълг. И затова всеки чувства удовлетворение от своята работа в Тора.

А освен това чувства, че всеки изминал ден му добавя допълнителни заслуги, привилегии, тъй като е изпълнил още няколко заповеди. Затова тази линия на поведение се нарича права, от нея човек не може да се отклони, защото от детството е обучен да пос тъпва така – без контрол и самокритика. И затова върви направо през целия живот и всеки ден прибавя към своите заслуги.

Този, който върви по дясната линия, трябва да върши същото като онзи, който върви по правата. Само с тази разлика, че при вървящите по правата линия липсва самокритичност за тяхното духовно състояние. Вървящите пък по дясната линия с труд преодоляват всяка крачка, тъй като лявата линия неутрализира дясната, пробуждайки жажда за духовното, и затова не са удовлетворени от своето духовно състояние.

Вървящият по правата линия не подлага на критика своето състояние, а постоянно добавя към своите минали заслуги нови, защото има на какво да се опре, докато лявата линия изтрива всички минали усилия.

Вярата е единственото противодействие срещу егоизма

Най-важното за усещане на наслаждението – това е жаждата за наслаждение, което в кабала се нарича *съсъд*. Величината на този *съсъд* се измерва със степента на усещането за недостатъчно наслаждение. Затова, ако има едно и също наслаждение в два *съсъда* – хора, то единият може да се чувства абсолютно наситен от нея, а вторият да чувства, че не усеща нищо и да се намира в дълбоко униние.

В книгата „*Адир бе маром*" великият кабалист Луцато пише: „...Тора – това е вътрешното съдържание *(светлината на Тора са пнимиют)* и включва външната работа на човека *(аводат ашем – кли ле ор Тора)*. А знанията на мъдреците се отнасят към външната част *(хохмот хицони йот)* и изобщо не се отнасят към Тора".

Човек трябва да се стреми да живее в дадения момент, вземайки знания от миналите си състояния и с вяра над разума в настоящето. Той не се нуждае от бъдещето.

Постижението *Ерец Исраел* и като следствие от това – разкриването на Твореца *(ашрат Шхина)* се дават на онзи, който е постигнал така нареченото духовно ниво „*Ерец Исраел*". За тази цел е необходимо той да откъсне от себе си три нечисти сили *(шалош клипот тмеот, което съответства на духовното обрязване на своя егоизъм)* и доброволно да приеме условието за съкращаване *(Цимцум)* – това, че в егоизма няма да влезе светлина.

Там, където в кабала се казва „не трябва" – се има предвид невъзможно е, дори ако желае. Но целта е да не желае.

Ако човек работи на някаква работа един час на ден и не е запознат с работещите, вече получили възнаграждение за своята работа, той се безпокои дали ще получи заплата, но много по-малко от работещия 10 часа. Последният трябва да има много повече вяра на работодателя и той страда повече от това, че не вижда как другите получават възнаграждение.

А ако желае да работи ден и нощ, то още повече ще почувства скриването на работодателя и на възнаграждението, защото за него е необходимо задължително да знае ще получи ли възнаграждение, както му е обещано.

Но онези, които вървят с вяра над знанието, развиват в себе си огромна потребност от разкриването на Твореца и съответно, възможност да противостоят на разкриването, тогава Твореца разкрива пред тях цялото мироздание.

Единствената възможност да не се използват егоистичните желания е да се върви по пътя на вярата. Само ако човек се отказва да види и да знае, опасявайки се да се лиши от възможността да работи алтруистично, получавайки силни чувства и знания, той може да започне да ги получава в степента, в която няма да му попречат да продължи да върви по пътя на вярата.

По такъв начин се вижда, че същността на работата не за себе си е свързана с необходимостта да излезе от ограничените егоистични възможности на наслаждението, за да придобие неограничени от нищо възможности да се наслаждава извън тесните рамки на тялото. И такъв духовен „орган" на усещане се нарича вяра над знанието.

А достигналият такова ниво на духовно развитие, който е в състояние да изпълнява работата без каквото и да е възнаграждение за егоизма, придобива съвпадане по свойства (което означава сближаване, защото в духовните светове само разликата на свойствата отделя обектите, а други понятия за място и разстояние няма) с Твореца и усеща безгранични наслаждения, неограничавани от чувство за срам от милостинята.

Усещането за запълващия цялото пространство на вселената невидим „облак" на Висшия Разум, изцяло пронизващ всичко и управляващ всичко, дава на човека истинско чувство за опора и увереност. Затова вярата е единственото противодействие на егоизма. Но вярата спасява не само от вътрешния егоизъм, а и от външния, тъй като страничните хора могат да навредят само външно, но не и на вътрешните постижения.

Природата на човека е такава, че в него има сила да прави само това, което осъзнава и чувства. И това се нарича вътре в разума. Вяра се нарича висшата, противоестествена сила, защото дава възможност да се действа даже в този случай, когато човек още не чувства и не разбира същността на своите действия, т.е. силата, независеща от личния интерес, от егоизма.

Казано е: *„Там, където стои възвръщащият се (баал тшува), абсолютен праведник не може да стои".* Когато човек се учи, се нарича абсолютен праведник. Когато не е в състояние да се учи – се нарича грешник. Но ако успява да преодолее себе си, се нарича „възвръщащ се". А тъй като целият наш път е само към целта на творението, то всяко ново състояние е по-високо от предишното. И по тази причина новото състояние на „връщащия се" е по-високо от миналото състояние на „праведника".

Има два вида връщане – в действията и в мислите. Връщането в действията – човекът, който досега не е изпълнявал целия закон в пълен обем, се опитва да изпълнява всичко (учене, молитва, заповеди), но това е само в действията *(маасе)*, а не в мислите – не в намерението, с което изпълнява всичко това *(кавана)*.

Връщането в мислите се извършва, ако преди човек е изпълнявал всичко, но само с цел да извлече полза за себе си, а сега поправя своето намерение на противоположното – за да могат неговите постъпки да имат алтруистични последствия. Оттук е ясно, че има работа в действието, която се вижда от всички, и има работа в мислите, която е невидима. И тези два вида работа се наричат Открита *(нигле)* и скрита *(нистар)*.

Твореца се възприема от нас като светлина на наслаждението. В зависимост от свойствата и степента на чистота на нашия алтруистичен *съсъд* – органът за усещане на духовната светлина, светлината на Твореца се възприема по различен начин. Затова, макар че светлината е една, то в зависимост от нашето усещане ние я наричаме с различни имена, според нейното въздействие върху нас.

Светлина, която носи поправяне

Има два вида светлина на Твореца – Светлина на знанието, разума, Мъдростта (*ор Хохма*) и Светлина на Милосърдието, увереността, сливането (*ор Хасадим*). В *ор Хохма* има два вида светлина, в зависимост от въздействието ѝ върху човека – отначало (когато тя постъпва) човек осъзнава своето зло, а след това (когато човек е осъзнал вече своето зло и знае, че не бива да използва своя егоизъм) същата светлина дава сили за същите егоистични желания (да се наслаждава) с тях, но не за себе си. А след това, когато вече има сили за поправяне на егоизма, тази светлина дава възможност на поправените, бивши егоистични желания, да се наслаждават на алтруизма *(лекабел ал минат леашпия)*.

Ор Хасадим ни дава друг вид желания – „да давам" вместо „да вземам" наслаждения, затова от 320-те непоправени желания на душата (те започват да се усещат постепенно, според степента на духовен възход, като човек постепенно постига цялата дълбочина на своето зло и бива шокиран от себе си, когато разбере кой е той). Под действието на *ор Хохма* се отделят 32 части на малхут – желания за самонаслаждение, защото човек открива, че егоизмът е най-злият му враг.

Останалите 288 желания са неутрални – нямат нито егоистична, нито алтруистична насока – това са просто усещания (от типа на слух, зрение и т.н.), които могат да се използват по желание, в зависимост от направения избор – за себе си или за другите.

Тогава, под въздействието на *ор Хасадим*, в човека се появява желание да работи алтруистично с всички 288 усещания. Това става вследствие на замяната на 32-те егоистични желания с 32 алтруистични.

Поправянето под действието на светлината (или Тора, което е едно и също, защото *Тора* е Висшата светлина на Твореца), става без усещане на наслаждение от нея. Човек усеща само разликата между свойствата на своя егоизъм и величието на светлината. Само това е достатъчно за стремежа му да се измъкне от телесните желания.

Затова е казано: „*Аз създадох във вас егоистични подбуди и затова сътворих Тора*".

Но след това, поправяйки своите желания, човек започва да приема светлината, за да наслади Твореца. Тази светлина, т.е. тази *Тора* се нарича с имената на Твореца, защото човек получава в себе си, в своята душа, част от Твореца и според своите наслаждения от светлината, дава на Твореца имена.

Да се влезе в Духовния свят *(олам тикун)* може само след придобиване на свойството „всичко да бъде отдадено" *(ор Хасадим, хафец хесед)*. Това е минимално и необходимо условие, за да не могат никакви егоистични желания вече да съблазнят човека и по този начин да му навредят, тъй като той не иска вече нищо за себе си.

Без защитата на алтруистичните свойства от свойството *ор Хасадим*, човекът, усетил безкрайните наслаждения от Висшия (от светлината), непременно ще пожелае да се самонаслади и с това ще погуби себе си – вече по никакъв начин няма да може да излезе от егоизма в алтруизъм. Цялото му съществуване ще се превърне в преследване на тези непостижими за неговите егоистични желания наслаждения.

Но *ор Хасадим*, даващ на човека стремеж към алтруизъм, не може да свети в егоистичните желания (в *Съсъда* – кли). Егоистичните желания се хранят с микродоза, с искра от намиращата се в тях светлина, насила въведена от Твореца за поддържане на живота в нас, защото без получаване на наслаждение човекът не може да живее. Ако тази искра от Висшата светлина изчезне, човек веднага ще приключи с живота си, за да се отърве от егоизма, от неудовлетвореното желание да се наслади, само и само да не изпитва усещането за абсолютна тъмнина и безизходица.

Защо в егоизма не може да влезе *ор Хасадим*? Както се каза по-горе, няма разлика в самата светлина – дали е *ор Хохма* или *ор Хасадим*, а самият човек определя това. Докато егоистичното желание може да започне да се наслаждава на светлината, независимо от нейния произход, т.е. да се наслаждава на *ор Хасадим* за себе си, то само вече готовото за алтруистични действия желание може да приеме светлината и да усети наслаждение от алтруизма, т.е. да усети светлината като *ор Хасадим*.

Човек получава наслаждение от три вида усещания: от миналото, настоящето и от бъдещето. Най-голямо е наслаждението от бъдещето, тъй като той предварително предвкусва насладата, т.е. наслаждава се в настоящето. И затова мислите за неугодни действия са по-лоши от самите действия, тъй като удължават наслаждението и занимават мисълта дълго време.

Наслаждението в настоящето като правило е кратко, имайки предвид нашите дребни и бързо насищащи се желания. Миналото наслаждение човек може отново и отново да предизвиква в мислите си и да му се наслаждава. Затова е необходимо, преди да предприеме добро действие *(кава-*

на леашпиа), човек много да мисли и да се готви за него, за да вкуси колкото се може повече различни усещания, за да може след това да ги извиква в паметта си и да съживява своите стремежи към духовното.

Тъй като нашата природа е егоизмът, човек желае да се наслаждава на живота. Но ако му дават свише в неговите желания малък зародиш на душа, която по своята природа желае да се храни с антиегоистични желания, то егоизмът не може да дава сили за такива действия и няма наслаждение от такъв живот, защото душата не му дава покой и всеки миг му дава да разбере, че това не е живот, а животинско съществуване.

Вследствие на това, животът започва да изглежда на човека непоносим, пълен със страдания, защото каквото и да прави – не е в състояние да получи наслаждение, нито пък удовлетворение от нещо, тъй като висшата искра в неговата душа не може да бъде задоволена с животинския телесен живот. И така продължава дотогава, докато самият егоизъм не реши, че няма друг изход, освен да се вслуша в гласа на душата и да изпълнява нейните указания, иначе човек няма да намери покой. И това означава, че Твореца по неволя ни връща към Себе си.

Невъзможно е да се усети и най-малкото наслаждение, ако преди това човек не е почувствал неговата липса, която се определя като страдание – от това, че той не получава наслаждението, което така желае. За получаване на Висшата светлина е необходимо също предварително желание. Затова човек трябва по време на обучението и в другите свои действия да моли за усещане на потребност от Висшата светлина.

„Няма никой, освен Него" – всичко, което става, е Негово желание и всички творения изпълняват Неговото желание. Разликата е само в това, че има единици, изпълняващи Неговата воля по свое желание *(ми даато)*. Усещането за сливане на творението със Сътворилия го е възможно именно при съвпадение на желанията *(берацон аловеш у берацон амалбиш)*.

Благословение се нарича изливането свише на Светлината на милосърдието (*ор Хасадим*), което е възможно само при алтруистични действия на човека отдолу.

Казано е в Тора: *„Потребностите на народа Твой са велики, а мъдростта е кратка"* – именно защото мъдростта е малко, потребностите са големи.

Казал е Баал Сулам: „Нашето състояние е подобно на състоянието на царския син, чийто баща го настанил в дворец, пълен с всичко, но не му дал светлина, за да вижда. И ето, седи синът в тъмнината и само светлина му липсва, за да овладее цялото богатство. Дори свещ има (Твореца му изпраща възможност за сближаване със Себе си), както е казано: „Душата на човека – това е свещ от Твореца". Той трябва само да я запали със своето желание."

„Макар да е казано, че целта на творението е непознаваема, има огромна разлика между непознаването от мъдреца и от незнаенето на тази цел от неукия."

„Законът за корена и клона означава, че нисшият е длъжен да постигне стъпалото на висшия, но висшият не е длъжен да е като нисшия".

Цялата наша работа се състои в подготовка за приемането на светлината.

Както е казал Баал Сулам: „Главното – това е кли – *Съсъдът*, макар че без светлина кли е безжизнено, както тялото без душата. И ние трябва от предварително да подготвим нашето кли, за да може, когато се излее в него светлината, то да работи изправно.

Подобно на работата на машината, направена от човека и работеща с електричество, която е невъзможна без свързването с електричество, но резултатът от нейната работа зависи от това как е направена. В духовния свят има напълно противоположни на нашия свят – на нашето състояние – закони и желания: колкото в нашия свят е невъзможно да се върви напред без знанието – разбирането, толкова в духовния свят е трудно да се напредва със знание. Както е казал

Баал Сулам: „Казано е, че когато в Храма са стояли на служба, е било тясно, но когато са падали ничком – ставало просторно". Да се стои, означава Голямо състояние на парцуфа – получаването на светлина, а да се лежи – Малко състояние – отсъствие на светлина. В малкото състояние е имало повече място – усещали са се по-свободни, защото именно в скриването на Твореца, духовно издигащите се усещат възможност да вървят въпреки своя разум, и това е тяхната радост в работата.

Както разказва Баал Сулам, Раби Пинхас от градчето Корици, велик кабалист от миналия век, нямал пари да си купи дори книгата „Дървото на живота" на Ари и бил принуден половин година да преподава на деца, за да спечели пари и да си купи тази книга.

Макар нашето тяло по някакъв начин само да ни пречи духовно да се издигнем, всъщност само така ни се струва, поради неразбирането на функциите, възложени му от Твореца. Както е казал Баал Сулам: „Нашето тяло е подобно на анкера в часовника – макар анкерът да го спира, без него той не би работил, нямаше да се движи напред". По друго време е казал: „В дулото на далекобойното оръдие има винтова резба, затрудняваща излизането на снаряда, но именно благодарение на тази пречка снарядът лети по-надалеч и по-точно". Такова състояние в кабала се нарича „*кишуй*".

Както е казал Баал Сулам:

„Всички дотолкова правят тълкуване на *Тора* чрез понятията от нашия свят, че дори там, където направо е казано „Пазете своите души", все едно казват, че се има предвид здравето на тялото".

„Човек се намира в духовното дотолкова, доколкото усеща, че неговите егоистични желания са всъщност нечистата сила".

„Най-малкото духовно стъпало – това е, когато духовното е по-важно и е преди материалното".

„Човек може да бъде самоуверен само в едно – в това, че никой, освен него, не може да достави по-голямо удоволствие на Твореца".

„Възнаграждението за Заповедта е познанието за Заповядващия".

„В духовно израстващите грижата за този свят напълно липсва, както тежко болният не се грижи за заплатата си, а само за това как да остане жив".

„Както в духовния, така и в нашия материален свят, няма спасение, когато има насилствени обстоятелства. Например, ако някой случайно падне в пропаст, нима от смърт ще го спаси обстоятелството, че е паднал не по свое желание. Същото е и в духовното".

Когато Баал Сулам се разболял, извикали при него лекар. Лекарят му препоръчал да почива, казал, че е необходимо да успокои нервите си и ако иска да учи, нека да е нещо леко, например, да чете Теилим - Псалмите. Когато лекарят си тръгнал, Раби Йехуда казал: „Явно докторът смята, че Теилим могат да се четат без задълбочаване".

Както е казал Баал Сулам: „Няма място по средата между духовното, чисто, алтруистично „отдаване" и материалното, егоистично, нечисто „получаване". И ако човекът не е свързан всеки миг с духовното, то той не просто забравя за него, а се намира в нечистото, материалното".

В книгата „Кузари" пише, че когато царят на Кузарите – Хазарите избирал вяра за своя народ, се обърнал към християнин, мюсюлманин, а чак след това към юдеин. Когато изслушал юдеина, той казал, че християнинът и мюсюлманинът му обещават вечен райски живот и огромни награди в живота след смъртта, а *Тора* говори за награда при изпълняване на Заповедите и за наказание в този свят, ако не бъдат изпълнявани.

Но по-важно е какво ще получи човек след своята смърт, във вечния свят, отколкото това, как ще преживее своите години в този свят. На това юдеинът отговорил, че те обещават награда в онзи свят, защото този, който лъже, говори за далечни неща, за да скрие лъжата и разкриването ѝ в думите, които е казал Баал Сулам. С думите на АГР"А е повторил, че смисълът на казаното от юдеина е в това, че всичко духовно, целия бъдещ свят, човекът трябва да усети още в този свят и това ни обещава *Тора* като награда. Всички награди на *Тора* човек трябва да получи в този свят, още по време на своето пребиваване в тялото, да усети всичко със своето тяло.

Както е казал Баал Сулам: „Когато човек чувства, че нечистите сили (егоистичните желания) го притесняват, това вече е началото на неговото духовно освобождаване".

Също така е повтарял във връзка с думите от Тора: *„всичко е в ръцете на небето, освен страха пред небето"*, „В отговор на всички молби на човека, Твореца може да реши да му даде онова, за което той моли, или да не му го даде. Само на молбата за „страх пред небето" Твореца не се решава да даде отговор – не е в ръцете на небето да даде страх пред небето. А ако човек моли за страх пред небето – задължително го получава".

28. Не заради себе си

Живот се нарича състоянието на усещане на желанието за наслаждение от получаване или отдаване. Ако това желание за наслаждение изчезне, то такова състояние се нарича лишено от чувства, безсъзнателно или мъртво.

Ако човек се намира в такова състояние, когато явно вижда и чувства, че е невъзможно да получи наслаждение, например заради това, че е длъжник на всички, срамува се от своите минали постъпки, усеща страдания, които неутрализират дори онова малко удоволствие, което е имал в този живот, той иска да се самоубие.

В този случай, човек трябва да положи всички усилия, за да получи наслаждение от това, че извършва дела, които са добри в очите на Твореца, че с това доставя радост на Твореца. В подобни мисли и действия има толкова велико наслаждение, че то е способно да неутрализира най-големите страдания в света. И затова, посредством заобикалящите го врагове, банкрута, неуспехите в работата – на духовно извисяващия се му се дава усещането за безнадеждност, безизходност, за липса на смисъл от неговото съществуване.

Ако човек е вече в състояние да извършва алтруистични постъпки, т.е. каквото и да прави, напълно да изключва каквато и да е изгода за себе си, да мисли само за благото на онзи, за когото го прави, т.е. за Твореца, но още не получава наслаждение от всички свои действия, това се нарича Чисто отдаване *(машпиа ал минат леашпиа)*. Например, изпълнявайки заповедите заради Твореца, той не получава съответстващата на всяка заповед светлина на *Тора* – наслаждение.

Причината за това е, че все още не се е поправил напълно и ако получи наслаждение от откритата светлина на Тора, егоизмът ще възстане и ще пожелае да получи такова наслаждение на всяка цена, за да наслади себе си, и няма да може да се откаже, и по неволя, чрез силата на привличането на наслаждението, която е по-голяма от неговото желание да угоди на Твореца, ще получи за себе си.

Келим – *Съсъдите*, с които човекът извършва алтруистични действия *(леашпиа ал минат леашпиа)*, се наричат *келим де ашпаа*. Духовният обект има строеж (съответствието на духовните сили е подобно на физическия строеж на нашето тяло), подобен на нашето тяло, състоящ се от ТАРЯ"Г мицвот или от 613 органи.

Затова РАМА"Х келим де ашпаа се определят като намиращи се над гърдите на духовното тяло и съответстват на изпълнителните заповеди, с изпълнението на които *Тора* задължава всеки.

Светлината, която получава човекът, изпълняващ такива действия, се нарича *ор Хасадим* или *хасадим мехусим* – Скрити хасадим, скрити от светлината *ор Хохма*.

Ако човек има силна воля, поправянето на чувствата му е толкова голямо, че е в състояние не само да извършва алтруистични действия, но и да получава наслаждения от тях заради Твореца, т.е. да получава в миналите егоистични желания *(келим)*, то това се нарича кабала ал минат леашпиа. Тогава той може да получава светлината, намираща се във всяка заповед, т.е. във всяко духовно действие.

(Заповедите на *Тора* са духовни действия. А това, че в нашия свят всички трябва да ги изпълняват физически, независимо от духовното ниво на изпълнителя, е обусловено от тяхното съответствие с духовния им замисъл – да се достави радост на Твореца).

Началният стадий, през който трябва да премине желаещият да постигне целта на творението, се състои в работа над себе си за своя изгода *(ло лишма)*, тъй като има много начини да усети наслаждение, например – чрез приемане на храна, игри, почести, слава и т.н.

Но тези начини позволяват да се усетят съвсем незначителни и бързо преминаващи наслаждения. Такива намерения се наричат „заради себе си" – ло лишма. Докато с помощта на вярата в Твореца (в Неговото всемогъщество, в Неговата Единственост в управлението на всичко в света, в това число и на всичко, което се случва с нас, в Неговото управление на всичко, от което зависи човекът, в Неговата готовност да помогне, чувайки молитвата) човекът може да постигне много по-големи наслаждения.

И само когато той постигне напълно това предварително стъпало на работа, той получава особени, съвсем различни усещания на по-високото състояние. То се проявява в това, че изведнъж личната изгода му става напълно безразлична, а се грижи само затова дали всички негови мисли и равносметки са наистина духовни, а именно – дали всички негови мисли и намерения са насочени само към това – напълно да се довери на същността на истинските закони на мирозданието, да усети, че трябва да изпълнява само волята на Твореца, изхождайки от усещането за Неговото величие и сила.

И тогава той забравя за своите минали намерения и чувства и разбира, че няма абсолютно никакво желание да мисли и да се безпокои за себе си, че напълно се отдава на величието на всепроникващия Висш Разум и изобщо не усеща гласа на собствения си разум, а цялото негово безпокойство е само за това – как може да направи нещо приятно и угодно за Твореца. И такова състояние се нарича *„не заради себе си"*, *„лишма"*, *„машпиа ал минат леашпиа"*.

Причината за вярата е в това, че няма по-голямо наслаждение от усещането за Твореца и Той да те изпълни. Но за да може човек да получи това наслаждение не заради себе си, съществува състоянието на скриване на Твореца – за да даде възможност на човека да изпълнява заповедите, дори ако не усеща никакви наслаждения, и това се нарича *„не заради наградата"* (*ал минат ше ло лекабел прас*).

А когато човек постигне това състояние, създава такъв духовен *съсъд*, че незабавно очите му се отварят и с цялото свое същество усеща и вижда Твореца. А това, което по-рано го е принуждавало и му е говорило за изгодността от работата в името на Твореца, заради собствената изгода – изчезва и сега се възприема като смърт, защото по-рано е бил свързан с живота и е постигнал това посредством вярата.

Но ако в своето поправено състояние започне отново да работи с вярата над разума, то получава обратно своята душа – светлината на Твореца.

Постигане на „лишма"

Имената в кабала, макар и взети от нашия свят, означават напълно неприличащи, неподобни на тях обекти и действия в духовния свят, макар тези духовни обекти да са техни непосредствени корени („Езикът на кабала" – част 1, „Имената на Твореца" – част 3). От тази противоположност и несходство на корена и неговото следствие в нашия свят още веднъж се вижда доколко духовните обекти са отдалечени от нашите егоистични представи.

В духовния свят името означава особеността на разкриване на светлината на Твореца пред човека с помощта на действие, наречено с дадено име. Както в нашия свят всяка дума говори не за самия предмет, а за нашето възприемане на предмета.

Самото явление или обект извън нашите усещания е нещо в себе си, абсолютно непостижимо за нас. Разбира се, то има напълно различен вид и свойства от тези, които се възприемат с нашите прибори или чувства. Като потвърждение на това можем да посочим, че картината на обекта в лъчите на видимата част от спектъра изобщо не си прилича с картината, наблюдавана с помощта на прибори в спектъра на рентгеновите лъчи или на топлинните честоти.

Съществува един обект и какъв го възприема постигащият, е в съответствие с неговите свойства. Така е, защото чрез съчетаването на самия обект, на неговите истински свойства и на свойствата на онзи, който постига обекта – те създават заедно трета форма – в усещанията на постигащия се ражда картина на обекта, създадена от общите свойства на самия обект и на постигащия.

В работата с духовната светлина има две различни състояния на човека, желаещ и приемащ светлината – усещанията и качествата на човека до получаване на светлината и след нейното получаване.

Самата светлина – пълнител на *съсъда*-желание на човека – също има две състояния: състояние до момента, в който тя е влязла в контакт с чувствата, с желанията на човека, и състояние, след като е влязла в контакт с онзи, който я усеща. В такова състояние светлината се нарича Проста *(ор пашут)*, защото не е свързана със свойствата на обектите на възприемане. А тъй като всички обекти, освен светлината на Твореца, са желаещи да получат, тоест да се насладят от светлината, то ние нямаме никаква възможност да постигнем, изследваме, усетим или дори да си представим какво представлява самата светлина извън нас.

Затова, ако наричаме Твореца силен, то е именно затова, защото в този момент чувстваме (онзи, който чувства!) Неговата сила, но без да сме постигнали каквото и да е свойство, е невъзможно някак да Го назовем, тъй като дори думата „Творец" говори за това, че човекът е постигнал това в усещаната от него светлина. Ако пък човек казва имената на Твореца (т.е. назовава неговите качества), без да ги е постигнал в своите усещания, това е равносилно на факта, че той дава имена на простата светлина, още преди да я е усетил в себе си, което се нарича лъжа, тъй като простата светлина няма имена.

Човекът, който желае духовно да се издигне, трябва да избягва странични влияния, да пази своите все още неукрепнали убеждения, докато не получи свише необходимите усещания, които след това ще му послужат за опора. И основната защита и отдалечаване трябва да бъдат не от хората, които са далеч от *Тора*, тъй като те могат да изпитват само равнодушие или крайно отрицание, т.е. отдалеченост от това състояние, а именно от хората, които уж са близки до *Тора* или дори до кабала. Защото външно човек може да изглежда така, сякаш се намира в самия център на истината и целият се отдава на Твореца, на точното изпълняване на Неговите заповеди и фанатични молитви, но причините за неговата „праведност" никой не вижда, и в крайна сметка всички негови помисли са свързани с това, под някаква форма да извлече полза за себе си.

Такъв род личности или групи от хора представляват сами по себе си опасност за стремящия се духовно да израства, защото начинаещият вижда картина на усърдно служене на Твореца, но не може да провери изхожда ли то от желанието за познаване на Твореца, или това поведение е вследствие на възпитанието, а може да се прави и от съображения за престиж, и пр.

При това, човек вижда онези огромни сили, които подобни хора могат да призоват на помощ, без да разбират, че подобни сили могат да се употребяват, само защото няма никаква пречка от страна на егоизма при извършването на тези действия. Напротив – именно егоизмът и стремежът им дават сили, докато истинската *Тора* отслабва силите на човека, за да изпита той необходимост от Твореца *(Тора матешет кохо шел адам).*

И ако човек чувства притегателна сила от външните действия на подобни „проводници", то попада под робството на фараона, защото в *Тора* е казано, че робството на фараона било приятно за Исраел *(Исраел е онзи, който иска да отиде Яшар Ел – право към Твореца).* А тъй като *Тора* говори само за духовните състояния на всеки от нас лично, то тук се има предвид именно духовното робство, в което може да попадне начинаещият, и то дотолкова, че да съжалява за силите, които е изразходвал за борба с егоизма.

Начинаещият може да не се страхува от хората, които са отдалечени от Тора, защото понеже няма какво да научи от тях, те не представляват опасност за духовно поробване.

Нашият егоизъм ни позволява да се движим само когато усещаме страх. И ни подтиква към всякакви действия, за да неутрализира това чувство. Затова, ако човекът можеше да усеща страх пред Твореца, в него щяха да се появят сили и желание да работи.

Има два вида страх: страх от нарушаването на заповедите и страх от Твореца. Има страх, който не позволява на човека да греши, и всички негови действия са само заради Твореца, все едно изпълнява всички заповеди не от страх, а защото това е желанието на Твореца.

Страхът пред нарушението (прегрешението) е егоистичен страх, защото човек се бои да не навреди на себе си. Страхът пред Твореца се нарича алтруистичен страх, защото човек се бои да не изпълни онова, което е приятно на Твореца, от чувство на любов. Но при цялото желание да изпълнява угодното за Твореца, все едно за човека е тежко да изпълнява заповедите (действия та, приятни за Твореца), тъй като не вижда необходимост от тях.

Страхът от чувство на любов трябва да бъде не по-малък от егоистичния страх. Например, човек се страхува, че ако го видят в момент на извършване на престъпление или на обикновено прегрешение, ще изпита страдание и срам. Кабалистът постепенно развива в себе си чувство на трепет, че прави малко за Твореца, и това чувство е постоянно и толкова велико, колкото страха от наказание за големи очевидни престъпления в егоиста.

„Човек се учи само на това, което желае да се научи" (*„Ейн адам ломед, еле бе маком ше либо хафец"*). Изхождайки от това, е ясно, че човекът никога няма да се научи да изпълнява каквито и да е правила и норми, ако не желае това.

Но кой желае да слуша нравоучения, при това, като правило, човекът не чувства своите недостатъци? Как тогава изобщо може да се поправи дори стремящият се към това?

Човекът е създаден такъв – желае да наслади само себе си. Затова всичко, което учи, го учи само за да намери път за удовлетворяване на своите потребности и няма да започне да учи ненужното, защото такава е неговата природа.

Затова, за да може онзи, който желае да се приближи към Твореца, да се научи по какъв начин да действа „заради Твореца", трябва да помоли Твореца да му даде друго сърце, за да се появи алтруистично желание на мястото на егоизма. Ако Твореца изпълни тази молба, то без да иска, във всичко, което учи, ще вижда пътища да прави угодното за Твореца.

Но човек никога няма да види онова, което е против желанието на сърцето (или егоистично, или алтруистично). Затова никога няма да се почувства задължен, тъй като от това сърцето му не получава удоволствие. Но веднага, щом Твореца смени егоистичното сърце *(лев евен)* с безкористно *(лев басар)*, незабавно ще усети своя дълг, за да може да поправи себе си с помощта на придобитите възможности, и ще открие, че в света няма по-важно занимание от това да се направи нещо приятно за Твореца.

А това, че вижда своите недостатъци, се превръща в преимущество, защото поправяйки ги, доставя радост на Твореца. Но онзи, който още не може да поправи себе си, никога няма да види своите недостатъци, защото човекът ги разкрива само в степента, в която е в състояние да се поправи.

Всички действия на човека, свързани с удовлетворяването на личните потребности, и цялата негова работа в състоянието „заради себе си" *(ло лишма)* изчезва с напускането на този свят. И всичко, за което толкова много се е грижил и изстрадал, в един момент пропада.

Затова, ако човек е в състояние да направи равносметка струва ли си да работи в този свят и да загуби всичко в последния момент от живота си, то може да стигне до извода, че е за предпочитане да работи „за Твореца" *(лишма)*. В такъв случай, това решение ще го доведе до необходимостта да помоли Твореца за помощ, особено ако е вложил много труд в изпълняването на заповедите, с намерение да извлече лична полза.

Този, който не се е трудил много в Тора, има и по-малко желание да промени своите действия в действия „заради Твореца" *(лишма)*, защото няма да изгуби много, а работата по промяна на намерението изисква още много усилия.

Затова човекът трябва да се старае да увеличава по всякакъв начин и своите усилия в работата „не заради Твореца", тъй като това е причина за възникването на желание в него да се върне към Твореца *(лахзор бе тшува)* и да работи „лишма".

29. Преобразуване на нашата природа

Човекът получава всички свои усещания свише. Затова, ако той усеща стремеж, любов, привличане към Твореца, това е сигурен признак, че и Твореца изпитва към него същите чувства (според закона *„човек е сянката на Твореца"*), че онова, което човекът чувства към Твореца, същото и Твореца чувства към човека.

След грехопадението на „първия човек – Адам" (духовното спускане на общата душа от света *Ацилут* до нивото, наречено „този свят" или „нашия свят") неговата душа се разделила на 600 000 части и тези части се обличат в раждащите се в нашия свят човешки тела. Всяка част от общата душа се облича в човешки тела толкова пъти, колкото са й необходими за постигане на окончателното си лично поправяне. А когато всяка част поотделно поправи себе си, те отново ще се слеят в общата поправена душа, наречена „Адам".

В редуването на поколенията има причина, която се нарича „бащи", и нейното следствие, което се нарича „деца". Като причината за появяването на „децата" се състои само в това да бъде продължено поправянето на онова, което не са поправили бащите, т.е. душите в предишния кръгооборот.

Твореца приближава човека към себе си не заради неговите добри качества, а заради усещането му за нищожността си и желанието му да се очисти от собствената си „мръсотия". Ако човек усеща наслаждение от чувството за духовно въодушевление, то в него неволно възниква мисълта, че заради подобни усещания си струва да бъде роб на Твореца. В такива случаи Твореца обикновено отнема наслаждението от неговото състояние, за да му покаже с това каква е истинската причина за неговото въодушевление от духовното усещане – че не вярата в Твореца, а личното удоволствие е причина за желанието да стане роб на Твореца. По този начин на човека се дава възможност да действа не заради наслаждението.

Отнемането на наслаждението от което и да е духовно състояние веднага хвърля човека в състояние на упадък и безизходица, и той не чувства никакъв вкус в духовната работа. Но по този начин за него се появява възможност именно от това състояние да се приближи към Твореца, благодарение на вярата над знанието (усещането), че онова, което усеща в дадения момент, т. е. непривлекателността на духовното, е негово субективно усещане, а всъщност няма нищо по-величествено от Твореца.

Оттук виждаме, че духовното падение му е приготвено специално от Твореца за неговото незабавно духовно извисяване на още по-високо стъпало с това, че му е дадена възможност да работи върху увеличаване на вярата. Както се казва: *„Твореца изпреварва болестта с лекарство"* и *„с това, с което Твореца бие, със същото и лекува"*.

Въпреки че всеки път отнемането на жизнената сила и на интереса разтърсват целия организъм на човека, ако той наистина желае духовно извисяване, той ще се радва на възможността да издигне вярата над разума на още по-високо стъпало и с това ще потвърди, че действително желае да бъде независим от личните си наслаждения.

Човек обикновено обръща внимание само на себе си, на своите усещания и мисли, на своите страдания или наслаждения. Но ако той се стреми към духовно възприятие, трябва да се опитв а да пренесе центъра на своите интереси навън, в изпълваното от Твореца пространство, да живее със съществуването и желанията на Твореца, да свързва всичко случващо се с Неговия замисъл, да пренесе себе си в Него, за да остане само телесната обвивка в своите животински рамки, но вътрешните усещания, същността на човека, неговият „аз", всичко, което наричат душа, умозрително и чувствено да се пренесе от тялото „навън", и тогава той постоянно ще усеща пронизващата цялото мироздание добра сила.

Такова усещане е подобно на вярата над разума, тъй като човек се стреми да пренесе всички свои усещания от вътре в себе си навън, извън своето тяло. А постигайки вярата в Твореца, продължавайки да се задържа в това състояние, въпреки пречките, които му изпраща Твореца, увеличава своята вяра и постепенно започва да получава в нея светлина от Твореца.

Тъй като цялото творение е построено върху взаимодействието на две противоположни сили: егоизма – желанието да се насладиш, и алтруизма – желанието да дадеш наслаждение, то пътят на постепенното поправяне, на превръщането на егоистичните сили в противоположни, се гради върху тяхното съчетаване – постепенно и и по малко на части егоистичните желания се включват в алтруистичните и по този начин се поправят. Този метод на преобразяване на нашата природа се нарича работа в трите линии. Дясната линия *(кав ямин, хесед, лаван, авраам)* се нарича бяла линия, защото в нея няма никакви недостатъци, пороци.

След като човекът я овладее, той приема в себе си най-голямата част от лявата линия *(кав смол, гвура, адом)*, наречена червена, защото в нея се намира нашият егоизъм, за когото има забрана да се използва в духовните действия, тъй като може да попаднеш под неговата власт, властта на нечистите сили-желания *(клипат смол, клипат ицхак, ейсав)*, стремящи се да получат заради себе си светлината *ор Хохма*, да усетят Твореца и да получат от това усещане наслаждение за себе си в своите егоистични желания.

Ако човекът, със силата на *„вярата над разума"*, т.е. със стремеж да възприема извън своите егоистични желания, се откаже от възможността за постигане на Твореца, на Неговите действия, управление, от това да се наслаждава на Неговата светлина, предпочитайки да отиде по-високо от своите естествени стремежи да узнае всичко и да почувства и усети по-рано каква награда ще получи за своите действия, то върху него вече не влияят силите на забраната да използва лявата линия. Такова решение се нарича *„Създаване на сянка"*, тъй като той изолира сам себе си от светлината на Твореца.

В този случай човек има възможност да вземе някаква част от своите леви желания и да ги съчетае с десните. Полученото съчетание на сили, на желания, се нарича средна линия *(кав емцаи, Исраел)*. Именно в нея се разкрива Твореца, а след това всички описани по-горе действия се повтарят на следващото, по-високо стъпало, и така до края на пътя.

Разликата между наемния работник и роба е в това, че по време на работа наемният работник мисли за възнаграждението, знае размера му и то е целта на неговата работа. Робът не получава никакво възнаграждение, а само необходимото за неговото съществуване, и всичко, което има, не му принадлежи, а е собственост на неговия господар. Затова, ако робът работи усърдно, това е явен признак, че просто желае да угоди на своя господар и да направи нещо приятно за него.

Нашата задача е да развием отношение към нашата духовна работа, подобно на предания роб, който работи напълно безвъзмездно, за да може върху отношението ни към работата над себе си да не влияят нито чувството на страх от наказание, нито вероятността от получаване на възнаграждение, а само желанието безкористно да направим онова, което желае Твореца, при това без дори да го усещаме, защото това чувство също е възнаграждение, и дори без Той да знае, че именно „аз" съм направил това за Него, и дори да не знае действително ли съм го направил, т.е. даже не съм видял резултатите от своя труд, а само съм вярвал, че Твореца е доволен от моята работа.

Но ако нашата работа действително трябва да бъде такава, тогава се изключва условието за наказание и награда. За да бъде разбрано това, трябва да се знае какво се подразбира под понятията наказание и възнаграждение в Тора.

Възнаграждението има място там, където човекът полага опре делени усилия, за да получи онова, което желае, и в резултат на своя труд получава или намира желаното. Не може да бъде възнаграждение онова, което го има в изобилие, което е достъпно за всички в нашия свят. Работа се наричат усилията на човека за получаването на определено възнаграждение, което не може да бъде получено без полагането на тези усилия.

Например, човек не може да твърди, че е свършил работа, намирайки камък, ако около него има камъни в изобилие. В този случай няма нито работа, нито възнаграждение. В същото време, за да придобие малък скъпоценен камък, трябва да положи по-големи усилия, защото е трудно да го намери. В този случай има наличие както на усилие, така и на възнаграждение.

30. Трепет пред Твореца

Светлината на Твореца изпълва цялото творение. Ние сякаш плуваме вътре в нея, но не можем да я усетим. Наслажденията, които усещаме, са само безкрайно малко светене, проникващо благодарение на милостта на Твореца към нас, защото без наслаждение ние щяхме да прекратим нашето съществуване. Това светене се усеща от нас като сила, която ни привлича към онези обекти, в които тя се облича. Самите обекти нямат никакво значение, както и самите ние усещаме, когато изведнъж преставаме да се интересуваме от това, което по-рано така ни е привличало.

Причината да възприемаме толкова малко от светенето *(нер дакик)*, а не цялата светлина на Твореца, е, че нашият егоизъм изпълнява ролята на Екран. Там, където властват нашите егоистични желания, според закона за съответствие на свойствата – закона за подобието, светлината не се усеща. Само в степента, в която желанията, свойствата на двата обекта съвпадат, те могат да се усещат един друг. Дори вътре в нашия свят ние виждаме, че ако двама души се намират на различни нива на мислене, на желания, те просто не могат да се разберат един друг.

Затова, ако човекът имаше свойствата на Твореца, той щеше просто да плува в усещането за безкраен океан от наслаждения и абсолютно знание. Но ако Твореца изпълва със себе си всичко, т.е. не трябва да Го търсим като скъпоценна вещ, то очевидно и понятието възнаграждение няма да се съдържа в него. А също така – не може да бъде приложено и понятието работа при търсене на усещането за Него, защото Той е и около, и вътре в нас, но все още не е в нашите усещания, а в нашата вяра. Но също усещайки го и наслаждавайки Му се, не трябва да казваме, че сме получили възнаграждение, защото, ако няма работа и дадена вещ е в изобилие в света, тя не може да бъде възнаграждение.

Но в такъв случай остава открит въпросът, какво тогава е възнаграждението за нашите усилия да вървим срещу природата на егоизма. Преди всичко е необходимо да се разбере защо Твореца е създал закона за подобието, поради който, макар и Той да изпълва всичко, ние не сме в състояние да Го усетим.

Чрез този закон Той скрива Себе си от нас. Отговорът е такъв – Твореца е създал закона за подобието, по силата на който ние усещаме само това, което се намира на нашето духовно ниво, за да не изпитваме при получаването на наслаждение от Него най-ужасното чувство в творението (т.е. в егоизма) – чувството на срам, на унижение. Това чувство егоизмът не е в състояние да понесе. Ако човек не е в състояние по никакъв начин да оправдае своята лоша постъпка, нито пред себе си, нито пред другите, не е в състояние да намери някакви причини, които уж са го принудили против неговото желание да извърши онова, което е направил, тогава той предпочита всяко друго наказание, но не и усещането за унижение на собствения „аз", защото този „аз" е основата на основите на неговото същество, и щом той се унижи – духовно изчезне самият негов „аз" – сякаш самият той изчезва от света.

Но когато човек постигне такова ниво на съзнание, когато негово желание започне да отдава всичко на Твореца, тогава той открива, че Твореца го е сътворил, за да получава наслаждения от Него, и че Той не желае нищо повече от него. И тогава човек получава всички наслаждения, които е в състояние да усети, за да изпълни желанието на Твореца.

В този случай напълно отсъства чувството на срам, тъй като човек получава наслаждение затова, защото Твореца му показва, че всъщност желае той да приеме тези наслаждения. И той изпълнява по този начин желанието на Твореца, а не своите егоистични желания. И затова човекът става подобен по свойства на Твореца и екранът на егоизма изчезва. Такова е следствието от овладяването на духовното ниво, на което човекът вече е способен да дава наслаждения, подобно на Твореца.

Изхождайки от казаното по-горе, възнаграждението, за което човек трябва да помоли за своите усилия, трябва да се състои в получаването на нови, алтруистични свойства, желания за „отдаване", стремеж да доставя наслаждение, подобно на Твореца спрямо нас. Тази духовна степен, тези свойства се наричат страх пред Твореца.

Духовният, алтруистичен страх и всички останали антиегоистични свойства на духовните обекти изобщо не приличат на нашите свойства и усещания. Страхът пред Твореца се заключава в това, че човек се бои да бъде отдалечен от Твореца, но не заради користни изгоди, не от страх, че ще остане в своя егоизъм, че няма да бъде подобен на Твореца, защото всички подобни сметки се градят върху личните интереси.

Страхът пред Твореца се състои в безкористното опасение, че не е направил онова, което още би могъл да направи заради Твореца. Такъв страх е и алтруистичното свойство на духовния обект – в противоположност на нашия егоистичен страх пред това, че няма да можем да удовлетворим своите потребности.

Постигането на свойството страх пред Твореца, силата да се отдава, трябва да бъде причина и цел на усилията на човека. А след това, с помощта на постигнатите свойства, човекът приема заради Твореца всички приготвени за него наслаждения и такова състояние се нарича Край на поправянето (*Гмар Тикун*).

Страхът пред Твореца трябва да предшества любовта към Него. Причината за това е човек да може да изпълнява това, което се изисква от него, от любов, така че да почувства наслаждението, съдържащо се в духовните действия, наречени Заповеди, така че наслажденията да предизвикат в него любов, както е и в нашия свят – онова, което ни доставя удоволствие, ни е любимо, това, от което страдаме, ние ненавиждаме. Той трябва преди това да постигне страха от Твореца.

Ако човек изпълнява заповедите не от любов, не заради удоволствието от тях, а от страх, това се случва, защото не чувства скритото наслаждение и изпълнява волята на Твореца поради страха от наказание. Тялото не се съпротивлява на такава работа, тъй като се бои от наказание, но постоянно пита коя е причината за тази работа, което дава на човека повод още повече да усили своя страх и вяра в наказанието и възнаграждението, в управлението на Твореца, докато не се удостои с постоянно усещане за присъствието на Твореца.

Когато почувстваме Неговото присъствие, т.е. когато овладеем вярата в Твореца, ние може да започнем да изпълняваме желанията Му вече от чувство на любов, усещайки вкуса, наслаждението в заповедите. Ако Твореца ни бе дал възможност веднага, без страх да изпълняваме заповедите от чувство на любов, т.е. заради усещането за наслаждение в тях, то човек нямаше да почувства нужда от вяра в Твореца. Както е при онези, които прекарват своя живот в преследването на земни удоволствия и не се нуждаят от вяра в Твореца, за да изпълняват заповедите (законите) на тяхната природа, тъй като тя ги задължава да правят това, обещавайки им наслаждение.

Затова, ако кабалистът усещаше веднага наслажденията от заповедите на Твореца, то по неволя щеше да ги изпълнява и всички биха се втурнали да изпълняват волята на Твореца заради получаването на огромните наслаждения, които са скрити в Тора. И никога човек не би могъл да се сближи с Твореца.

Затова е създадено скриването на наслажденията, заключени в заповедите и в *Тора* като цяло (Тора е сбор от всички наслаждения, включени във всяка заповед; светлината на *Тора* е сбор от всички заповеди) и тези наслаждения се разкриват само след постигането на постоянна вяра в Твореца.

31. Зрънце алтруизъм

По какъв начин човекът, който е създаден със свойствата на абсолютния егоизъм, не усещащ никакви желания, освен онези, които му диктува неговото тяло и дори нямащ възможност да си представи нещо друго, освен своите усещания, може да излезе от желанията на своето тяло и да почувства онова, което не е в състояние да усети със своите природни сетивни органи?

Човек е създаден със стремеж да напълни своите егоистични желания с наслаждение, и в тези условия той няма никаква възможност да обърне себе си, нито свойствата си наобратно.

За да може да създаде такава възможност за преход от егоизъм към алтруизъм, Твореца е поставил в егоизма зрънце алтруизъм, което човекът е в състояние да отгледа сам, с помощта на изучаването и действията по метода на кабала.

Когато човек усети върху себе си диктуващите изисквания на своето тяло, той не е в състояние да им се противопостави и всички негови мисли са насочени само към тяхното изпълняване. В такова състояние той няма никаква свобода на волята – не само да действа, но и да мисли за нещо друго, освен за собственото си удовлетворение.

Когато човек усети прилив на духовно извисяване, се появява желание за духовно израстване и откъсване от теглещите го надолу желания на тялото, той просто не усеща желанията на тялото и не се нуждае от право на избор между материалното и духовното.

Така, докато пребивава в егоизма, човек няма сили да избере алтруизма, но когато усеща величието на духовното, той вече не е изправен пред избор, защото сам го желае. Затова цялата свобода на волята се състои в избора кой да управлява човека: егоизмът или алтруизмът. Но кога съществува такова неутрално състояние, в което той може да вземе независимо решение?

Затова за човека няма друг път, освен да се свърже с учител, да се задълбочи в книгите по кабала, да се включи в група, стремяща се към същата цел, поставяйки себе си под влиянието на мисли за алтруизма в духовните сили, от което и в него ще се събуди алтруистичното зърно, заложено във всеки от нас от Твореца, но дремещо понякога в продължение на много прераждания на човека. И в това се състои неговата свободна воля. Така че само като почувства възродените алтруистични желания, вече без усилия ще се устреми към постигането на духовното.

Човекът, който се стреми към духовни мисли и действия, но още не е укрепнал трайно в своите убеждения, трябва да се пази от връзка с онези хора, чиито мисли са постоянно в техния егоизъм.

Най-вече тези, които желаят да вървят с „вяра над разума", трябва да избягват контакти с мнението на хора, които прекарват живота си ограничени в своя разум, защото те са противоположни един на друг в основата на своето мислене; както е казано, *„Разумът на неуките е противоположен на разума на Тора"* („Даат баалей байтим афуха ми даат Тора").

Мислене, ограничено в своя разум, означава, че човек преди всичко пресмята изгодата от своите действия. Докато разумът на Тора, т.е. вярата, стояща над разума на човека, предполага постъпки, които изобщо не са свързани с егоистичните мнения на разума и с вероятните придобивки като резултат от действията му.

Човек, нуждаещ се от помощта на други хора, се нарича бедняк. Този, който е щастлив от това, което има, се нарича богаташ. Ако човекът усеща, че всички негови действия са резултат от егоистични желания *(либа)* и мисли *(моха)*, и се чувства беден, тогава стига до разбирането за своето истинско духовно ниво, до осъзнаването на своя егоизъм, на злото, намиращо се в него.

Усещането на горчивина от осъзнаването на истинското свое състояние ражда в човека стремеж да се поправи. Ако този стремеж е достигнал определена величина, Твореца изпраща в това кли своята светлина на поправяне. И по този начин човек започва да се изкачва по стъпалата на духовната стълба.

Масите се възпитават в съгласие с тяхната егоистична природа, в това число и в изпълнение на заповедите на Тора. Те изпълняват това, което е прието в процеса на възпитание и става вече автоматично. Това е правилен залог, че няма да оставят своето ниво на връзка с Твореца. И ако тялото попита човека защо изпълнява заповедите, той си отговаря, че така е възпитан и това е неговият и на обществото начин на живот.

Това е най-надеждната основа, от която човек не може да падне, защото навикът е станал природа, негова природа, и вече не се изискват никакви усилия, за да изпълнява естествените за него действия, тъй като самото тяло и разум ги диктуват. За такъв човек никога няма опасност да наруши привично-естественото за него, например, да поиска да пътува с кола в Събота.

Но ако човек иска да прави онова, което не му е дадено с възпитанието, което не е влязло в него като природна необходимост за тялото, то всяко най-незначително действие ще бъде съпроводено с предварителни въпроси, зададени от тялото – защо прави това, кой и какво го заставя да излезе от състоянието (на относителен) покой.

В такъв случай той стои пред изпитание и избор, защото нито той, нито обществото правят онова, което той възнамерява да направи, и няма от кого наоколо да вземе пример и да намери подкрепа, или поне да знае, че другите мислят по същия начин като него, за да получи опора за своите мисли.

А тъй като не може да намери никакъв пример, нито от своето възпитание, нито в своето общество, то трябва да си каже, че само страхът пред Твореца го принуждава да постъпва и мисли по нов начин. И затова няма на кого да се надява и уповава, освен на Твореца.

И тъй като Твореца е Един, и е негова единствена опора, то и този човек се нарича единствен *(яхид сгула)*, а не принадлежащ към масите, към средата, в която се е родил, израснал и възпитавал, като усеща, че не може да получи подкрепа от масите, но е абсолютно зависим от милостта на Твореца. Затова се удостоява да получи *Тора* – светлината на Твореца, служеща му за водач по неговия път.

Във всеки начинаещ възниква въпросът: Кой определя избора на пътя на човека – самият човек или Твореца? С други думи, кой кого избира – човекът Твореца, или Твореца човека. Работата е там, че от една страна човекът трябва да каже, че Твореца е избрал именно него, което се нарича лично управление *(ашгаха пратит)* и трябва да благодари за това на Твореца. За това, че му е дал възможност да направи нещо за своя Създател.

Но след това човекът трябва да помисли – а защо Твореца го е избрал и му е дал такава възможност, защо е длъжен да изпълнява заповедите, с каква цел, до какво трябва да го доведат те. И той стига до извода, че всичко това му е дадено, за да извършва действия заради Твореца, че самата работа е възнаграждение, а отстраняването от нея – наказание. И тази работа е избор на човека заради Твореца, той е готов да моли Твореца да му даде Намерение – кавана – със своите действия да доставя удоволствие на Създателя. И този избор го прави човекът.

32. Борба за възприемане на единството на Твореца

В *Тора* масите се наричат Собственици на домове *(баал байт)*, защото техният стремеж е да си построят свой дом – егоистичен *съсъд (кли)* и да го напълнят с наслаждения. Издигащият се в *Тора* се нарича Син на *Тора (бен Тора)*, тъй като неговите желания са породени от светлината на *Тора* и целта им е да построи в своето сърце дом на Твореца, който да бъде запълнен от светлината на Твореца.

Всички понятия, всички явления ги забелязваме по усещанията си. По реакциите на нашите сетивни органи ние даваме име на случващото се. Затова, ако човек говори за някакъв обект или действие, той изразява своето усещане към него. И в степента, в която този обект му пречи да получи наслаждение, той определя степента на неговото зло за себе си, дотолкова, че не е в състояние да понесе близост с него.

Затова, в степента, в която човек разбира важността на *Тора* и заповедите, той определя злото, намиращо се в обектите, които му пречат да изпълнява заповедите. Ако човек желае да стигне до ненавист към злото, той трябва да работи над възвеличаването на Тора, на заповедите и на Твореца в своето съзнание. И в тази степен, в която в него се появи любов към Твореца, в същата степен ще почувства ненавист към егоизма.

В пасхалното сказание се разказва за четирима сина, задаващи въпроси за духовната работа на човека. И макар всички тези четири свойства да ги има във всеки от нас, както то обикновено кабала говори само за един събирателен образ на човека спрямо Твореца, и тези четири образа могат да бъдат разглеждани като различен тип хора.

Тора е дадена за борба с егоизма. Затова, ако човек още няма въпроси *(ейно едея лишол)*, значи още не е осъзнал своето зло и не му е необходима Тора. В такъв случай, ако не вярва в наказанието и възнаграждението, той може да бъде пробуден с това, че има възнаграждение за изпълняване на заповедите. И това се нарича: „Ти му разкрий това" *(птах ло)*.

А онзи, който вече изпълнява заповедите заради получаването на възнаграждение, но не чувства своя егоизъм, не може да се поправи, защото не усеща своите недостатъци. Той трябва да бъде научен безкористно да изпълнява заповедите. Тогава се появява неговият егоизъм (Лошият син – Раша) и пита: „Що за работа е това и за какво?" *(Ма авода азот лахем?)* Какво ще получа от това? Тъй като това е против моето желание. И човек започва да изпитва нужда от помощта на *Тора* за работа срещу своя егоизъм, защото е усетил злото в себе си.

Има особена духовна сила, наречена Ангел *(малах)*, която създава страдания на човека, за да осъзнае той, че не може да се насити, наслаждавайки своя егоизъм. И тези страдания го подтикват да излезе от рамките на егоизма, защото в противен случай вечно би останал роб на егоизма.

Говори се, че преди Твореца да връчи *Тора* на Израел, той я предложил на другите народи, но получил отказ. Човекът, като един малък свят, се състои от много желания, наречени народи. Той трябва да знае, че нито едно от неговите желания не е годно за духовно извисяване, а само желанието да се устреми към Твореца, което се нарича Исраел – *яшар ел*. Само онзи, който избере това желание, измежду всички останали, може да получи Тора.

Скриването на духовното кли е едно от задължителните условия за успех в духовното извисяване. Под скриване от такъв род се подразбира извършването на действия, които са незабележими за останалите. Но най-важното изискване е за скриването на мислите и стремежите – ако трябва кабалистът да изрази своите възгледи, необходимо е да ги завоалира и да ги изрази в най-общ вид. Така че неговите истински намерения да не бъдат разкрити.

Например, човек дава голямо пожертвование за поддържане на уроците по *Тора* с условието, че неговото име ще бъде публикувано във вестниците и само ако бъде написано, че дава пари, за да се прослави и наслади. Но макар явно да показва, че за него главното е да получи почести, възможно е истинската причина да е, че не желае да покаже, че прави това заради разпространяването на Тора.

Затова потайността обикновено има място в намеренията, а не в действията.

Ако Твореца трябва да даде на кабалиста усещане за духовно падение, то става, преди всичко, като му праща лоши усещания и му отнема вярата във великите кабалисти, иначе няма да може да получи от тях укрепване на силите и няма да почувства духовното падение.

Масите, изпълняващи заповедите, се грижат само за действията, но не и за намеренията, защото им е ясно, че правят това заради възнаграждение в този или в бъдещия свят. Винаги имат оправдание за своите действия и смятат себе си за праведници.

Кабалистът, работейки над своя егоизъм, контролирайки именно своите намерения при изпълнението на заповедите, желаейки безкористно да изпълнява желанията на Твореца, усеща съпротивата на тялото, постоянно пречещите му мисли, и чувства себе си грешник.

И това се прави специално от Твореца, за да има кабалистът постоянно възможност да коригира своите мисли и намерения, за да не остане роб на своя егоизъм, за да не работи като масите – заради себе си, а да почувства, че няма никаква друга възможност да изпълнява желанията на Твореца, освен заради Него (*лишма*).

Именно оттук идва постоянното, остро чувство на кабалиста, че той е много по-лош от масите. Тъй като липсата на усещане за истинско духовно състояние е основа за физическото изпълнение на заповедите. Кабалистът е принуден да преработи своите намерения от егоистични на алтруистични, иначе изобщо няма да може да изпълнява заповедите. Затова в своите усещания той е по-лош от масите.

Човекът постоянно се намира в състояние на война за изпълняване изискванията на своите желания. Но има война от противоположен вид, в която човекът воюва срещу себе си, за да отдаде цялата територия на своето сърце на Твореца и да запълни своето сърце със своя естествен враг – алтруизма, за да заеме Твореца цялото пространство не само по Своя воля, но и по желание на човека, за да властва над нас по наша молба, да ни ръководи явно.

В тази война човек преди всичко трябва да престане да отъждествява себе си със своето тяло, а да се отнася към него, към разума, мислите и чувствата като към идващи отвън, изпратени от Твореца, за да изпита нужда от помощ от Твореца, да моли Твореца да ги победи, за да укрепи Твореца мислите му за Своята единственост, че именно Той му изпраща тези мисли. За да му даде Твореца вяра – усещане за Своето присъствие и управление, в противодействие на мислите, че нещо от всичко това зависи от самия човек, че в света има друга воля и сила, освен тази на Твореца.

Например, макар човекът прекрасно да знае, че Твореца е сътворил всичко и управлява всички (дясната линия), едновременно с това не може да прогони мисълта, че някой си „N" му е направил, или може да му направи нещо (лявата линия). И макар от една страна да е убеден, че всички тези въздействия излизат от един източник, от Твореца (дясната линия), не е в състояние да подтисне в себе си мисълта, че освен Твореца, още някой му влияе – или, че не само от Твореца зависи изходът от нещо (лявата линия).

Такива вътрешни стълкновения между противоположните усещания се случват по всевъзможни поводи, в зависимост от обществените връзки на човека, дотогава, докато не стигне до това – Твореца да му помага да придобие средната линия.

Войната се води заради усещането за единствеността на Твореца, а пречещите мисли се изпращат специално, за да бъде водена борба с тях, за победа с помощта на Твореца и завладяване на по-голямо усещане за Неговото управление, т. е. за увеличаване на вярата.

Ако естествената война на човека се води за удовлетворение на своя егоизъм, за по-големи придобивки, както е с всички войни в нашия свят, то противоестествената война, войната срещу своето естество, има за цел да предаде властта над своето съзнание на противника, на Твореца. Това значи да остави цялата своя територия в ума и в сърцето под въздействието на Твореца, така че Той да я запълни, да завладее Твореца целия свят – и личния малък свят на човека, и целия голям свят – и да надари със Своите свойства всички по тяхно желание.

Състоянието, при което желанията, свойствата на Твореца заем ат всички мисли и желания на човека, се нарича алтруистично – състояние на „отдаване" *(машпиа ал минат леашпиа)* или състояние на отдаване на животинската душа на Твореца *(месирут нефеш)*, или Връщане *(тшува)*. Това се случва под въздействие на Светлината на милосърдието *(ор Хасадим)*, получавана от Твореца и даваща сили се противопостави на пречещите мисли на тялото.

Това състояние може да бъде и непостоянно – човек може да преодолее някои мисловни пречки, но вследствие на нова атака от мисли, опровергаващи единствеността на Твореца, може отново да попадне под тяхно влияние, отново да се бори с тях, отново да почувства необходимост от помощта на Твореца, отново да получи светлина, да победи и тази мисъл и да я даде под властта на Твореца.

Състоянието, при което човек получава наслаждения „заради Твореца", т.е. не само се предава на своя „антагонист", но и преминава на негова страна, се нарича Получаване заради Твореца *(лекабел ал минат леашпиа)*. Естественият избор на постъпките и мислите на човека е такъв, че съзнателно или подсъзнателно той избира онзи път, по който може да получи по-големи наслаждения, т.е. пренебрегва малките, предпочитайки по-големите. В тези постъпки няма никаква свобода на избора, право на избор.

Но в онзи, който си поставя за цел да избира решение въз основа на критерия на истината, а не на наслаждението, се появява право на избор, свобода на решението, защото е съгласен да върви по пътя на истината, макар че той му носи страдания. Но природният стремеж на тялото е да избягва страданията и да търси наслаждения – по какъвто и да е начин, и той не позволява на човека да действа, ръководейки се от категорията „Истина". Онези, които изпълняват заповедите заради вяра във възнаграждението и наказанието, също нямат за цел да усетят величието на Твореца, защото тяхна цел е получаването на награда в този или в бъдещия свят, и това е причината за изпълняването на *Тора* и заповедите. Затова те нямат връзка с Твореца, тъй като не се нуждаят от Него, до такава степен, че дори Твореца да не съществуваше изобщо, а възнаграждението да идваше от какъвто и да е друг източник, те пак биха изпълнявали неговите желания.

Този, който се стреми да изпълни желанията на Твореца, т.е. е длъжен да поставя своите желания по-ниско от желанията на Твореца, трябва постоянно да се грижи за усещането на величието на Твореца, придаващо му сили да изпълнява волята на Твореца, а не своята.

И в степента, в която човекът вярва във величието и силата на Твореца, той може и да изпълнява Неговите желания. Затова всички усилия на човека трябва да бъдат съсредоточени върху задълбочаване на усещането за величието на Твореца.

Тъй като Твореца желае ние да почувстваме наслаждение, Той е създал в нас желание да се наслаждаваме. Освен това желание, в нас няма никакво друго свойство и то ни диктува всички наши мисли и постъпки, програмира нашето съществуване.

Егоизмът се нарича зъл ангел, зла сила, защото ни управлява свише, изпращайки ни наслаждения, и ние по неволя ставаме негови роби. Състоянието на безпрекословно подчинение на тази сила, подкупваща ни с наслаждения, се нарича Робство или Изгнание *(галут)* от духовния свят.

Ако този ангел нямаше какво да даде, той нямаше да може да властва над човека. А също така, ако човекът можеше да се откаже от наслажденията, предлагани му от егоизма, той нямаше да бъде поробен от тях.

Затова човек не е в състояние да се освободи от робството, но ако се опитва да го направи, което се оценява като негов избор, то Твореца му помага свише, като отнема наслажденията, с които егоизмът го поробва, и човекът е в състояние да излезе изпод властта на егоизма и да стане свободен. А попадайки под влиянието на духовно чистите сили, усеща наслаждение в алтруистичните действия и става роб на алтруизма.

Извод – човекът е роб на наслажденията. Ако неговите наслаждения са от получаване, тогава той се нарича роб на егоизма (на фараона, на злия ангел и пр). Ако неговите наслаждения са от отдаване, тогава се нарича роб на Твореца (на алтруизма). Но без получаване на наслаждения, човекът не може да съществува – такава е неговата съдба, такъв го е създал Твореца и това не може да се промени. Всичко, което трябва да направи той, е да моли Твореца да му даде алтруизъм. В това се състои неговия избор и неговата молитва *(алият МА"Н, итарута де летата).*

33. Получаване заради отдаване

Правилното (действено) обръщение-молба към Твореца се състои от два етапа. Като начало човек трябва да осъзнае, че Твореца е абсолютно добър към всички без изключение, и всички Негови действия са милосърдни, колкото и неприятно да е усещането от някои от тях. Човекът трябва да е сигурен, че Твореца му изпраща само най-доброто, изпълва го с всичко необходимо и той няма за какво да Го моли.

В степента, в която човек е доволен от полученото от Твореца, в каквото и ужасно състояние да се намира – в същата степен той може да Му благодари и да Го превъзнася – дотолкова, че вече няма какво да се добави към неговото състояние, защото е доволен от онова, което има *(самеах бе хелко)*.

В началото на молбата към Твореца, човек винаги трябва да Му благодари за миналото, а след това да моли за бъдещето. Но ако чувства недостиг от нещо, то е в същата степен, в която се чувства отдалечен от Твореца, тъй като Твореца е абсолютно съвършен, а човекът усеща себе си нещастен.

Затова, стигайки до усещането, че всичко, което има, е най-доброто, защото Твореца му е изпратил именно това състояние, а не друго, той се приближава до Него и вече може да помоли за бъдещето.

Състоянието „*Доволен от това, което има*" *(самеах бе хелко)* идва от осъзнаването, че Твореца е създал за човека такива обстоятелства, като това да чете книга, разказваща за Него, за безсмъртието, за висшата цел на живота, за добрата цел на творението, за това как да Го помоли да промени съдбата си – нещо, с което не са удостоени милиони хора в света.

Затова онези, които желаят да усетят Твореца, а още не са успели, но пък са доволни от онова, което получават, защото то идва от Него, са щастливи от своята съдба *(самеах бе хелко)*. Но тъй като (въпреки че те са доволни от това, което Твореца намери за необходимо да им дава и затова са близки до Него) все пак в тях остават незапълнени желания, то заслужават да получат светлината на Твореца, носеща абсолютни знания, разбиране и наслаждение.

За да се откъсне напълно от егоизма, човек трябва напълно да осъзнае своята низост – нищожността на своите интереси, стремежи, наслаждения, да усети доколко е готов на всякакви постъпки в името на постигане на собственото си благополучие и как във всички мисли преследва само своята изгода.

Главното в усещането за своята нищожност е осъзнаването на истината, че собственото удовлетворение е по-важно от Твореца и ако не вижда в своите действия изгода, не е в състояние да ги извърши – нито в мислите, нито наяве.

Твореца се наслаждава, доставяйки удоволствие на човека. Ако човек се наслаждава от това, че дава възможност на Твореца да му достави удоволствие, то Твореца и човекът си приличат по свойства, по желания, защото всеки е доволен от това, което дава. Твореца дава наслаждение, а човекът създава условия за тяхното получаване – всеки мисли за другия, а не за себе си, и това определя техните действия.

Но тъй като човекът е роден егоист, не може да мисли за другите, а само за себе си и може да отдава, само ако види в това пряка изгода, по-голяма от онова, което отдава (като например, процеса на размяна, на купуване), то с това си свойство, той е полярно отдалечен от Твореца и не Го усеща.

Тази абсолютна отдалеченост на човека от Твореца, от източника на всички наслаждения, под формата на нашия егоизъм, е източник на всички наши страдания. Осъзнаването на това се нарича Осъзнаване на злото *(акарат ра)*, защото, за да се откаже от егоизма и да го възненавиди, човек трябва напълно да усети, че това е цялото негово зло, неговият единствен смъртоносен враг, който не му позволява да постигне съвършенството на наслажденията и безсмъртие.

Затова, във всички свои действия – в изучаването на Тора, при изпълняването на заповедите, човекът трябва да си постави за цел да се откъсне от егоизма и да се приближи до Твореца – поради съвпадение на свойствата. За да може в същата степен, в която сега се наслаждава от егоизма – да се наслаждава от алтруистичните си постъпки. Ако с помощ свише човекът започне да получава наслаждение от извършените от него алтруистични дела, ако в това е неговата радост и най-голямата му награда, то такова състояние се нарича „*Дава заради отдаването*", без каквото и да е възнаграждение (*машпиа ал минат леашпиа*). Наслаждението тук е само в това, че може да направи нещо за Твореца.

Но след като се е издигнал на това духовно ниво, желае да даде нещо на Твореца и вижда, че Той иска само едно – човекът да получи от Него наслаждения, тогава човек е готов да ги приеме, защото именно това е желанието на Твореца. Такива действия се наричат „Получава заради отдаването" (*мекабел ал минат леашпиа*).

В духовните състояния умът (разумът, мъдростта) на човека съответства на Светлината на мъдростта (*ор Хохма*). Сърцето, желанията, усещанията на човека съответстват на Светлината на милосърдието (*ор Хасадим*). Само когато човекът има готово за възприемане сърце, разумът може да властва над него. (*Ор Хохма* може да свети само там, където вече има *ор Хасадим*). Ако няма *ор Хасадим*, то *ор Хохма* не свети и такова състояние се нарича Тъмнина, нощ.

Но в нашия свят, т.е. в човека, още намиращ се под робството на егоизма, разумът никога не може да властва над сърцето, защото сърцето е източник на желанията. То е истинският стопанин на човека и разумът няма доводи, за да противостои на желанията на сърцето.

Например, ако човек желае да открадне, той моли своя ум за съвет по какъв начин да го направи и умът става изпълнител на желанието на сърцето. А ако иска да направи нещо добро, то пак същият ум му помага, както и другите органи на тялото. Затова няма друг път, освен този – да изчисти своето сърце от егоистичните желания.

Твореца специално показва на човека, че Неговото желание е човекът да получи наслаждение, за да го освободи от срама на получаването. В човека се създава пълно усещане за това, че получавайки наслаждение „заради Твореца", той действително Му доставя удоволствие, т.е. създава наслаждение на Твореца, а не получава наслаждение от Него.

Има три вида работа на човека с *Тора* и заповедите, и във всеки от нас има добри и зли стремежи:

1. Учи и изпълнява заради себе си – например, за да стане известен, за да може не Твореца, а околните да му платят с почести и пари за неговите усилия. И затова се занимава с *Тора* пред всички, иначе няма да получи възнаграждение.

2. Учи и изпълнява заради Твореца, за да му плати Твореца в този и в бъдещия свят. В този случай той се занимава с *Тора* не пред всички, за да не виждат неговата работа и да не го възнаграждават за неговия труд, защото иска да получи цялото възнаграждение само от Твореца, а ако околните започнат да го възнаграждават, човекът може да се отклони от своите намерения и вместо награда от Твореца, да започне да получава възнаграждение от хората.

Такива намерения на човека в неговата работа се наричат „заради Твореца", защото работи за Твореца, изпълнява Неговите заповеди, за да може само Твореца да го възнагради за това, а в първия случай той работи за хората, изпълнявайки онова, което те искат да видят в неговата работа, и за нея той иска възнаграждение.

3. След двата предварителни етапа, човекът влиза в състояние на осъзнаване на егоистичното робство – неговото тяло започва да го пита: *„Що за работа е това – без възнаграждение?"* И на този въпрос няма какво да отговори.

В състояние 1 егоизмът не задава въпроси, защото вижда възнаграждение за труда си от страна на околните.

В състояние 2 човекът може да отговори на егоизма, че желае по-голямо възнаграждение от това, което могат да му дадат околните, т.е. иска вечни духовни наслаждения в този и в бъдещия свят.

Но в състояние 3 човекът не може да отговори нищо на своето тяло и само тогава започва да чувства своето робство, властта на егоизма над себе си – тъй като Твореца желае той само да отдава, и възможността да го направи ще бъде неговото възнаграждение.

Възнаграждение се нарича онова, което човекът желае да получи за своята работа. Най-общо, ние го наричаме наслаждение, а под работа се подразбира всяко умствено, физическо, морално и пр. усилие на тялото. Наслаждението може също да бъде под формата на пари, почести, слава и пр.

Когато човек чувства, че няма сили да се съпротивлява в борбата с тялото, няма енергия да свърши дори незначително действие, тъй като тялото, не виждайки възнаграждение, не е в състояние да извърши никакво усилие – на него не му остава никаква друга възможност, освен да помоли Твореца да му даде свръхестествени сили за работа срещу природата и разума. Тогава той може да работи извън всякаква връзка със своето тяло и доводи на разума.

Затова най-големият проблем е човек да повярва в това, че Твореца може да му помогне, въпреки природата, и Той чака от него молба за това. Но до такъв извод той може да стигне само след абсолютно разочарование от своите сили.

Твореца желае човекът сам да избере доброто и да се отдалечи от лошото. Иначе Той би го създал със Своите качества, или, сътворявайки егоизма, Сам би го заменил с алтруизъм, без човекът да попада в горчивото състояние на изгнание от висшето съвършенство.

34. Страдания, изпратени като пълна доброта

Изборът се състои в свободното лично решение на самия човек – да властва над него Твореца, а не фараонът. Силата на фараона е в това, че открива очите на човека за наградите, които му обещава. Човекът ясно вижда възнагражденията от своите физически действия, разбира ги със своя разум и ги вижда с очите си. Резултатът е обичаен, известен предварително, одобрява се от обществото, семейството, родителите и децата. Затова тялото задава въпроса на фараона: „*Кой е Твореца, че аз трябва да го слушам?*" „*За какво ми е такава работа?*"

Затова, прав е човек, когато казва, че не е по силите му да върви против природата. Но това не се изисква от него. От него се иска само да вярва, че Твореца е в състояние да го промени.

Светлината на Твореца, Неговото разкриване пред човека, се нарича Живот. Моментът на първото постоянно усещане на присъствието на Твореца се нарича духовно раждане на човека. Но както в нашия свят той притежава естественото желание да живее, стремежа да съществува – същото желание духовно да живее той трябва да отгледа в себе си, ако иска да се роди духовно, по закона *„страданието по наслаждението определя получаваното наслаждение"*.

Затова, човек трябва да учи *Тора* заради Тора, т.е. заради разкриването на светлината, на лицето на Твореца. И ако не постигне това, то усеща огромни страдания и горчивина. Това състояние се нарича „*В горчивина живее*" (*хаей цаар тихе*). Но все едно, човек трябва да продължи своите усилия (*бе Тора ата амел*) и съответно – неговите страдания от това, че не получава откровения, се усилват до определено ниво, когато Твореца му се разкрива.

Виждаме, че именно страданията постепенно раждат в човека истинското желание да придобие разкриването на Твореца. Такива страдания се наричат Страдания от любов (*исурей ахава*).

И на тези страдания може да завиди всеки! Докато с тях не се напълни цялата чаша в необходимата степен, и тогава Твореца ще се разкрие на кабалиста.

За щастие, за сключване на сделката е необходим посредник, даващ да разбере на купувача, че интересуващата го вещ струва повече от цената, на която се продава, т.е. продавачът не надува цената. Целият метод на „получаване" („Мусар") е построен на принципа, убеждаващ човека да отхвърли материалните блага в името на духовните. И книгите по системата „Мусар" учат, че всички наслаждения в нашия свят са измислени, че нямат никаква ценност, и затова човек не губи много, отказвайки се доброволно от тях, заради придобиването на духовните наслаждения.

Методът на Раби Баал Шем Тов е малко по-различен – основната тежест на убеждаването пада върху предлаганата стока. На човека му дават да разбере безграничната ценност и величие на духовната придобивка, макар че има ценност и в наслажденията на света, но от тях е за предпочитане да се откаже, тъй като духовните са несравнимо по-големи.

Ако човекът можеше да продължи да бъде в своя егоизъм и, едновременно с материалното, да получава духовни наслаждения, то той щеше, както е и в нашия свят, да увеличава своите желания, всеки път все повече и повече, и да се отдалечава все повече и повече от Твореца, поради разликата в свойствата и тяхната величина.

В такъв случай човек, като не усеща Твореца, не би изпитвал чувство на срам при получаването на наслаждения. Но такова състояние е подобно на състоянието на общата душа в момента на нейното сътворяване (*малхут де ейн соф*).

Да се насладим от Твореца можем, само ако се приближим до Него по свойства, против което нашето тяло – егоизмът, веднага възстава, и това човек усеща под формата на въпроси, изведнъж възникващи в него: *"Какво получих за тази работа днес, въпреки че отдадох толкова много сили? Защо трябва да съм сигурен, че някой е постигнал духовния свят? Защо трябва да уча през нощта, което е тежко за мен... Може ли действително да бъде постигнато усещане за духовното и Твореца в такава степен, както пишат кабалистите? Това по силите ли е на обикновения човек?"*

Всичко, което казва нашият егоизъм, е истина – не е по силите на човека да постигне и най-ниското духовно стъпало, без помощта на Твореца. Но най-трудно е да вярваш в помощта на Твореца, преди да я получиш. Тази помощ за преодоляване на егоизма идва под формата на разкриване на величието и силата на Твореца.

Ако Неговото величие можеше да бъде разкрито от всички в нашия свят, то всеки би се стремил единствено да угоди на Твореца, дори без каквото и да е възнаграждение, защото самата възможност да служиш би била награда. И никой не би молил, и дори би се отказал от друго, или от допълнително възнаграждение *(машпиа ал минат леашпиа)*.

Но тъй като величието на Твореца е скрито от нашите очи и чувства *(Шхина де галут, Шхина бе афар)*, човек не е в състояние да извърши нещо заради Твореца. Защото тялото (нашият разум) смята себе си за по-важно от Твореца, и тъй като усеща само себе си, справедливо възразява: "Ако тялото е по-важно от Твореца, то работѝ за тялото и получавай възнаграждение. Но там, където не виждаш полза, не работѝ." И ние виждаме, че в нашия свят само децата в своите игри, или душевно болните, са готови да се трудят без мисъл за възнаграждение. (Но това е така, защото и едните, и другите автоматично биват принуждавани към това: децата – заради тяхното развитие, душевно болните – за поправяне на техните души).

Насладждението е производно на предшестващото го желание: апетит, страдание, страсти, глад. Човекът, който има всичко, е нещастен, защото не е в състояние да се наслади напълно от всичко и... изпада в депресия. Ако имуществото на човека се измерва с неговото усещане за щастие, то бедните хора ще бъдат най-богатите, защото изпитват удоволствие от получаването на незначителни неща.

Именно затова Твореца не се разкрива веднага – за да може човекът да почувства в себе си копнеж за Него. Когато той реши да се срещне с Твореца обаче, вместо да почувства удовлетворение от своя избор и наслаждение от процеса на духовното постижение – попада в обстоятелства, изпълнени със страдание. И това става нарочно, за да увеличи в себе си вярата в добротата на Твореца – над своите усещания и мисли. Въпреки страданията, неведнъж пронизали го до болка, той трябва с усилие, с вътрешно напрежение да превъзмогне мисълта за тях и да принуди сам себе си да мисли за целта на творението и за своя път в него, макар за това да няма място нито в ума, нито в сърцето.

Но човек не трябва да лъже себе си и да си казва, че това не са страдания. Той трябва да се опита да вярва, въпреки своите чувства, и да не се стреми към разкриването на Твореца – т.е. към това да разбере Неговия замисъл за действията и плановете в изпращаните от Него страдания. Защото това прилича на подкуп, на възнаграждение за преживяването на страданията. Но всички негови мисли трябва да бъдат не за себе си, не вътре в себе си, не насочени към усещането на своите страдания и мисли, не към това как да ги избегне – а отвъд пределите на своето тяло, като че изнесени отвътре навън. Да се опита да усети Твореца и Неговия замисъл, но не в своето сърце, не в своите усещания – а отвън, отделно от себе си, поставяйки се на мястото на Твореца, приемайки тези страдания като необходимо условие за увеличаване на вярата в управлението Му, за да бъде всичко заради Твореца.

В такъв случай човек може да заслужи Неговото разкриване, усещането на светлината Му, на Неговото истинско управление. Защото Твореца се разкрива само в алтруистичните желания, в мислите не за себе си, за своите проблеми, а в грижите „навън", тъй като само тогава има съвпадение по свойства между Твореца и човека. А ако човек се моли в своето сърце да бъде избавен от страданията, то той се намира в състояние на молещ, на егоист. Затова трябва да намери положителни чувства, за които може да благодари на Всевишния, и тогава може да получи лично разкриване на Твореца.

Трябва да се помни, че скриването на Твореца и страданията са следствие от действията на нашата егоистична обвивка, а от Негова страна идва само наслаждение и яснота – но само при условие, че в човека вече има алтруистични желания и пълно откъсване от егоизма *(келим лемала ми даат)* по пътя на излизане от своята природа, от усещането на своя „аз". И прегрешението на човека е, че не желае да върви с „вяра над разума" и затова усеща постоянни страдания, тъй като опората се изплъзва изпод краката му *(толе ерец ал бли ма).*

При това, прилагайки много усилия в учението и в работата над себе си, той естествено очаква добро възнаграждение, а получава болезнени усещания от безизходни и критични ситуации. Да се въздържиш от наслаждения чрез алтруистични действия е по-трудно, отколкото да получиш удоволствие от егоистичните наслаждения, защото самото наслаждение е несравнимо по-голямо. Необичайно трудно е дори за миг, с усилие на разума, да се съгласиш, че именно това е помощта на Твореца. Тялото, въпреки всички разсъждения, крещи за необходимостта да се избавиш от подобни състояния.

Помощта на Твореца – само тя може да спаси човека от неочаквано възникващите жизнени проблеми – но не с молба за разрешаване на проблема, а с молитва за възможност, независимо от желанията на тялото. Твореца трябва да бъде помолен за „вяра над знанията", за съгласие с действията Му, тъй като само Той управлява всички и създава тези ситуации специално за нашето висше духовно благополучие.

Всички земни мъки, душевни страдания, срам, порицание – всички те трябва да бъдат понесени от кабалиста по пътя на духовното сливане с Твореца – историята на кабала е пълна с подобни примери *(РАШБИ, РАМБАМ, РАМХАЛ, АРИ и пр.)*.

Но когато бъде в състояние да вярва над разума, т.е. въпреки своите усещания, че тези страдания не са нищо друго, освен абсолютната доброта и желание на Твореца да привлече човека към Себе си, той ще се съгласи с тези състояния и няма да иска да ги замени с по-приятни за егоизма усещания. Твореца ще му се разкрие в цялото Свое величие.

35. Зло начало

Казва се, че нашето тяло не е нищо друго, освен временна обвивка за спусната свише вечна душа, че процесът на редуване на смърт и раждане е подобен на смяната на дрехите на човек в нашия свят – както сменяме лесно една риза с друга, така от гледна точка на духовното, душата сменя едно тяло с друго.

Не че тези събития не значат нищо в сравнение с духовните, защото човекът е цел на творението и усеща в себе си най-незначителната радост или болка. Но чрез този пример можем да си представим грандиозността на духовните процеси, в които трябва да участваме (трябва да го направим, докато се намираме в нашето тяло) и цялото величие на силите, на наслажденията, за които ни подготвя Твореца.

Да изпълняваме безкористно желанията на Твореца, да бъдем алтруисти означава, въпреки неприятните събития, усещания и случаи, които Той специално изпраща, за да опознае човек сам себе си и сам да даде оценка на своето истинско ниско състояние, въпреки това – постоянно да мисли за изпълняването на желанията на Твореца, за стремежа да изпълнява преките и справедливи закони на духовния свят, срещу „личното си" благополучие.

Стремежът да бъдем подобни по свойства на Твореца може да е резултат от страданията и изпитанията, преживени от човека, а може да идва от постигането на величието на Твореца, и тогава изборът на човек се състои в това да помоли за напредване по Пътя на Тора. Човек трябва да използва всички свои знания с намерението да постигне величието на Твореца, за да може усещането и осъзнаването на това да му помогнат да стане по-чист и по-духовен.

За да се придвижи духовно, той трябва на всяко духовно ниво да се грижи за размера на своето осъзнаване на величието на Твореца, постоянно да усеща, че за духовното съвършенство, и дори за да се задържи на това стъпало, на което се намира в даден момент, той се нуждае от все по-голямо осъзнаване на величието на Твореца.

Ценността на подаръка се определя от значимостта на подаряващия го, дотолкова, че често многократно надвишава номиналната ценност на самия подарък. Наистина – вещ, която принадлежи на известна и важна в очите на обществото личност, понякога струва милиони.

Ценността на *Тора* също се определя в съответствие с величието на Онзи, който ни я дарява – ако човек не вярва в Твореца, то за него *Тора* не е нищо повече от исторически или литературен документ, но ако вярва в силата на *Тора* и в ползата, която тя му носи, защото вярва във Висшата сила, връчила Тора, то и ценността й в неговите очи нараства неописуемо.

Колкото повече човек вярва в Твореца, толкова по-ценна е *Тора* за него. А всеки път, когато приеме доброволно да Му се подчини, в съответствие с величината на вярата си в Него – пост ига ценността на *Тора* и нейния вътрешен смисъл. По този начин, всеки път приема нова Тора, тъй като я получава сякаш отново от Твореца, но вече намирайки се на по-високо духовно стъпало.

Това обаче се отнася само за този, който, издигайки се по духовните стъпала, всеки път получава ново разкриване на светлината на Твореца. Затова е казано *„Праведникът живее* *с вяра"*, защото величината на вярата определя степента на усещаната от него светлина. *„Даряването на Тора става всеки ден"*, а за кабалиста всеки „ден" (когато свети светлината на Твореца) има нова Тора.

Ако човек иска да се придържа към духовните правила, но чувства, че неговите желания и мисли се противят на това – че постоянно изтриват мислите му за единствеността на Твореца, за това, че Той изпраща специално за изтласкване „на човека от егоизма притискащи го обстоятелства и страдания" – т.е. неговото тяло (под тяло в кабала се подразбира егоистичните желания и мисли) не желае да изпълнява изискванията на алтруистичните закони на духовния живот. Причина за това е липсата на страх пред Твореца.

Човек може да бъде възпитаван така, че да изпълнява заповедите, да спазва Съботата, но не е възможно да бъде възпитан в потребността да придава на своите действия едни или други алтруистични намерения, тъй като това не може да влезе в егоистичната природа на човека, за да може автоматично, като потребност на тялото, да ги изпълнява.

Ако бъде изпълнен от чувството, че неговата война срещу егоизма е война срещу тъмните сили, срещу свойствата, противоположни на Твореца – то тогава той отделя тези сили от себе си, не се отъждествява с тях, мислено се отстранява от тях – един вид, излиза от желанията на своето тяло.

Продължавайки да ги чувства, той започва да ги презира, както се презира враг – и по този начин може да бъде победен егоизмът, наслаждавайки се на неговите страдания. Подобен метод се нарича Война на отмъщение за Твореца, *„Некамат ашем"*. Постепенно човек ще може да свикне да усеща необходимите цели, мисли, намерения, независимо от желанията и егоистичните искания на неговото тяло.

1. Ако по време на обучението и изпълняването на заповедите човек не вижда никаква изгода за себе си и страда – то това, което страда, се нарича „зло начало" *(ецер ара)*.

Степента на злото се определя според степента на неговото усещане, според съжалението за липса на влечение към духовното, ако не вижда лична изгода. И колкото повече са страданията от това ниско състояние, толкова по-голяма е степента на осъзнаване на злото.

2. Ако човек разбира с разума си, че засега не успява в духовното напредване, но не го „боли" от това, то такъв човек още не чувства, че в него има зло начало *(ецер ара)*, защото все още не страда от него.

Ако човек не чувства зло в себе си, той трябва да се занимава с Тора. Ако е почувствал зло в себе си, трябва с вяра и молитва „над разума" да се избави от него.

Посочените по-горе определения изискват пояснение. В *Тора* е написано: *„Аз създадох злото начало (силата на желанието) и Аз създадох за него Тора в добавка" (за неговата промяна)* – *„Барати ецер ара, барати Тора тавлин"*. Тавлин означава подправка, добавка, допълнение, придаващо на храната вкус, правещо я годна за употреба.

Виждаме, че главното създание е злото, егоизмът. А *Тора* е единствено добавка към него, т.е. средство, позволяващо да се овкуси, да се използва злото. Това е още по-странно, тъй като е казано, че заповедите са дадени, само за да се изчисти с тяхна помощ Израел – *„Ло натну мицвот, еле лецареф ба хем Исраел"*. От това следва, че след изчистването на човека, на него не му е нужна *Тора* и мицвот.

Целта на творението е да се насладят създадените. Затова в тях е сътворено желанието да се наслаждават, стремежът да получат наслаждение. За да не усещат творенията при получаване на наслажденията срам, помрачаващ удоволствието, е създадена възможност да бъде поправено усещането за срам – ако творение то не желае нищо за себе си, а иска да наслади Твореца. Тогава няма да почувства срам от полученото наслаждение, тъй като го получава заради Твореца, а не за себе си.

Но какво можем да дадем ние на Твореца, за да се наслаждава? За тази цел Твореца ни е дал *Тора* и заповедите, за да можем „заради Него" да ги изпълняваме, и тогава Той ще може да ни даде наслаждения, които не са помрачени от срам, от усещането, че са милостиня. Ако не бяха заповедите, ние нямаше да знаем какво желае Твореца.

Ако човек изпълнява *Тора* и заповедите, за да достави удоволствие на Твореца, то той прилича по своите действия на Него, който доставя удоволствие на човека. Според степента на уподобяване на желанията, действията и свойствата Му, човекът и Твореца се приближават. Твореца желае да Му даваме, както Той дава на нас, за да не бъдат помрачени нашите наслаждения от срам, да не ги усещаме като милостиня.

Духовното желание – т.е. желанието, което изпълнява всички условия, за да получи светлина, определя получаваното от него наслаждение по величина и по вид. Това е така, защото светлината на Твореца включва в себе си всичко – всяко наше желание да се насладим от нещо определено, и излъчва от общата светлина желаното от нас. Величината на желанието, която се измерва със страданието от липсата на наслаждение, определя величината на самото наслаждение. От Твореца са предписани именно 613 заповеди за поправяне на злото (в нас) в добро (в нас), защото именно от 613 части Той е сътворил нашето желание за наслаждение и всяка заповед поправя определено свойство. И затова е казал: „Аз създадох злото и *Тора* за неговото поправяне".

Но защо да изпълняваме *Тора* и заповедите, след като се поправи злото? Заповедите ни се дават, защото:

1. Когато човек още се намира в робство на своята природа и не е в състояние да направи нищо за Твореца, се отдалечава от Него, вследствие различието на свойствата си, то 613-те заповеди му дават възможност да излезе изпод робството на егоизма, за което и говори Твореца: „Аз създадох злото и *Тора* за неговото поправяне".

2. При завършване на поправянето, когато човек се намира в сходство по свойства и желания с Твореца и се слива с Него, той се удостоява със светлината на *Тора* – 613-те заповеди стават негово духовно тяло, *съсъд* за неговата душа, и във всяко от 613те желания той получава светлината на наслаждението. Както виждаме, на този етап от метода за поправяне заповедите стават „място" за получаване на наслаждението *(съсъд, кли)*.

Дясната линия *(кав ямин)* – Доволен от това, което има *(хафец хесед)* се нарича Малко духовно състояние *(катнут)* – когато човек не изпитва нужда от Тора, защото не усеща злото – егоизма в себе си, а без потребност да поправи себе си, не се нуждае от Тора.

Затова се нуждае от лявата линия *(кав смол)* – от Критика за състоянието на душата си *(хешбон нефеш)* – какво той желае от Твореца и от себе си, разбира ли Тора, приближава ли се към целта на творението.

36. Работа в трите линии

Лявата линия причинява страдания, поради липсата на желаното, и именно с това предизвиква потребност от помощта на Твореца, която идва под формата на светлина в душата.

В дясната линия, в състоянието, в което човек не желае нищо за себе си, има само Светлина на милосърдието *(ор Хасадим)* – наслаждение от подобието на духовните свойства. Но това състояние не е съвършено, защото в него няма познание, постигане на Твореца.

В лявата линия също няма съвършенство, защото светлината на разума може да свети, само ако има сходство между духовните свойства на светлината и на получаващия. Сходство дава *ор Хасадим*, който се намира в дясната линия.

Духовни постижения могат да се получат само при наличие на желание. Но дясната линия не желае нищо. Желанията са съсредоточени в лявата линия. Но духовното е невъзможно да бъде получено в егоистичните желания.

Затова е необходимо обединяване на тези две свойства, и тогава светлината на познанието и наслаждението на лявата линия ще влязат в светлината на алтруистичните свойства на дясната – така двете ще осветят творението в средната линия. Без светлината на дясната линия, лявата не се проявява и се усеща като тъмнина.

Дори когато човек все още се намира под робството на своя егоизъм, също има място за работа в дясната и лявата линии, но той още не управлява своите желания. Неговите желания диктуват мислите и поведението му, и той не може да се изпълни със светлината, чрез която да стане сходен с Твореца (*ор Хасадим*) и със светлината на Висшето постижение (*ор Хохма*), само произнася имената на световете, сфирот, келим.

В такова състояние, само изучаването на строежа на духовните светове и техните действия, т.е. изучаването на кабала, ще позволи на човек да развие в себе си стремеж да се приближи към Твореца, тъй като в процеса на обучение в него проникват желанията на изучаваните духовни обекти и предизвиква върху себе си тяхното неосезаемо поради липса на духовни сетива въздействие.

Но духовните сили въздействат на човека при условие, че той учи заради сближаване (по свойства) с духовното. Само в този случай, той предизвиква върху себе си пречистващото въздействие на Обкръжаващата го светлина. Това може да се види от примера с многото хора, които изучават кабала без правилен инструктаж – човек може да знае какво е написано в книгите по кабала, умно и с много знания да разсъждава и дискутира, но така и няма да постигне чувствено същността на изучаваното. Обикновено неговите сухи знания превъзхождат знанията на вече намиращите се в духовните светове.

Но онзи, който се изкачва по духовните стъпала, дори най-незначителните, сам със своята работа, със себе си, вече е излязъл от скрупулите на нашия свят, вече прави това, за което се е спуснал в нашия свят.

Знанията и паметта на умниците само увеличават техния егоизъм и още повече ги отдалечават от целта, защото *Тора* може да бъде както животоспасяващо лекарство *(сам хаим)*, така и отрова *(сам мавет)*. И начинаещият не е в състояние да различи постигащия – кабалиста, от онзи, който изучава кабала като една от светските науки.

За начинаещия работата в трите линии не се заключава в получаването на Висша светлина, както е за постигащия, а в анализа на своето състояние. В дясната линия, наречена „отдаване", хесед – „вяра над знанията" и усещане на недоволство, човекът е щастлив от своята участ, от своята съдба, от онова, което му дава Твореца, смятайки, че това е най-големият подарък за него. Въпреки осъзнаването, че изпълнява заповедите на Твореца, без постигане на техния вътрешен смисъл, вследствие на възпитание или на поети задължения и самовъзпитание.

Но това състояние още не се нарича дясна линия, защото липсва лявата. Само при проявяване на противоположното състояние може да се говори за едно от тях като за дясна линия. Затова, само след като в човека се появи критика към своето състояние, когато направи равносметка за своите постижения, осъзнае каква е действителната цел в неговия живот и чрез това определя своите изисквания към резултата на своите усилия, само тогава в него възниква лявата линия.

Главното тук е разбирането за целта на творението. Човекът ще узнае, че тя се състои в това да получи наслаждение от Твореца. Но той чувства, че все още нито веднъж не е усетил това. В процеса на обучение ще осъзнае, че това е възможно само при съвпадане на неговите свойства с тези на Твореца. Затова той трябва да изучава своите стремежи и желания, колкото може по-обективно да ги оценява, контролира и анализира, за да усети действително ли се приближава към откъсване от егоизма и към любовта към ближния.

Ако ученикът види, че все още се намира в егоистичните желания и не се е преместил към добрата страна, той често изпитва чувство на безизходица и апатия. Нещо повече, често открива, че не само е останал в своите егоистични желания, но и още повече ги е увеличил, тъй като са се появили желания към наслаждения, които по-рано е смятал за низки, дребнави, преходни, недостойни, а сега мечтае да ги постигне.

Естествено, в такова състояние е тежко да изпълнява заповедите и да продължава да учи както преди, с радост. Човекът изпада в отчаяние, разочарование, съжалява за изгубеното време, усилия, лишения и възстава срещу целта на творението.

Такова състояние се нарича лява линия *(кав смол)*, защото се нуждае от поправяне. Човекът усеща своята пустота и в такъв случай трябва да премине в дясната линия, в усещането за съвършенство, изобилие, за пълно доволство на имащ.

Преди, намирайки се в такова състояние, човек е смятал, че се намира не в дясната линия, а в първата, защото още не е имал втората линия – критиката на своето състояние. Но, ако след истинското осъзнаване на несъвършенството на своето състояние във втората линия, той се върне към усещане на чувството за съвършенство (въпреки сегашното си състояние и чувства), в първата линия, тогава се смята, че вече действа в двете линии, не просто в първа и втора, а в противоположните една на друга – дясна и лява.

Целият път на отказ от егоизма, излизането от кръга на своите интереси, се гради въз основа на дясната линия. Когато се казва, че човек трябва да се откъсне от „своите" интереси, се подразбира – от временните, дребни, преходни интереси на нашето тяло, дадени ни свише, не само за да ги приемем за цел на нашия живот, а и за да се откажем от тях в името на придобиването на вечните, висши, абсолютни усещания за духовните наслаждения, за да се слеем с Онзи, който е най-висш в мирозданието, с Твореца.

Но да се откъснем от нашите мисли и желания е невъзможно, тъй като освен себе си, ние не усещаме нищо. Единственото, което е възможно да направим в нашето състояние, е да вярваме в съществуването на Твореца, в Неговото пълно управление над всички, в целта на Неговото Творение, в необходимостта от постигането на тази цел, въпреки твърденията на тялото. Такава вяра в онова, което не се усеща, вяра в това, което е над нашето разбиране, се нарича „*вяра над знанието*" (*емуна лемала ми даат*).

Именно след лявата линия идва ред на преминаването към такова приемане на действителността. Човек е щастлив, че е заслужил да изпълни волята на Твореца, макар да не чувства никакво наслаждение от това, заради своите егоистични желания. Но въпреки своите усещания той вярва, че е получил особен подарък от Твореца, защото, макар и по такъв начин, може да изпълнява Неговата воля. Именно така, а не като всички, заради наслажденията или по силата на възпитанието, не осъзнавайки дори автоматизма на своите действия.

А той осъзнава, изпълнява всичко, въпреки своето тяло, т.е. вътрешно вече се намира на страната на Твореца, а не на своето тяло. Той вярва, че всичко идва при него свише, от Твореца, с особено отношение именно към него. Затова този подарък от Твореца му е много скъп и това го въодушевява, сякаш се е удостоил да получи най-високите духовни постижения.

Само в такъв случай първата линия се нарича дясна – съвършенство, тъй като радостта на човека не е от неговото състояние, а от отношението на Твореца към него, който му позволява да извърши нещо извън личните си егоистични желания. И в това състояние, макар човекът още да не е излязъл от робството на егоизма, може да получи свише духовно осветяване.

Но макар това висше светене още да не влиза в него, защото светлината не може да влезе в егоистичните желания, а го обгражда наоколо във вид на Обкръжаваща светлина (*ор макиф*), всичко това дава на човека връзка с духовното и осъзнаване, че дори най-незначителната връзка с Твореца е велика награда и наслаждение. А за усещането на светенето той трябва да си каже, че не е по неговите сили да оцени действителната ценност на светлината.

Дясната линия се нарича още и истинска, защото човек трезво разбира, че още не е постигнал духовното ниво, не се самозалъгва, а казва, че онова, което е получил, излиза от Твореца, дори най-горчивите му състояния, и затова с вяра над разума, с убеждението, че въпреки усещанията знае, че това е голяма ценност, защото има контакт с духовното.

Виждаме, че дясната линия се изгражда от ясното осъзнаване на липсата на духовно постижение, от горчивото усещане на собствената нищожност и последвалия изход от егоистичните сметки въз основа на: *„не това, което имам аз, а онова, което желае Твореца"*, дотолкова, сякаш е получил всичко, което желае.

Въпреки че доводите на човек са разумни, когато казва, че Твореца има към него особено отношение, задето той има особено отношение към *Тора* и заповедите, а другите са заети с дребни сметки за своите преходни грижи, и всички тези сметки са в разума, а не над него, но трябва и да си каже, че това е много важно нещо, че е щастлив от своето състояние и по тази причина трябва да върви с вяра над разума, за да се гради неговото ликуване върху вярата.

Лявата линия се изгражда върху проверката колко искрена е неговата любов към ближния, способен ли е на алтруистични действия, на безкористни постъпки, не желаейки да получи за своя труд възнаграждение под каквато и да е форма. И ако след подобна равносметка човекът види, че още не е способен да се откаже от своите интереси, той няма друг изход, освен да моли Твореца за спасение. Затова лявата линия отвежда човек до Твореца.

Дясната линия дава възможност на човека да благодари на Твореца за усещането на съвършенството на Тора. Но не дава усещане за истинското му състояние, състояние на незнание, на липса на връзка с духовното. И затова не довежда човека до молитва, без която е невъзможно да постигне светлината на Тора.

В лявата линия, стараейки се да постигне с усилие на волята истинското свое състояние, човекът чувства, че няма никаква сила за това. И тогава в него се появява потребност от помощ свише, тъй като вижда, че само свръхестествените сили могат да му помогнат. И само с помощта на лявата линия човекът постига онова, което е желал.

Но е необходимо да се знае, че тези две линии трябва да бъдат уравновесени по такъв начин, че да се използват по равно. И само тогава възниква средната линия, която съединява дясната и лявата в една. А ако едната е по-голяма от другата, то по-голямата няма да позволи да се случи сливането с по-малката, заради усещането, че тя е по-полезна в дадената ситуация. Затова те трябва да бъдат абсолютно равни.

Ползата от тежката работа по еднаквото увеличаване на двете линии е, че върху тяхната основа човекът получава свише средната линия. Висшата светлина се усеща и разкрива именно в чувствата на двете линии.

Дясната дава на човека съвършенство, защото вярва в съвършенството на Твореца. А тъй като Твореца управлява света и е единствен, така че ако не броим егоизма, всичко е съвършено. Лявата линия дава критичен поглед върху неговото състояние и усещане за несъвършенство. И той трябва да се погрижи в никакъв случай тя да не бъде по-голяма от дясната. (Практически, човекът трябва 23,5 часа в денонощието да се намира в дясната линия и само за половин час да си позволи да включи егоистичните сметки).

Дясната линия трябва да бъде дотолкова ярко изразена, че да не възникват никакви допълнителни потребности за усещането на пълно щастие. Това е контрол на откъсването от собствените егоистични сметки. И затова тя се нарича съвършенство, защото не се нуждае от нищо, за да бъде усетена радост. Затова всички негови сметки не са вътре в тялото му, а извън тялото, от страната на Твореца.

Преминавайки към лявата линия (човекът трябва да прави съзнателно прехода от дясната към лявата линия, понякога предварително диктувайки си условия, а не в съответствие със своето настроение) той открива, че не само не се е придвижил напред в разбирането и усещането на духовното, но и в своя обичаен живот е станал по-лош, отколкото е бил преди. Т.е., вместо да се придвижи напред, се е върнал още повече в своя егоизъм.

От такова състояние човекът трябва веднага да премине към молитва за поправяне. И по този повод в *Тора* е казано, че излизането от Египет (от егоизма) става в състояние, когато човекът се намира на последното, 49-о стъпало на желанията на нечистите сили. Само когато той напълно осъзнае цялата дълбочина и вреда на своя егоизъм и вика за помощ, Твореца го извисява, дава му средната линия – с това, че му дава душа, започва да му свети свише светлината на Твореца, даваща му сили да премине към алтруизма, да се роди в духовния свят.

37. Разбиране на нашата истинска природа

За да бъде постигната целта на творенията, е необходим „глад", без който е невъзможно да се вкуси цялата дълбочина на изпратените от Твореца наслаждения, без които ние няма да доставим радост на Създателя. И затова е необходим поправен егоизъм, позволяващ ни да се насладим заради Твореца.

В моментите, когато човек усеща страх, е необходимо да осъзнае – защо Твореца му изпраща подобни усещания? Тъй като в света няма друга сила и власт, освен Твореца, нито врагове, нито тъмни сили, а самият Творец създава в човека такова чувство, очевидно, за да се замисли с каква цел го усеща и в резултат на своите търсения – да може с усилие на вярата да каже, че това му е изпратено от самия Творец.

И ако все пак, след всички негови усилия, страхът не го напусне, той трябва да приеме това като пример, че в същата степен трябва да се страхува пред могъществото и властта на Твореца, т.е. в същата степен, в която сега неговото тяло трепери от измисления източник на страх в нашия свят, по същия начин то трябва да изтръпва от страх пред Твореца.

Как човек може точно да определи в какво духовно състояние се намира? Когато се чувства уверен и доволен – това е възможно, защото вярва в своите сили и затова не се нуждае от Твореца, т.е. защото всъщност се намира дълбоко в своя егоизъм и е крайно отдалечен от Твореца, а чувствайки се абсолютно изгубен и безпомощен и по тази причина изпитвайки остра необходимост от подкрепата на Твореца, в този момент той се намира в най-доброто за него състояние.

Ако човек, след като е направил усилие, извършил е някакво добро според него дело и се чувства удовлетворен от „своята" постъпка, той на секундата пада в егоизма си и не осъзнава, че просто Твореца му е дъл възможност да направи нещо добро, а увеличава егоизма си.

Ако постоянно, ден след ден, прилагайки усилие в обучението и връщайки мислите си към целта на творението, човекът чувства, че нищо не разбира и не се поправя и с това, неволно, с чувствата, които изпитва в сърцето си, укорява Твореца за своето състояние, тогава още повече се отдалечава от истината.

Когато човек започне да се опитва да премине към алтруизма, неговото тяло и разум веднага въстават срещу подобни намерения и по всякакъв начин се опитват да го отклонят от този път – веднага се появяват стотици мисли, неотложни дела и оправдания – тъй като алтруизмът, т.е. всичко, което не е свързано с някаква изгода за тялото, ние естествено ненавиждаме и нашият разум не е в състояние да понесе дори за миг подобни стремежи, но незабавно ги потиска.

И затова мислите за отказ от нашия егоизъм ни се струват изключително тежки, непосилни. А ако още не ги усещаме като такива, значи някъде в тях се крие собствена изгода за тялото и именно тя ни позволява да действаме и мислим по този начин – заблуждавайки ни и доказвайки, че нашите мисли и постъпки са алтруистични.

Затова най-вярната проверка дали е продиктувана дадена мисъл или действие от грижа за себе си, или е алтруистична, е проверката на това дали сърцето и разумът позволяват, са съгласни, да се задържим върху тази мисъл или да извършим най-малкото движение. Ако се съгласим, значи това е самозаблуда, а не истински алтруизъм.

Когато човек започне да се спира върху отвлечени от потребността на тялото мисли, веднага в него възникват въпроси от типа на „А защо ми е това?" и „Кой има полза от това?".

В подобни състояния най-важно е да се осъзнае, че не нашето тяло ни пита и не ни дава възможност да направим нещо, излизащо извън рамките на неговите интереси, а че това са действия на самия Творец. Той лично създава в нас такива мисли и желания и не ни позволява самостоятелно да се откъснем от желанията на тялото, тъй като няма никой друг, освен Него. Той, както ни привлича към себе си, така и поставя препятствия по пътя към Него, за да се научим да разпознаваме нашата природа и да можем да реагираме на всяка мисъл и желание на нашето тяло, при опитите да се откъснем от него.

Несъмнено, в подобни състояния могат да изпадат само онези, които се опитват да постигнат свойствата на Твореца, да си „пробият път" в духовния свят. На тях Твореца изпраща различни препятствия, усещащи се като отблъскващи от духовното мисли и желания на тялото.

И всичко това се случва, за да осъзнае човекът своето истинско духовно състояние и отношение към Твореца – доколко той оправдава действията на Твореца, въпреки възраженията на разума, доколко ненавижда Твореца, отнемащ му всички удоволствия на този, струващ му се препълнен с прекрасни неща живот, хвърлящ го в мрака на безизходността, защото тялото му не е в състояние да намери нито капка наслаждение в алтруистичните състояния.

На човек му се струва, че неговото тяло възразява, а не че самият Творец действа върху неговите чувства и разум, като му дава положително или отрицателно възприемани от него мисли и емоции, и самият Творец създава определена реакция на сърцето и разума към тях, за да научи човека, да го запознае със самия себе си. Подобно на това, как майката учи детето, показвайки му, давайки му да опита, и веднага обяснява, така и Твореца показва и обяснява на човека неговото истинско отношение към духовното и неспособността му самостоятелно да действа.

Най-тежко в напредването е това, че в човек постоянно се сблъскват две мнения, две сили, две цели, две желания. Дори в осъзнаването на творението: от една страна човекът е длъжен да постигне сливане по своите свойства с Твореца, за да може, от друга страна, негово единствено желание да бъде да се откаже от всичко заради Твореца.

Но тъй като Твореца е напълно алтруистичен и не се нуждае от нищо, а желае само ние да усетим абсолютно наслаждение, това е Неговата цел в творението. И това са две абсолютно противоположни цели – човек трябва да отдава всичко на Твореца и от друга страна, той самият да се наслаждава.

Цялата работа е в това, че едната от тях не е цел, а само средство за постигане на целта – в началото човек трябва да постигне такова състояние, в което всички негови мисли, желания и действия ще бъдат извън рамките на егоизма му, абсолютно алтруистични, „заради Твореца". А тъй като освен човека и Твореца няма нищо друго в мирозданието, то всичко, което излиза извън рамките на нашето тяло – това е Твореца.

След като човек постигне поправяне на творението, когато неговите свойства съвпаднат с тези на Твореца, той започва да постига целта на творението – получаване от Твореца на безкрайно, неограничено от рамките на егоизма, наслаждение.

До поправянето в човека има само желания за самонаслаждение. Според степента на поправяне, той предпочита пред желанието да се самонаслади, желанието да отдаде всичко и затова не е в състояние да получи наслаждение от Твореца. И само след завършване на поправянето, той вече е в състояние да започне да получава безкрайно наслаждение – не заради своя егоизъм, а заради целта на творението.

Подобно наслаждение е безкористно и не ражда чувство на срам, тъй като получавайки, постигайки и усещайки Твореца, човекът се радва на доставеното му от Твореца удоволствие заради неговите постъпки. И колкото повече получава, колкото повече се наслаждава, толкова повече се радва на наслаждението, което изпитва от това Твореца.

По аналогия със светлината и тъмнината в нашия свят, в духовните усещания светлината и тъмнината (или денят и нощта) са усещания за съществуването или отсъствието на Твореца, на управлението на Твореца или на неговата липса, т.е. на „присъствието или отсъствието на Твореца" в нас.

С други думи, ако човек моли за нещо Твореца и незабавно го получава, онова, за което е помолил, се нарича светлина или ден. А ако изпитва съмнения за съществуването на Твореца и Неговото управление, това се нарича тъмнина или нощ. По-вярно е, ако скриването на Твореца се нарече нощ, защото предизвиква в човека съмнения и неправилни мисли, възприемани от него като нощна тъмнина.

Но истинският стремеж на човека трябва да бъде не към усещане на Твореца и постигане на познание за Неговите действия, тъй като това е чисто егоистично желание, защото човек не може да се въздържи от наслажденията, предизвикани от тези усещания, и изпада в егоистични удоволствия.

Истинският стремеж на човека трябва да бъде стремеж за получаване на сили от Твореца, за да върви срещу желанията на своето тяло и разум, т.е. да получи сила за вяра, която е по-голяма от неговия разум и телесни желания, дотолкова действена, сякаш вижда и усеща Твореца и Неговото абсолютно добро управление, Неговата власт над всички творения, но предпочита да не вижда Твореца и Неговата власт над всички творения, тъй като това е срещу вярата, а желае само с помощта на силата на вярата да върви против желанията на тялото и разума.

А единственото му желание е Твореца да му даде силите, които той би имал, ако виждаше Него и цялото управление на световете. Притежаването на такава възможност човекът нарича светлина или ден, тъй като не се бои да започне да се наслаждава, защото може свободно да действа, независимо от желанието на тялото, без да е вече роб, както на него, така и на разума.

Когато човек постигне своята нова природа, т.е. вече е в състояние да извършва постъпки, независимо от желанието на тялото, Твореца му дава наслаждение със Своята светлина.

Ако върху човека се е спуснала тъмнина и той чувства, че не усеща никакъв вкус в работата над духовните постижения, и не е в неговите сили да усети особено отношение към Твореца, и няма страх, нито любов към възвишеното – тогава му остава единствено: с ридание в душата да помоли Твореца да се смили над него и да махне този черен облак, затъмняващ всички негови чувства и мисли, скриващ Твореца от неговите очи и сърце.

Защото плачът на душата – това е най-силната молитва. И там, където нищо не може да помогне, т.е. след като човек се убеди, че нито неговите усилия, нито неговите знания и опит, че никакви негови физически действия и мерки няма да му помогнат да влезе във висшия свят, когато с цялото свое същество чувства, че е използвал всички свои възможности и сили, едва тогава стига до осъзнаването, че само Твореца може да му помогне. Само тогава при него идва състоянието на вътрешно ридание и молитва към Твореца за спасение.

А до този момент никакви външни напъни няма да помогнат на човека истински, от дълбочините на своето сърце, да призове Твореца. И когато чувства, че всички пътища пред него са затворени, тогава открива „вратата на сълзите" и влиза във висшия свят – в покоите на Твореца.

Затова, когато човек опита всички свои възможности сам да постигне духовен възход, върху него се спуска състояние на пълна тъмнина и изходът е един – само ако Твореца му помогне.

Но докато той, разрушавайки егоистичното „аз", не постигне усещането, че има сила, която го управлява, ако не е преболедувал тази истина и не е постигнал това състояние, тялото няма да му позволи да повика Твореца. И затова е необходимо да предприеме всичко, което е по силите му, а не да чака чудо свише.

И не защото Твореца не желае да се смили над човека и чака, докато той не „пречупи" себе си, а защото само когато опита всички свои възможности, той трупа опит, усещания и осъзнаване на собствената си природа. И тези чувства са му необходими, защото след това именно в тях той получава, именно с тях усеща светлината на разкриването на Твореца и Висшия разум.

38. Рав Лайтман търси кабала

Не знам защо, но на лекции и интервюта винаги ми задават въпроса за това как съм стигнал до кабала. Ако се занимавах с нещо съвсем отвлечено, необичайно, бих могъл да разбера резонността на такъв въпрос. Но кабала е учение за целта на нашия живот, за това, което е близко на всеки! Уместен би бил въпросът как открих, че отговорите на въпросите за себе си и за нашия живот се намират в кабала, как намерих кабала. А не защо се занимавам с нея.

...Още в детството, като всички се питах защо съществувам. Този въпрос пронизваше сърцето и мозъка ми постоянно, освен когато успявах да го потисна с преследване на наслаждения. Всяка сутрин ми се налагаше да се събуждам с него, макар да се опитвах да го заглуша с измислени цели – или да получа интересна специалност и да се забравя в нея, или – като си поставя задачата да се преселя в моята страна.

Но пристигайки в Израел (1974), продължих да се измъчвам от същия въпрос за смисъла на живота – да намеря нещо, за което си струва да живея. Преценявайки всички предоставящи ми се възможности (политика, бизнес и др.) да бъда като всички, все пак не успях да убия в себе си този въпрос – а защо правя всичко това? Какво лично на мен ми дава това, че външно приличам на другите?

От всички тези материални и морални разтърсвания, от осъзнаването на това, че не мога да се справя с действителността, реших да опитам да живея като вярващите, надявайки се, че този начин на живот и съответстващите му мисли са по-подходящи за мен (1976).

Никога не съм изпитвал страст към хуманитарните науки и не съм разбирал заниманията на психолозите. Не можах да почувствам дълбочината на Достоевски, всичките ми занимания бяха на средно ниво. Не блестях нито с дълбочина на мислите, нито с дълбочина на чувствата, а в детството вярвах само в науката, носеща благо.

По това време, неочаквано видях обява за кръжок по кабала. Веднага се записах, и както обикновено, се хвърлих с главата надолу. Накупих си книги (1978), започнах да „копая" навътре, за да си изясня подробно всички въпроси, дори ако се налагаше да прекарам седмици, занимавайки се с тях. За първи път в живота си се залових с нещо живо и разбрах, че то е мое и се отнася лично за мен.

Започнах да търся истински учители, пътувах и ги търсих из цялата страна, ходех на уроци, но вътрешният глас ми казваше, че това не е истинската кабала, защото говори не за мен, а за нещо отвлечено. Оставих всички учители и с един познат, който също се интересуваше, вечер изучавахме подред всички книги за кабала, и това продължи месеци.

В една от хладните дъждовни зимни вечери на 1980 г. вместо, както обикновено, да заседна над *„Пардес римоним"* и *„Тал орот"*, почувствах отчаяние и неочаквано, дори за самия мен, предложих на своя приятел да отидем в Бней Брак, за да потърсим учител, аргументирайки се с това, че ако си намерим там учител, ще ни бъде лесно да посещаваме уроците при него. До този момент, аз бях ходил 2-3 пъти в Бней Брак, за да търся книги за кабала.

В Бней Брак също беше хладна, ветровита, дъждовна вечер.

Стигайки до кръстовището на улиците „Раби Акива" и „Хазон Иш", аз открехнах прозореца и извиках на облечен в дълги черни дрехи мъж: „Кажи ми, къде изучават тук кабала?" За незапознатите с обществото на вярващите и с атмосферата на кварталите, където живеят, ще поясня, че моят въпрос беше малко странен – кабала не се изучава в нито едно учебно заведение или йешива-религиозно училище. Единици имат смелостта да заявят, че се интересуват от кабала. Но непознатият, без да се учуди, просто ми отговори: „Завий наляво, карай до плантацията, и там ще видиш Бейт Кнесет. Там учат кабала!"

Стигайки до посоченото място, ние открихме тъмна сграда. Влизайки, видяхме в една странична стая дълга маса, около която седяха 4-5 белобради старци. Аз се представих и обясних, че сме от Рехавот и искаме да изучаваме кабала. Старецът, който седеше начело на масата, ни покани да седнем и отговори, че ще поговорим за това след приключването на урока. Те продължиха да четат неделната глава от книгата Зоар с коментарите „Сулам" със старческо преглъщане на думи и с полуфрази на идиш, като хора, разбиращи се един друг от половин дума.

Виждайки и слушайки ги, аз стигнах до извода, че тази компания просто си прекарва времето на старостта, и че за нас ще бъде по-добре, ако успеем още тази вечер да намерим друго място, където се занимават с кабала. Но моят спътник ме спря и каза, че не може да постъпи така нетактично.

След няколко минути урокът свърши и старецът, след като ни разпита кои сме, ни помоли за номера на моя телефон – щял да помисли кого да ни даде за учител и да ни се обади. Дори не исках да му дам своя номер, смятайки всичко това за безсмислено, за напразна загуба на време, както всичко останало в миналото. Чувствайки това, моят приятел даде своя номер на телефона.

Ние се сбогувахме и си тръгнахме.

На следващата вечер приятелят ми дойде при мен и ми съобщи, че старецът му е позвънил, че ни предлага учител по кабала и вече е уговорено, че ние ще отидем там същата вечер.

Никак не ми се искаше да пропилея напразно тази вечер, но отстъпих пред молбите му.

Ние пристигнахме. Старецът извика при себе си друг, малко по-млад, но също белобрад, каза му няколко думи „оф идиш" и ни остави с него. Той ни предложи да седнем и започна да се занимава с нас, казвайки, че предпочита да започне занятието със статията „Въведение в кабала", която ние, между другото, вече неведнъж се бяхме опитвали да усвоим.

Седнахме зад една от масите в пустата зала на Бейт Кнесет, и той започна да чете и да обяснява прочетеното по абзаци. Винаги ми е трудно да си спомням този момент – необичайно остро усещане, че най-накрая, след многогодишно търсене, съм намерил онова, което винаги съм искал, а не съм могъл!

В края на занятието се уговорихме, че на другия ден ще дойдем пак. На следващия ден аз вече записвах уроците на магнетофон. Разбирайки, че основните занятия започват в 2 ч. през нощта и продължават до 6 ч. сутринта, ние започнахме да ги посещаваме всяка нощ. На ежемесечните трапези в чест на новолунието внасяхме като всички месечните вноски.

Аз, като по-нагъл, подтикван от желанието най-накрая да си изясня всичко, често влизах в спорове. Явно, всичко това е било предавано на Главния, и както се оказа, той постоянно се е интересувал от нас. И нашият учител изведнъж ми каза, че след молитвата в 7 ч. сутринта Главният може да поучи с мен „Предисловие към книгата Зоар.

...Виждайки, че не разбирам, след 2-3 занятия Главният, чрез нашия учител, ми обяви, че повече уроци няма да има.

Аз бих продължил да се занимавам, макар да чувствах, че нищо не разбирам. Бях готов автоматично да чета заедно с него всичко подред, подтикван от необходимостта все пак да разбера какво се крие между тези редове, но той явно знаеше, че още не ми е дошло времето, и въпреки че много се обидих, прекрати заниманията.

Минаха няколко месеца и чрез моя учител Главният ме попита бих ли могъл да го закарам на преглед при лекар в Тел Авив. Аз, разбира се, се съгласих. По пътя той говореше много на най-различни теми. Опитвах се да го питам за кабала. И тогава той каза, че засега все още не разбирам нищо и той може да ми говори за всичко, но по-нататък, когато започна да разбирам, ще престане да бъде толкова откровен с мен.

Така и стана – години наред, вместо отговори на най-крещящите въпроси, аз чувах отговора: „Вече има към кого да се обръщаш", имайки предвид Твореца. „Викай, моли, оплаквай се, всичко, което искаш – за всичко се обръщай към Него и искай от Него!"

... Процедурите при лекаря не дадоха резултат и Главният, с възпаление на ухото, трябваше да се лекува в болница цял месец. А тъй като вече многократно го бях съпровождал на прегледите при лекаря, то когато го настаних в болницата, през този ден останах при него. В продължение на месец, аз пристигах в болницата в 4 часа сутринта, прескачах оградата, незабележимо преминавах през всички помещения и ние учехме.... И така цял месец! Оттогава Барух Шалом Алеви Ашлаг, най-големият син на Баал Сулам, стана мой рав.

След неговото завръщане от болницата, ние излизахме на разходки в гората, в парка. Връщайки се от тези разходки, аз трескаво записвах всичко чуто от мен. Тези постоянни излизания, по 3-4 часа дневно, се превърнаха с годините в навик.

В течение на първите две години, аз питах Рав за разрешение да се преместя да живея по-близо до него, но винаги в отговор чувах, че все още не вижда необходимост от това, че моите пътувания от Реховот са усилие, което ми носи духовна полза. А когато след 2 години той сам ми предложи да се преместя да живея в Бней Брак, не знам защо не се разбързах, дотолкова, че той сам ми намери квартира в съседство с него и ме подтикваше да се преместя.

Още докато живеех в Реховот, поисках от Рав разрешение да проведа няколко занятия на едно от местата, където бях присъствал на няколко лекции и се бях запознал с опитващи се да изучават кабала. Той прие това без голямо въодушевление, но впоследствие ме разпитваше за моите уроци. А когато му казах, че съществува възможност оттам да дойдат при нас няколко млади момчета, Рав предпазливо се съгласи.

Така в нашия Бней Кнесет веднага дойдоха няколко десетки млади момчета. В тихото усамотено място закипя живот и за половин година се състояха десетина сватби. Животът на рав, всички негови дни, придобиха ново значение, той светеше от този наплив на жадуващи да изучават кабала!

Обикновено нашият ден започваше в 3 часа сутринта – обучение в група от ученици до 6 ч. и молитва до 7 ч. сутринта. Всеки ден от 9 до 12 ч. ние ходехме в гората, в парка или до морето. След завръщането, аз отивах да работя у дома. От 5 до 8 ч. вечерта се редуваха молитви и занятия. След това се разотивахме, за да станем отново в 3 часа през нощта. И така години наред. Всички занятия записвах на касетофон, и за изминалите години се насъбраха повече от хиляда касети.

През последните 5 години (от 1987 г.) Рав взе решение веднъж на 1-2 седмици да ходи за 2 дни в Тверия, което ние правехме заедно, откъсвайки се от всички, което още повече ни сближи. С годините аз все по-силно усещах каква дълбока духовна пропаст има между нас, но нямах представа как да я преодолея.

Ясно усещах тази духовна пропаст, наблюдавайки човека, който се радва, когато има възможност да потисне нещо в тялото, за когото взетото решение е закон, а графикът и редът не могат да бъдат нарушавани, въпреки умората или неразположението.

Падайки от умора, този Човек изпълняваше до последната буква всичко, което бе набелязал, и никога не намаляваше онова, което самият той трябваше да направи. Задъхвайки се от умора, дотолкова уморявайки се, че нямаше сили дори да диша, тъй като страдаше от затруднено дишане, той не отмени, не съкрати нито една среща или занятие, не прехвърли на другите нито едно от своите задължения.

Постоянно наблюдавайки това, аз постепенно губех увереност в себе си и в своя успех, макар да разбирах, че тези нечовешки сили се появяват при осъзнаване на величието на задачата и идват свише.

Не мога да забравя нито една минута от нашите пътувания в Тверия или в Мирон, когато през дългите вечери седях срещу него и попивах неговото мнение, неговите беседи, неговите песни. Тези впечатления живеят дълбоко в мен и се надявам, че именно те днес определят моя път. Информацията, натрупваща се по време на ежедневното 10-часово общуване в продължение на 12 години, действа самостоятелно. Рав често казваше нещо неразбираемо, добавяйки, че го е казал, за да излезе то в света, за да живее и действа в този свят.

Тъй като открай време сред кабалистите са били практикувани събиранията в група, аз помолих Рав да организираме подобни групи за новодошлите и той да изложи плана за тези наши събирания писмено. По тази причина, той започна да пише статии всяка седмица.

Това продължи до момента, в който той ни напусна – нас и този свят. В крайна сметка, за нас останаха няколко тома изключителни по своето съдържание материали, които заедно с моите записи върху лента представляват днес сбирка от коментари и обяснения върху цялата кабала.

По време на дните, когато се празнуваше Новата година (Рош а-Шана), Рав Барух почувства неразположение и тежест в гърдите. Едва след много уговорки, той се съгласи да си направи изследвания. Медицината не откри нищо, но в ранното утро на 5-тия ден от месец Тишрей (септември) 5752 (1991) г. той почина.

Десетки от пристигналите през последните години ученици продължават както изучаването на кабала, така и вътрешното постигане на творението. Учението живее, както и през всички отминали векове. Баал Сулам и неговият най-голям син, моят Рав – Рав Барух Ашлаг, със своите трудове развиха и приспособиха това учение за нашето поколение, за онзи вид души, които в настоящето слизат в нашия свят.

www.ingramcontent.com/pod-product-compliance
Lightning Source LLC
Chambersburg PA
CBHW071950070526
44583CB00015B/1139